KB231493

히틀러와 돈

권력자는 어떻게 부를 쌓고 관리하는가

히틀러와 돈

권력자는 어떻게 부를 쌓고 관리하는가

불프 C. 슈바르츠벨러 지음 | 이미옥 옮김

|참솔|

* 이 책에서 괄호 안의 작은 글씨는 원주 및 옮긴이 주입니다.

차 례

히틀러가 계보

요한 네포묵 휘틀러
마리아 안나 쉬클그루버
알로이스 히틀러
요한나
요세파
발부르가
안나
프란치스카
알로이스 히틀러 2세
안겔라
브리지트 다울링
윌리엄 패트릭
클라라
아돌프 히틀러
파울라

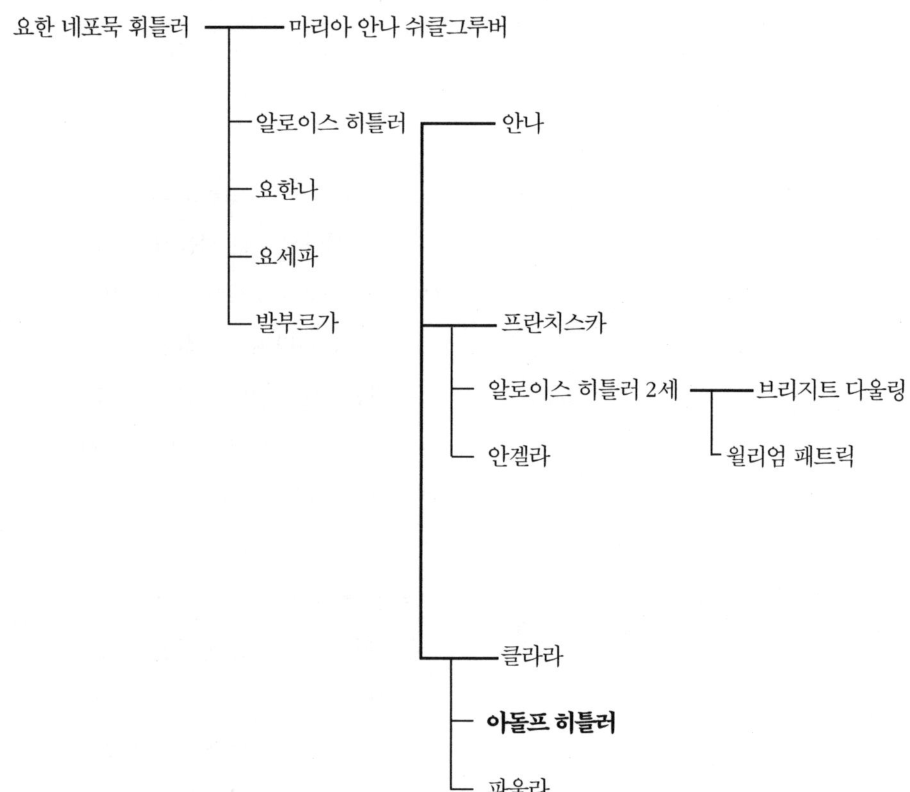

프롤로그

1906년 어느 쾌적한 초가을 저녁. 오스트리아 오버외스트라이히 주(州)의 중심 도시인 린츠. 오페라하우스에서는 막 리하르트 바그너의 작품 〈리엔치〉의 마지막 곡이 끝나면서 박수갈채가 쏟아졌다. 잠시 후, 관객들은 제각기 집으로 향했다. 그들 가운데 멋지게 차려입은 젊은 남자가 있었다. 그는 실크로 만든 검은색 반코트에 양가죽으로 만든 검은색 장갑을 끼고, 실크 모자를 쓰고 있었다. 상아로 된 손잡이가 달린 지팡이를 들고 진지한 표정으로 걸어가고 있는 남자는 자신의 나이보다 훨씬 성숙해보였다. 넓은 이마에 뾰족한 코, 그리고 길쭉한 턱을 가진 가냘픈 청년은 유난히 반짝이는 파란 눈동자 때문에 금욕주의자 같은 인상마저 주었다.

도나우 강의 건너편에 위치한 자신의 집으로 돌아가는 길에 이 젊은 이는 키르헨 가(街) 2번지에 있는 웅장한 집 앞에 잠시 멈춰 섰다. 그리고는 들고 있던 지팡이에 몸을 기댄 채 어둠 속에서 3층을 물끄러미 쳐다보았다. 이제 내일이면 그는 이 멋진 집의 3층을 빌리게 된다. 방이 여섯 개나 되는 이 넓은 집에서 그는 친구 구스틀과 함께 살 예정이었다. 실업학교에 다니고 있는 구스틀의 아버지는 린츠에서 실내장식을 하는 사람이었지만, 아들은 분명 유명한 작곡가이자 지휘자가 될 인물이라고 청년은 믿고 있었다. 청년은 눈을 감았다. 파노라마처럼 펼쳐지는 도나우 강의 전경을 바라보는 자신의 모습이 어렴풋이 떠올랐다. 친구와 함께 집의 응접실은 데카당스적인 루벤스 시대를 모방한 한스 마카르트 식으로 꾸밀 생각이었다. 머지않아 살롱은 린츠에 살고 있는 젊은 예술가들의 모임 장소로 자리잡게 될 것이다. 그리고 그 살롱은 화가, 미술비평가, 배우, 연극비평가, 미술품 상인, 음악가 그리고 시인들이 모두 모이는 장소가 되어야만 한다. 그들의 집이 사교계의 중심이 된다면 자신들도 주도적인 역할을 해야만 할 것이다. 그렇다면 구스틀은 음악을 맡고, 자신은 사람들 앞에서 시를 낭송하거나 미학과 문화, 그리고 역사 전반에 관한 주제로 분위기를 이끌 생각이었다. 초대받은 손님들은 멋진 조명 아래서 우아한 여인의 영접을 받게 될 것이다. 머지않아 만들어질 '가장 뛰어난 예술가들' 의 모임은 바로 이곳 키르헨 가 2번지에 위치한 자신들의 집을 중심 무대로 삼을 게 분명하다.

새집에 들여놓을 가구들은 이미 보아두었고, 실내장식품들도 벌써 주문해놓은 상태였다. 건축가는 필요 없었다. 젊은 남자 자신이 더 잘할 수 있었기 때문이다. 그의 취향은 누구보다 뛰어나니까. 새집으로 이사하기 전에 우선 해야 할 일이 있었다. 그는 구스틀과 함께 독일을 두루 돌아다닐 계획이었다. 무엇보다 리하르트 바그너가 묻혀 있는 도시 바이로이트는 여행 목적지 가운데 가장 중요한 곳이었다.

실크 모자를 쓴 젊은 청년은 집을 바라보면서 이런 꿈을 꾸었던 것이다. 그 꿈이 실현될 가능성은 놀랍게도 그의 호주머니 속에 들어 있었다. 바로 오스트리아 정부에서 발행하는 복권. 추첨은 내일이었다. 청년은 반드시 자신이 당첨되리라고 믿었다. 그것도 1등으로. 그러면 어머니와 아홉 살짜리 여동생이 살고 있는 집으로 달려가서 기쁜 소식을 전하는 일만 남게 된다.

다음날 오후, 그는 린츠 시의 번화가에 자리잡고 있는 '바움가르트너'라는 카페에 앉아서 백포도주를 마시고 있었다. 소위 린츠 시에서 이름만 들어도 알 만한 집안의 아들들로 붐비는 이곳은, 말하자면 도시의 꽃이었다. 부잣집 아들들은 이 카페에 앉아 당시 유행하던, 무릎 부분이 아주 좁은 롱스커트나 마도로스 옷차림을 하고 지나가는 여고생들에게 엉큼한 눈길을 보내곤 했다. 물론 당첨된 복권 번호가 실려 있는 석간신문도 이 카페로 배달되어 한쪽 구석에 꽂혀 있었다. 잘 차려입은 젊은 청년은 느긋하게 신문을 뽑아들고 당첨된 숫자가 있는 면을 보기 위해서 신문을 한 장씩 넘기고 있었다. 갑자기 그의 표정이 굳어지기 시작했다. 믿을 수 없는 일이었다. 자신의 복권 번호를 외우고 있던 젊은이는 몇 번을 확인해도 그 번호를 찾을 수가 없었다. 이럴 수가! 그가 구입한 복권이 꽝이라니! 자리에서 벌떡 일어난 그는 신문이 꽂혀 있던 신문대를 발로 차서 넘어뜨리고는 창이 넓은 검은색 모자와 지팡이를 집어들고 카페를 나섰다. 분노로 일그러진 얼굴로 뛰쳐나온 청년은 수업이 끝난 뒤 아버지의 가게에서 일을 돕고 있을 친구 구스틀에게 곧장 달려갔다.

이렇게 하여 구스틀은 본의 아니게, 복권으로 말미암아 발작해버린 친구의 광란을 처음으로 목격한 주인공이 되고 말았다. 청년은 우선 복권을 관리하던 행정청을 욕하기 시작했다. "빌어먹을! 선량한 국민들의 주머니를 터는 죽일 놈의 관청 같으니라고! 이렇게 내놓고 사기를 쳐도 되는 거야?" 다음번 분노의 화살은 전제국가였던 왕권을 겨누었다. "열 개, 아니 더 많을지 누가 알겠어? 이 국가는 열 개도 넘는 민족들이 뒤섞여 만들어진 추잡하기 짝이 없는 괴물이라고! 괴물 같은 국가! 합스부르크 가(家)가 온갖 잡종 피와 결혼해서 만든 개뼈다귀 같은 망할 놈의 국가!" 사실 청년의 말대로라면, 이 같은 국가로부터 더 이상 무엇을 기대할 수 있겠는가? 국민들의 잔돈까지 거덜내면서 사기를 치는 판이니!

청년은 분통을 터뜨린 뒤 잠시 침묵했다. 그리고는 온몸이 땀으로 흠뻑 젖고, 얼굴은 상기되어 부풀어오른 채 실내장식 가게에 있는 의자 위에 털썩 주저앉았다.

1889년 4월 22일 오후 3시 30분, 브라우나우 지역의 주임신부 이그나츠 프롭스트는 세관공무원이었던 알로이스 히틀러와 그의 아내 클라라의 아들에게 아돌프 히틀러라는 이름으로 세례를 주었다. 복권 사건으로 치를 떨며 흥분했을 당시 그의 나이는 열일곱 살이었다. 그리고 이 사건은 궁전 같은 집에서 예술을 사랑하는 친구들과 어울려 멋진 삶을 향유하려던 그의 꿈을 단번에 앗아가버렸다.

1
사생아의 아들 히틀러

히틀러의 전기 작가들은 오랫동안 이 위대한 '지도자'가 유태인의 피를 물려받았을지도 모른다는 추측을 해왔다. 지금도 이 같은 경향은 여전히 남아 있지만 과연 사실일까?

부카레스트에 있는 유태인 공동묘지를 한번 예로 들어보자. 이 공동 묘지의 열여덟 번째 구역 중 일곱 번째 줄 9번 묘지에 '아돌프 히틀러'라는 이름이 있다. 하지만 이 부카레스트의 유태인 남자는 1832년에 태어나서 1892년에 사망했다. 매장기록부에 따르면 이 남자는 당시 유태인 조직이었던 '필란트로피'의 돈으로 매장되었다고 한다. 그런데 어찌 된 영문인지 1933년 10월 런던 『데일리 미러』지의 발 빠른 기자들은 이 남자를 아돌프 히틀러의 아버지라고 보도하고 말았다. 기자들이 간과해버린 사실은, 묘지에 묻혀 있던 '유태인 아돌프 히틀러'는 히틀러의 진짜 아버지보다 다섯 살이 많다는 점이다. 그러나 사실이 어떠하든 간에 이 떠들썩한 기사는 당시 많은 신문들의 재인용으로 입에서 입으로 전해지게 되었다. 물론, 사람들이 이 보도를 사실로 쉽게 받아들인 까닭은 동구권 출신 유태인들 가운데 히틀러라는 이름이 드물지 않았기 때문이었다. 『데일리 미러』지는 폴란드 출신의 '아브라함 히틀러' 뿐 아니라 히틀러라는 성을 가진 다른 이름을 충분히 열거할 수 있다고 덧붙였다.

이보다 좀더 의미심장한 추측이 있다. 히틀러의 법률고문을 지냈으며, 나중에 폴란드 어느 지방의 지사를 역임했던 한스 프랑크의 추측이 그것인데, 그의 주장을 대충 요약해보면 이러하다: 히틀러의 친할머니인 마리아 안나 쉬클그루버는 그라츠에 살고 있던 유태인 상인 프랑켄베르거의 집에서 가정부로 일하고 있었다. 어느 날 그녀는 임신을 하게 되었고, 고향으로 돌아온 뒤 아들을 낳아서 알로이스라는 이름으로 세례를 마쳤다. 이 아이의 아버지는 프랑켄베르거이거나 아니면 열아홉 살 난 프랑켄베르거의 아들이라는 추측이다. 어쨌든, 프랑켄베르거는 마리아 안나에게 아이가 열네 살이 될 때까지 양육비 명목으로 돈을 부쳤다. 프랑켄베르거와 히틀러의 친할머니인 안나 사이에 수년 동안 편지가 오갔으며, 프랑켄베르거가 보낸 편지에는 이런 내용이 있다: '우리끼리만 아는 비밀로 해둡시다. 당신이 처녀의 몸으로 낳은 아들에게 내가 양육비 일체를 지불할 것입니다. 그리고 히틀러의 아버지가 반유태인이니 만큼 히틀러에게도 유태인의 피가 흐른다고 할 수 있죠……'

히틀러 전기 작가인 베르너 마저는 프랑켄베르거와 관련된 사실들을 아주 철저하게 재검토했다. 그 결과, 1836년 당시 그라츠에는 프랑켄베르거라는 이름을 가진 유태인이 살았다는 증거가 전혀 없었다. 뿐만 아니라, 19세기 무렵 오스트리아 전 지역에 프랑켄베르거라는 이름을 가진 독일계 유태인이 살았다는 증거도 없었다. 게다가 그라츠라는 지역에는 15세기 말부터 마리아 안나가 죽고 10년이 지날 때까지 유태인이 살았던 기록이 전무했다. 소위 히틀러의 친할머니라는 마리아 안나 역시 사실 확인이 되지 않았다. 1836년이나 1837년에 그라츠에 있는 어느 집에서 가정부로 일했다는 증거조차 남아 있지 않았다. 그녀의 이름은 그라츠의 '하녀명부' 또는 '시민명부'에서도 찾을 수 없었다. 사생아였던 아들에게 양육비를 지불했다는 내용과 관련해서 베르너 마저는 한 가지 의문스러운 점을 지적했는데, 당시 오스트리아에서는 양육의무라는 것이 흔하지 않았다는 것이다. 사생아의 아버지들은 분만이나 출산 후의 요양을 위해서 돈을 지불하거나 아이를 직접 자신의 집으로 데려가서 키웠다고 한다. 그러니 프랑켄베르거가 사생아 아들이 열네 살이 될 때까지 양육비를 부쳤다는 주장은 다분히 의심스럽다.

마리아 안나가 살았던 지역에도 히틀러라는 이름이 있었지만, 이는 '히들러' 또는 '휘틀러'라는 이름을 잘못 기록한 경우이다. 이 지역은 도나우 왕실 부속 빈민구제소가 있는 곳이며, 1430년대 이래로 도나우와 뵈멘의 국경이기도 했다. 주민들의 조상은 체코슬로바키아 인으로 알려져 있다. 이곳에 살던 농부들은 대부분 자신의 이름도 쓸 줄 모르는 문맹자들로, 신자명부에 이름을 기록하기 위해서 성당에 들르면 그들의 발음만 듣고 주임신부가 이름을 기록했기 때문에 엉터리로 기록된 경우도 다반사였을 것이다.

아돌프 히틀러의 친할머니 마리아 안나는 1837년 6월 7일 될러스하임 근처에 위치한 스트론에서 아들 알로이스를 낳았다. 신자명부에 이름을 올릴 때도 그녀는 아이 아버지의 성(姓)을 절대로 말하지 않았고 대신 자신의 성을 얘기해주었다. 100퍼센트 확실한 것은, 1807년 슈피탈이라는 마을에서 태어났던 요한 네포묵 휘틀러가 바로 알로이스의 아버지라는 사실이다. 아이를 낳던 당시 마리아 안나의 나이가 마흔두 살이었는데, 알로이스는 그녀의 첫 아이이자 마지막 아이였다.

알로이스가 다섯 살이 되던 해 마리아 안나는 요한 네포묵의 친형제인 요한 게오르크와 결혼했다. 요한 게오르크는 휘틀러가 아닌 '히들러'라는 성을 사용했으며, 될러스하임에서 가구장이로 살았다. 결혼을 하자 그는 마리아 안나가 낳은 사생아를 몹시 싫어했던 게 분명하다. 그런 까닭에 마리아 안나는 아이를 공식적으로는 삼촌이지만 실제로는 친아버지인 부유한 요한 네포묵에게 보내버렸다. 소년이 열 살이 되었을 때 어머니는 수종(水種)으로 사망했다.

열네 살이 되자 알로이스는 구두장이었던 먼 친척뻘 되는 삼촌의 가게에서 견습공으로 일하게 되었다. 그로부터 2년 후, 견습 기간을 마친 그는 빈에 살기 시작하면서 구두장이 일을 했다.

하지만 똑똑하고 야망이 컸던 알로이스는 구두장이로 만족할 인물이 아니었다. 황제국가의 당당한 공무원이 되어 출세하고 싶었던 것이다. 남달리 의지가 강했던 그는 독학으로 공부를 계속했고, 1855년 열여덟 살이 되었을 때 마침내 공무원 시험에 합격을 하여 재무부 경비원으로 일하게 되었다. 하급직 공무원에서 출발한 그는 비록 초등학교만 졸업했으나 고등학교를 졸업한 동료보다 더 빨리 승진했다. 1871년 X급의 '통제관'이 되었는데, 이는 고위 공무원은 아니었지만 그래도 중견 간부급에 해당되는 직책이었다.

그로부터 2년 뒤, 서른여섯 살이 된 알로이스는 열네 살이나 많은 세관공무원의 딸 안나와 결혼을 한다. 아내가 병에 걸리자, 열세 살 된 소녀 클라라가 집안일을 돕기 위해 들어왔다. 클라라는 알로이스의 진짜 아버지인 요한 네포묵 휘틀러의 손녀였으며, 다시 말해 알로이스에게는 조카딸이었다. 질투심 많았던 아내 안나에게 젊고 예쁘장한 10대 소녀는 당연히 눈엣가시였다. 결국 클라라는 오래 견디지 못하고 다시 집으로 돌아가야만 했다.

공무원으로서 어느 정도 출세는 했지만, 알로이스는 사생아로 태어난 것 때문에 무척 괴로워하였다. 그는 이 불명예스러운 출생 배경을 감추고 싶어했으며, 이것으로 인해 앞으로 불이익을 당하지는 않을까 노심초사했다. 이를 지켜보던 아버지 요한 네포묵이 고심 끝에 문제 해결을 위해서 직접 나서게 되었다. 그는 두 명의 증인을 데리고 될러스하임에 있는 주임신부를 찾아갔다. 그리고는 동생 요한 게오르크 히들러가 생전에 아들을 자신의 호적에 정식으로 입적시키기를 원했다고 말했다. 그러자 신부는 아무런 의심도 하지 않고 요한 게오르크가 알로이스의 아버지라는 것을 출생기록부에 기입하였다. 증인으로 동행한 남자들은 문맹자라서 xxx라고 서명을 하였고, 신부가 어떤 이름을 기입했는지 당연히 몰랐을 것이다. 출생기록부에 '히들러'라는 성은 없었는데, 그것은 요한 네포묵이 자신의 성을 '휘틀러'라고 아주 정확하게 발음했지만, 이를 잘못 알아들은 신부가 '히틀러'라고 적어버렸기 때문이다. 이렇게 해서 나중에 전 세계를 떠들썩하게 만든 주인공의 이름이 탄생하게 되었다.

1876년 말, 황제국 관세청 공무원 알로이스 쉬클그루버의 호적에는 하자가 전혀 없다는 사실을 빈의 행정청이 공식적으로 확인해주었다. 그리하여 알로이스는 아버지로부터 물려받긴 했으나 발음상의 착오로 약간 변형된 '히틀러'라는 성을 떳떳하게 사용할 수 있었다.

알로이스 히틀러는 1880년 자신의 집에서 가정부로 일하는 프란치스카 마첼스베르거라는 열아홉 살 먹은 처녀와 관계를 가졌다. 아내 안나는 당장 이혼장을 내밀었다. 프란치스카는 1882년 1월 13일 사생아를 낳았는데, 처음에는 자신의 성을 따라 마첼스베르거라는 이름을 붙여주었다. 아내 안나가 1년 뒤에 사망하자 알로이스는 프란치스카와 결혼을 했다. 석 달 뒤에는 아들을 정식으로 입적시켰는데, 아들의 이름은 이제 마첼스베르거가 아니라 아버지와 똑같은 알로이스였다. 결혼한 지 4개월 후에 딸 안겔라가 태어났다. 하지만 이로부터 1년이 채 되지 않아 프란치스카는 폐렴으로 그만 죽고 말았다. 그러자 엄마를 잃은 아이들을 돌보기 위해서 알로이스의 조카딸 클라라가 다시 돌아왔다. 당시 그녀는 스물네 살이었다.

조카딸에게 반해버린 알로이스는 가능하면 빨리 결혼하기 위해서 가톨릭법의 특별면죄소를 찾아갔다. 린츠에 근무하던 주교는 근친간의 결혼은 허락할 수 없다고 거절하면서 로마에 한번 가보는 게 좋지 않겠냐고 권유했다. 의지의 사나이 알로이스는 이 말을 듣자마자 로마에 갔고, 결국 결혼허락서를 받아왔다. 알로이스가 허락서를 받아왔을 때 클라라는 이미 임신 5개월이었기 때문에 조금만 더 늦었더라면 또 다른 사생아를 낳을 뻔했다. 이로부터 클라라는 세 명의 자식을 낳지만, 불행하게도 모두 일찍 죽고 말았다. 1885년 5월 17일 구스타프 히틀러는 태어난 지 2년 뒤에 사망했고, 다음해 태어났던 이다 역시 두 살이 되어 죽었으며, 세 번째 아이였던 오토는 태어난 지 얼마 후에 세상을 떠나버렸던 것이다.

그러니 네 번째 아이를 낳았을 때 부모들의 기쁨이야 더할 나위 없었겠지만, 세상은 그렇지 못했다. 1889년 4월 20일, 부활절 전 토요일 정각 저녁 6시 30분. 브라우나우에 있던 세관공무원 관사에서 아들 아돌프가 태어났다. 훗날 전 세계를 공포로 떨게 만들 독재자를 어머니보다 먼저 본 사람들은 클라라의 친자매인 곱사등이 요한나와 산파 프란치스카였다. 나중에 프란치스카는 이날을 기억하며 "갓 태어난 아이는 몸이 아주 허약했고, 검은 머리였으며, 눈에 띌 정도로 파란 눈을 가지고 있었죠"라고 말했다. 아돌프가 태어날 당시 아버지는 쉰두 살이었고 어머니는 스물여덟 살이었다. 어머니는 여전히 남편을 '알로이스 삼촌'이라고 불렀다.

황제 치하의 세관공무원이었던 알로이스 히틀러는 결코 가난한 사람이 아니었다. 히틀러 자신도 그의 책인 『나의 투쟁』에서 '가난하고 좁은 집에서 살아야 했던 비참한 시절'이라는 부분을 삭제했다고 하니까.

1888년까지 알로이스 히틀러는 봉급으로 생활을 꾸려나갔다. 사실

말이 공무원 봉급이지, 그가 받았던 216크로네는 당시 중산층에 속했던 학교 교장의 월급보다도 많았다. 다른 경우와 비교해봐도, 가족이 딸린 전문직 노동자들이 받는 월급이 90크로네에 불과했으니 결코 적은 돈이 아니었다. 알로이스는 이 가운데 16에서 20크로네를 집세로 지불했으며, 1년에 내는 세금도 총 40크로네 정도였다. 그러므로 알로이스 가족들이 궁핍을 감수해야 할 필요는 전혀 없었던 것이다. 물론 알로이스는 알뜰하게 저축하는 사람이 아니었으므로, 가족이 아프다거나 사망할 경우 적지 않은 비용이 들었을 것이다.

봉급생활자였던 알로이스가 좀더 사치스럽게 살아갈 수 있는 사건이 발생했다. 아돌프 히틀러가 태어나기 1년 전, 알로이스의 주머니 사정은 예전과는 비교가 안 될 정도로 호전되었다. 부자였던 요한 네포묵 휘틀러가 여든한 살의 나이로 슈피탈에 있는 자신의 농장에서 숨을 거두었기 때문이다. 그는 세 명의 딸, 즉 요한나와 요세파, 발부르가에게는 농장과 슈피탈에 있는 음식점만 물려주었다. 그외 그가 가지고 있던 현금은, 아내가 낳지는 않았지만 자신의 친아들인 알로이스에게 모두 물려주었던 것이다. 살아 생전 아버지 요한 네포묵은 아들 알로이스가 공무원으로 출세한 사실에 대하여 늘 자랑스럽게 생각하고 있었다. 유산으로 물려준 금액이 정확하게 얼마인지는 알려져 있지 않으나, 1889년 3월 16일 알로이스는 슈피탈의 한 농부에게서 외양간, 창고, 넓은 농장, 정원과 토지가 딸려 있는 집을 10,000크로네에 사들일 수 있었다. 알로이스는 곱사등이 조카딸 요한나에게 농장 관리를 맡겼는데, 그녀가 농장을 너무나도 잘 관리한 나머지 그로부터 4년이 지나자 다른 농부에게 14,000크로네를 받고 팔 수 있을 정도였다. 그러니까 4년 만에 4,000크로네의 이익을 본 셈이었다.

그러므로 어린 아돌프는 중산층이면서도 재정적으로 매우 안정된 집안에서 아직 젊은 엄마와 이복누나 안겔라의 사랑을 독차지하면서 성장했다.

1892년 8월이 되자 알로이스 히틀러는 세관의 고급 공무원으로 승진하여 파사우로 전근을 가게 되었다. 이곳은 오스트리아와 국경을 이루는 독일 지역이었다. 이곳에서 아돌프의 남동생 에드문트가 태어났지만 여섯 살 때 홍역으로 숨을 거두고 만다. 2년 뒤 다시 전근을 하게 되었는데, 이번에는 린츠였다. 아돌프의 아버지는 람바흐 근처의 한 마을에 있는 별장을 구입했는데, 그는 40년간의 공무원 생활을 마치고 38,000평방미터나 되는 이 별장에서 노후생활을 보내게 된다. 이제 그는 농사일과 자신이 좋아하는 양봉에 시간을 보내면서 살게 되었다.

어린 아돌프는 람바흐에 있는 초등학교에 들어갔고, 1년 후 베네딕트 재단에 속하는 람바흐 수도원학교에 다니게 되었다. 그는 학교에서 아주 훌륭한 학생으로 인정받았으며, 성적은 거의 모든 과목에서 '수'를 받을 정도로 두각을 나타냈다. 수도원학교 소속 청소년 합창단원이기도 했던 아들이 아버지 알로이스는 너무나 자랑스러웠고, 언젠가 공무원이 되어 자신보다 더 출세하기를 바랐다.

동네 사람들은 평생 공무원으로 근무한 뒤 퇴직한 알로이스 히틀러 가족을 존경해 마지않았다. 이런 분위기에서 자라다보니 어린 아돌프는 점차 자신이 주변의 친구들보다 '더 나은 계층'에 속해 있다는 사실을 깨닫게 되었다. 더욱이 개인의 삶에 있어서 재산과 명예야말로 가장 중요하다는 사실도 알게 되었다. 어린 나이에 현실을 깨닫게 된 아돌프는 언젠가 자신도 무산계급처럼 가난하게 살지도 모른다는 강박관념으로 늘 두려워하게 되었다. 나중에 방랑 생활을 할 때조차도 그는 결코 부르주아들이 향유하는 모든 것을 포기하지 않았다. 호화판 생활을 하는 사람들을 지칭하여 '배부른 속물근성'에 가득 찬 인간들이라고 비난을 퍼부었지만, 그의 비판도 알고 보면 그 부류에 속하고 싶은 바람이 숨어 있었던 것이다.

1896년 아돌프의 여동생이자 막내인 파울라가 세상에 태어났다. 이때 열네 살이었던 큰아들 알로이스가 홧김에 집을 나가고 말았다. 자수성가를 했던 아버지의 눈에 큰아들은 너무 게으르게만 보였다. 그래서 말끝마다 세상에 아무 소용도 없는 인간이라며 알로이스의 자존심을 건드리고 만 것이다. 집을 나간 아들 알로이스는 우선 빈으로 가서 웨이터로 일하다가 두 번이나 절도죄로 감방에 가기도 했다. 그후로 어떻게 살았는지에 관해서는 나중에 언급하기로 하겠다.

그러는 가운데 아버지 알로이스 히틀러는 이득을 남기며 농장을 팔아서 그 돈으로 린츠에서 5킬로미터 떨어진 곳에 새집을 샀다. 이 집은 히틀러가 정권을 잡으면서 공식적으로 '지도자의 생가'로 알려졌고, 1938년 이후부터 나치스 추종자들에게 일종의 '순례지'로 간주되면서 세계 도처에서 방문객들이 몰려들었다.

남동생 에드문트가 1900년 2월 홍역으로 죽자 아돌프는 이제 집에 남아 있는 유일한 아들이 되었고, 명예욕이 강했던 아버지의 희망이 되었다. 그는 린츠에 있는 국립실업학교로 전학을 가게 되었다. 하지만 전학한 학교는 낯설기 짝이 없었다. 수학과 자연사 과목에서 형편없는 성적을 받는 바람에 학점을 다시 따야 했지만 역사와 지리, 그리고 미술 성적이 다른 부족한 과목을 보충할 정도로 좋아서 겨우 낙제는 면할 수 있었다. 이에 실망한 아버지는 아들에게 심한 말을 해대었고, 이는 결국 역효과를 가져왔다. 히틀러 전기에서 베르너 마저는 이렇게 적고 있다: '여러 가지 정황들로 미루어볼 때, 히틀러는 이미 젊은 시절부터 어떤 일을 체계적으로 해결해야 하는 것을 몹시 거추장스럽게 느꼈던 것 같다. 가령, 관심이 있건 없건 어느 정도의 지식을 습득해야만 하는 과목들이 있는데, 그는 자신에게 재능이 없다고 여겨지는 과목은 아예 거들떠볼 생각도 하지 않았다.'

1903년 1월 3일, 아버지 알로이스는 술집에서 와인을 마시다가 갑자기 심장마비를 일으켰다. 예순여섯 살이었던 아버지는 의사와 신부가 도착하기도 전에 그 자리에서 사망하고 말았다. 린츠의 지방 신문들은 그의 죽음에 관해서 연일 보도를 했다. 그들은 알로이스의 '진보적인 생각과 적극적인 시민의식, 그리고 검소한 생활방식'에 관해 칭찬을 아끼지 않았고, 특히 양봉 분야에 끼친 공로에 대하여 여러 차례 언급했다.

아버지가 죽고 난 뒤에도 가족들은 그다지 재정적인 어려움을 겪지 않았다. 과부가 된 어머니는 605크로네에 달하는 사망위로금을 받았고, 매달 100크로네의 연금도 받게 되었다. 여기에 자식들의 교육비로

각각 20크로네씩을 받았으므로 매달 140크로네의 수입이 있었다. 집세는 낼 필요가 없었다. 얼마 후, 클라라의 소생이 아닌 딸 안겔라가 공무원 레오 라우발과 결혼해서 집을 떠났다. 사생아였던 알로이스는 생전에 모든 친척들과 연락을 끊고 살았기 때문에 왕래하는 친척들도 거의 없었다. 유일하게 클라라와 친자매간인 곱사등이 요한나가 함께 살았지만, 아버지로부터 물려받은 유산이 있었으므로 생활비를 같이 부담했다.

남편이 죽은 지 반년이 지난 후, 클라라 히틀러는 살고 있던 집을 10,000크로네를 받고(남편 알로이스는 7년 전 이 집을 7,700크로네 주고 샀다) 처분한 뒤 아이들과 함께 린츠로 거처를 옮겼다. 그리고는 훔볼트 가(街) 31번지에 위치한 깔끔한 집에 세들어 살았다.

담보로 잡힌 물건에 돈을 지불하고, 아돌프와 파울라의 몫이었던 상속재산으로 투자를 한 뒤에도 클라라에게는 5,000크로네 이상의 돈이 남아 있었다. 이 돈이면 걱정 없이 편안한 생활을 영위할 수 있었다. 클라라 히틀러는 자신을 위해 결코 사치를 부리는 사람이 아니었으므로 자식들을 위해서 꼬박꼬박 저축을 했다. 하지만 너무나 사랑하는 아들, 재능 있는 아돌프를 위해서라면 아낌없이 돈을 쏟아부을 준비가 되어 있었다. 그리하여 아돌프는 어머니의 돈지갑을 야금야금 갉아먹기 시작했다.

2
예술가를 꿈꾸던 멋쟁이 청년

목격자들의 말에 의하면, 당시 열네 살이었던 아돌프는 아버지의 관 앞에서 '통곡하다가 그만 탈진 상태에 빠졌다'고들 한다. 하지만 아돌프의 어머니만은 아들의 그 같은 감정 표현이 과장된 제스처라는 것을 알고 있었다. 엄격하기만 했던 아버지의 죽음은 오히려 아들에게는 다행이었는지 모른다. 아버지가 돌아가신 뒤, 아돌프는 어머니에게 더 이상 학교에 다니지 않겠으니 허락해달라고 부탁했다. 그러자 어머니는 아버지가 남긴 유언 가운데 최소한 몇 가지는 들어줘야 하지 않겠냐고 눈물로 호소했다. 그러기 위해서 실업학교 과정 4년만이라도 이수해달라고 아돌프에게 애원했다(오스트리아에서는 실업학교 4년 과정을 마치면 국립 사관후보학교에 들어갈 자격을 갖추게 되고, 졸업하면 장교나 고위직 공무원으로 나아갈 수 있는 기회가 열려 있었다).

솔직히 아돌프는 장교도 공무원도 되고 싶지 않았다. 예술가가 천직이라고 생각한 그는 화가의 길을 걷겠다고 말했다. 그러니 학교를 졸업할 필요가 없다는 얘기였다. 하지만 어머니는 호락호락 넘어가지 않았다. 미술대학에 가려면 물론 예술적인 재능이 있어야겠지만 학교 졸업장도 필요하지 않느냐는 논리를 펼치자, 결국 아돌프는 어머니의 말을 듣기로 했다.

이렇게 하여 아돌프는 원치는 않았지만 린츠에 있는 실업학교를 계속 다니게 되었다. 불어 재시험만 치르면 4학년 졸업은 가능했다. 아슬아슬하게 재시험에 합격했지만 학교측에서는 조건부 졸업장을 주었다. 그러니까, 다른 학교에서 4학년을 다시 다녀야 한다는 조건이었다. 당시 아돌프의 불어 시험을 담당했던 에두아르드 휘머 교수는 이렇게 말했다: "히틀러는 참으로 우수한 학생이었죠. 물론, 다방면에 뛰어나지는 않았습니다만. 다른 친구들한테 폭력을 휘두르지는 않았으나 음…… 뭐라고 할까요, 고집이 세고 상당히 독선적이었죠. 그래서 자기가 항상 옳다고 주장했습니다. 화를 잘 내는 편이었는데, 어쨌든 히틀러는 학교라는 테두리 속에 갇혀 있을 수 없는 학생이었습니다. 또한 가지 단점이 있었는데, 그는 정말 게을렀어요. 만약 그렇지 않았더라면 훨씬 좋은 성적을 받았을 텐데 말이죠."

시험이 끝나고 아돌프의 어머니는 아들을 슈타이어에 있는 국립 고등학교에 보냈다. 이곳에서 아돌프는 법원공무원으로 일하고 있던 콘라드 에들러의 집에서 하숙을 하게 되었다. 이 집이 위치해 있던 그륀마트 19번지는 1938년 '아돌프 히틀러 광장'이라는 이름으로 바뀌었고, 아돌프가 하숙했던 집은 나치스가 들어서면서 기념판까지 걸어놓았다.

고등학교에 진학한 아돌프는 독일어와 미술 과목에서는 뛰어난 성적을 받았지만, 물리와 수학은 바닥을 헤매었다. 그해 초, 아돌프는 중간시험 성적표를 받고 너무 화가 치밀어올라서 술을 잔뜩 퍼마신 뒤 성적표를 화장실 휴지로 사용해버렸다. 다음날 아침 그는 성적표 사본을 제출하라는 통지를 받고 학교로 불려갔는데, 물론 아직 술이 덜 깬 상태였다.

1905년 가을이 되자 아돌프는 5학년으로 진학해도 될 만큼 충분한 학점을 받게 되었다. 자신감에 부푼 그는 어머니에게 머지않아 대학 입학 자격 시험도 칠 것이라고 약속했다. 불행인지 다행인지 이 약속은 깨지고 말았다. 여기에서 『나의 투쟁』을 잠시 읽어보면, 당시 병에 걸려서 어머니에게 한 약속을 안 지켜도 되었다는 식으로 말하고 있는데, 그 어투로 봐서 그것이 오히려 그에게는 다행이었던 것 같다. 자신은 '급성 폐렴'이라고 적고 있지만, 당시 담당 의사였던 에두아르드 블로흐 박사는 심한 흡연으로 인한 기관지염으로 진단 내리면서 시골에 가서 요양하기를 권했다.

건강이 나빠지자 아돌프는 어쩔 수 없는 척하면서 린츠로 돌아와 얼마 동안 휴식을 취했다. 어머니의 극진한 보살핌 덕분에 어느덧 건강이 회복되었지만, 그는 여전히 폐렴 환자처럼 굴면서 학교 가는 것을 거부했다. 그리고는 어머니를 안심시키기 위해서 병이 나으면 곧 빈에 있는 미술대학에 지원하겠노라고 말해두었다. 그제서야 어머니는 마음을 놓았다.

바야흐로 아돌프에게 아름다운 시절이 열리게 되었다. 당시 열일곱 살이었던 아돌프는 린츠에 살고 있는 부잣집 아들들처럼 모든 의무감에서 벗어나 백수 생활을 마음껏 즐기게 된 것이다. 어느 정도 고위직 공무원으로 일했던 아버지의 아들이며, 앞으로 틀림없이 유명한 예술가가 될 것이므로 멋진 옷을 입어야 한다는 아들의 말에 어머니는 두말 않고 돈을 내주었다. 린츠 실업학교를 같이 다녔던 친구들은 완전히 멋쟁이로 변해버린 아돌프를 부러운 눈으로 쳐다보기만 했다. 마치 벌써 유명한 예술가나 된 듯 지팡이를 흔들며 창이 넓은 검은색 모자를 푹 눌러쓴 채 린츠 시의 번화가를 걸어가는 아돌프는 멋쟁이 중에서도 멋쟁이였다. 어느새 그는 언제라도 값비싼 생크림 케이크를 먹을 수 있는, 상류층만 들락거리던 '바움가르트너' 카페의 단골손님이 되어 있었다.

  물론 할 일 없이 커피숍에 죽치고 앉아 있지만은 않았다. 아돌프는 박물관을 비롯하여 여기저기 예술단체의 회원으로 가입한 뒤 미술, 음악, 역사, 건축과 심리학에 관한 '전문가'로 행세하기 시작했던 것이다. 아돌프와 동갑내기로 음악학도였던 옛친구 구스틀은 기꺼이 아돌프를 숭배하는 역할을 떠맡았다. 구스틀은 거의 모든 분야에 대해서 멋들어진 청사진을 만들어내는 친구가 다만 놀라울 뿐이었다. 작곡가 리하르트 바그너를 천재라며 침이 마르게 칭송했던 아돌프는 린츠 시에서 바그너 오페라 공연이 있을 때면 빠지지 않고 관람했다. 이와 관련해서 요아힘 페스트는 다음과 같이 적고 있다: '현실 생활과 동떨어진 꿈의 세계에서 히틀러는 자신이 천재이기를 소망했고, 또 그렇게 믿고 싶어했다.'

한 번은 이런 적도 있었다. 아돌프는 친구 구스틀에게, 세계는 "근본적으로 그리고 모든 부분에서 변해야 한다"고 말하면서, 실제로 린츠 시를 완전히 개조한 청사진을 만들어 보여주었다. 극장, 귀족들이 사는 별장, 박물관이 빼곡하게 자리를 잡고 있는 도시 설계도를 보면 꿈과 현실 사이에 경계가 사라지고 없는 것처럼 보였다. 도시의 자랑거리가 될 도나우 강 다리를 설계하는가 하면, 구스틀의 생일날 이탈리아 르네상스식으로 설계된 집을 선물하면서, "언젠가 너를 위해서 만들어줄 집이지"라고 말하기도 했다.

이로부터 35년이 지나서, 아돌프는 '대독일제국의 지도자'로서 열일곱 살 풋내기 예술가 시절에 설계했던 도나우 강 다리를 지으라고 명령했다. 심지어 연합군이 베를린 성문 앞에 진을 치고 있던 1945년 3월에도 히틀러는 지하 방공호에 숨어서 린츠 시의 청사진을 들여다보고 있었다. 40년 전 아름답기만 했던 시절을 떠올리며, 몇 시간 동안이나 고민고민해서 설계도를 수정하는 작업을 했던 것이다.

아돌프의 어머니는 린츠에서 빈둥거리고만 있는 아들의 장래가 아무래도 걱정되었다. 그래서 고민 끝에 대입 준비를 시키기 위해 빈으로 아들을 보내기로 결심했다. 이때가 1906년 여름이었다. 두둑한 현금을 손에 들고 오스트리아의 수도 빈에 도착한 아돌프는 우선 자그마한 호텔을 잡았다. 이곳에 두 달 동안 묵으면서 박물관을 돌아다니고, 링 가(街)의 건축물들을 감상하면서 거의 매일 밤 바그너 오페라를 구경하러 다녔다. 이 당시 구스틀에게 보낸 편지에 아돌프는 이렇게 적고 있다: '난 열심히 돌아다니고 있어. 내일은 바그너의 〈트리스탄〉을 보러 갈 예정이고, 모레는 〈나는 네덜란드 인〉을 볼 거야.' 당연히 대학 입학을 위한 준비는 관심 밖이었다. 결국 아돌프는 대학 입학을 다음해로 미루고 말았다.

빈에서 돈을 다 써버리자 다시 린츠로 돌아온 아돌프는 여전히 빈둥거리는 생활을 그만두지 않았다. 어느덧 어머니는 병에 걸렸고, 이제 아들의 무분별한 생활을 단속할 힘조차 남아 있지 않았다. 이런 상황이었음에도 아돌프는 하루가 멀다 하고 황당한 계획을 세웠다. 어느 날은 갑자기 작곡가가 되고 싶으니 도와달라고 어머니를 졸라대었는데, 어쩔 수 없이 어머니는 피아노를 구입해주고 넉 달 동안 개인교습비까지 지불해주었다. 히틀러에게 피아노를 가르친 선생은 당시 군대음악 작곡가였던 프레바츠키 벤트였다. 하지만 레슨을 받기 시작한 아돌프는 음악 또한 어느 정도까지는 피나는 연습을 해야 하는 분야라는 것을 깨닫게 되자 피아노를 배우려는 계획을 미련 없이 포기했다. 그리하여 적지 않은 돈을 주고 구입한 피아노는 쓸모없는 물건이 되어버렸다. 피아노 수업은 그만두었지만 아돌프는 리하르트 바그너를 흉내낸 위대한 오페라 작품을 쓰겠다는 각오로 작곡을 계속해나갔다. 마침내 작품을 완성하자 음악학도였던 친구 구스틀에게 자랑스럽게 보여주었다. 그러자 친구는 폭발적이고 어설픈 작품에 불과하다며 신랄하게 비판을 했고, 당연히 아돌프는 미친 듯이 화를 냈다.

시간이 갈수록 아돌프의 어머니는 아들 걱정으로 마음 편할 날이 없었다. 그러는 가운데 자신이 오래 살지 못할 것이라는 사실을 알게 된 어머니는 아들에게 솔직히 말하는 대신 오히려 입을 다물었다. 1907년

1월 18일 마침내 병이 악화되어 린츠 병원에 옮겨진 아돌프의 어머니는 당장 수술을 받아야 할 상태였다. 당시 병원의 기록부에는 '가슴근육에 악성 종양'이라고 기록되어 있다. 수술로 어느 정도 건강을 회복한 어머니는 끝까지 용감한 어머니의 모습을 보여주고 싶어했다. 어머니가 자신의 병을 드러내지 않으려고 부단히 애를 쓴 탓도 있지만, 히틀러는 워낙 병적으로 자신에게만 집착했기에 어머니가 죽음의 문 앞에 서 있다는 사실을 감지하지조차 못하고 있었다. 죽음을 예감하고 있던 어머니는 아들의 장래가 걱정되어 결국 아들을 다시 빈으로 보내게 된다. 그때가 1907년 9월이었다. 아돌프의 어머니는 당시 마흔일곱 살에 불과했지만 병고로 인해 노인으로 보였다. 한 번은 구스틀이 병문안을 가자 그녀는 한숨을 내쉬며 이렇게 말했다고 한다: "아돌프는 어떤 일이 있어도 자신이 가고자 하는 길을 가고 말 거다. 마치, 이 세상에 자기 혼자 살고 있는 것처럼 말이야." 이 말을 하면서도 아돌프의 어머니는 자신의 예언이 어떤 형태로 변질되어 실현될지 몰랐을 것이다.

열여덟 살이 된 아돌프는 마침내 빈에 있는 미술대학에 원서를 내고 시험을 보게 되었다. 이때를 회상하며 그는 어렵지 않게 시험에 합격할 수 있으리라 확신을 했다지만, 당시 빈 미술대학에 들어가기란 그리 수월한 일이 아니었기에 수험생들은 최종적으로 합격할 때까지 긴장을 늦출 수 없었다. 우선 세 시간 동안 필기시험을 두 번이나 봤는데, 굵직굵직한 테마 가운데 두 가지를 선택해서 치르는 논술시험이었다. 이 시험으로 112명의 지원자 가운데 33명이 낙방을 했고, 아돌프는 70점대로 겨우 통과했다.

다음은 실기시험이었다. 지원자들은 미리 준비한 그림을 대학에 제출하여 실력 평가를 받게 되어 있었다. 히틀러는 린츠에서 그렸던 그림들을 제시했지만 심사위원들의 요구에는 미치지 못했다. 특히 그의 그림에는 초상화가 지나치게 부족했던 것이다. 당시 채점기록에는 다음과 같이 기록되어 있다: '아돌프 히틀러, 1889년 4월 20일 오스트리아 브라우나우에서 출생, 독일계 가톨릭. 부모 - 공무원, 그림 - 불충분, 초상화 부족.' 히틀러 외에도 51명이 낙방을 했다. 이와 관련하여 베르너 마저는 이렇게 기술하고 있다: '1907년 당시 히틀러가 초상화 그림을 좀더 제출했더라면 세계는 그런 고통을 당하지 않을 수도 있었을 텐데. 지금도 히틀러가 그린 초상화와 인물화 스케치를 살펴보면 당시 대학에 들어가기에 충분할 만큼 훌륭한 그림인 듯하다.'

대학에 낙방한 사실로 히틀러가 다른 합격생보다 재능이 부족했다고 결론짓는 것은 성급한 생각일지도 모른다. 물론 많은 히틀러 전기 작가들이 그런 인상을 심어놓기는 했다. 풋내기 예술학도에 불과했던 히틀러가 콧대 높은 빈 미술대학에 지원해서 심사위원으로부터 '턱없이 재능이 부족' 하다는 이유로 입학을 거절당했다고 기록하고 있으니까. 하이든, 불록과 쉬러의 전기에서 볼 수 있는 이 같은 기록은 나중에 등장하는 전기 작가들에게 지대한 영향을 끼쳤다. 그러나 소수이긴 하지만 페스트와 마저 같은 전기 작가들은 전혀 다른 의견을 내놓고 있다. 이들에 따르면, 입학 결정 기준은 다분히 심사위원들의 주관적이며 자의적인 판단이었다고 한다. 그들은 이를 뒷받침해주는 자료들도 적지 않게 열거하고 있다. 예를 들어, 엄격한 심사위원들이 '탁월한 재능'을 인정했던 많은 학생들은 나중에 그야말로 별볼일 없는 그림이나 그렸지만, 시험에서 낙방한 사람들 가운데는 화가로서 이름을 떨친 사람들이 몇몇 보인다. 구체적인 경우를 본다면, 로빈 크리스티안 안데르센이 있다. 그는 히틀러와 함께 합격자 명단에 오르지 못했지만, 1945년 이후에 빈 미술대학의 회화과 학과장을 지냈으며, 마침내는 1907년 '미대에 입학하기에는 너무 재능이 없다' 라며 자신을 낙방시켰던 바로 그 대학의 총장까지 되었다.

당시 히틀러가 그렸던 그림들은 2년 전에 작고한 오스트리아 풍경화가인 프란츠 폰 알트의 화풍을 많이 모방하고 있다. 그는 온건하면서도 인상파주의적인 그림을 그린 리얼리스트로 알려져 있다. 히틀러의 그림들을 살펴보면 적지 않은 그림들에서 완성도를 찾아볼 수 있는데, 건물이나 길을 묘사한 그림에서 특히 그러하다. 사람이나 동물을 거의 찾아볼 수 없는 그의 그림은 다분히 황량한 느낌을 불러일으키며, 바로 이 점에서 풍경화가 알트의 그림과 차별화된다. 가령, 두 사람의 거리 묘사를 한번 비교해보자. 알트의 그림에는 사람들, 말, 개와 고양이들로 가득 차 있는 반면, 히틀러의 그림에서는 사람이나 다른 동물들이 단지 장식적인 효과나 겉치레로 등장하고 있을 뿐이다. 어쩌면 이런 특징들이 당시 입학 자격 심사위원들의 마음에 들지 않았을지도 모른다. 히틀러의 그림에 나타나는 나무들도 마치 석고상처럼 살아 있는 느낌이라고는 전혀 주지 않는다.

두말할 필요 없이 대학 시험 낙방은 열여덟 살이었던 히틀러에게 엄청난 충격을 주었다. 히틀러는 당시 빈 미술대학 총장이었던 지그문트 라러망과의 면접시험을 떠올리며 그에게 욕설을 퍼붓기 시작했다. 그는 공교롭게도 유태인이었다. 훗날 히틀러는 대학에 떨어진 게 모두 '유태인이 나를 중상모략' 한 결과라고 합리화시켰다. 그런데 사실 유태인 총장은 화가가 되려는 젊은 히틀러를 조금도 섭섭하게 대한 적이 없는 것으로 알려져 있다. 오히려 긴 시간 동안 대화를 나누면서 히틀러의 예술적인 소양을 인정하였고, 히틀러 자신의 말을 인용하면, '건축에 두드러진 재능이 있는' 학생으로 평가했다는 것이다. 그리하여 총장은 히틀러에게 회화과가 아니라 건축과에 지원하는 게 어떠냐는 충고까지 했다고 한다. 총장이 이렇게 나왔다면 히틀러가 제출한 그림들은 합격하기에 충분했을 것으로 추측된다.

아돌프 히틀러는 편견 없는 총장의 말에 고맙다는 인사와 함께 건축가가 되려고 결정했다. 그런데 다음날, 건축과에서 뜻하지 않는 소식이 날아왔다. 즉, 건축과에 입학하기 위해서는 반드시 고등학교 졸업장이 필요하다는 통지였다. 물론 히틀러는 졸업장이 없었다. "내가 지금껏 실업학교에서 시간을 허비한 결과가 바로 이거로군!"이라며 히틀러는 나중에 자신을 나무라는 글을 적었다. 빈에서 사귀게 된 히틀러의 친구들은 가능하면 빨리 린츠로 돌아가서 졸업부터 하는 게 좋지 않겠냐고 말했다. 실력 있는 대학의 총장이 건축에 재능이 있다고 말했다면 분명 미래가 밝다는 얘기였다. 주변 사람들의 말은 일리가 있었지만 히틀러는 그들의 충고를 귀담아듣지 않았다. 학교라는 제도에 대한 염증이 갑

작스레 폭발하면서 모든 게 귀찮아졌던 것이다. 이제 린츠로 돌아가서 어머니에게 불합격 소식을 알려야 했지만, 히틀러는 너무 자존심이 상한 나머지 당분간 빈에 머물렀다.

물론 계속해서 빈에 머물 수는 없었다. 11월에 히틀러는 뜻하지 않은 소식을 접하고 급히 린츠로 돌아가야 했다. 어머니가 암으로 위독하다는 블로흐 박사의 편지를 받았기 때문이었다. 히틀러가 린츠에 돌아온 한달 뒤인 1907년 12월 21일 새벽 2시에 어머니는 사랑하는 아들을 두고 눈을 감고 말았다. 충분한 아편주사와 모르핀 주사를 통해서 고통으로부터 완전히 해방된 채 숨을 거두었던 것이다. 이틀이 지난 뒤 히틀러는 레온딩거 공동묘지에 있던 아버지의 무덤 곁에 어머니를 나란히 묻었다.

1938년 오스트리아가 독일에 합병되면서 유태인들이 위험에 처하게 되었지만, 블로흐 박사는 히틀러의 비호 아래 신분을 보호받았고, 일년 뒤에 미국으로 이민을 떠날 수 있었다. 이때를 기억하면서 블로흐 박사는 이렇게 고백했다: "저는 거의 40년 동안 의료 행위를 해왔지만 어머니의 시신 앞에서 히틀러처럼 그렇게 처절하게 우는 아들은 처음 봤습니다. 정말 보는 사람들도 눈물을 흘리지 않을 수 없을 정도였지요."

블로흐 박사의 말처럼 어머니의 죽음으로 히틀러의 슬픔이 극에 달했다고 하더라도 오래가지는 않았다. 고아가 되어버린 히틀러는 우선 돈 걱정부터 하기 시작했다. 장례식을 치르고 나서 얼마 후에 그는 후견인이자 레온딩거의 시장이었던 요셉 마이호퍼를 찾아갔다. 유산에 관해서 물어보기 위해서였다. 당시 열두 살로 린츠의 여학교에 다니고

있던 히틀러의 여동생 파울라는 이복 언니인 안겔라에게 보내졌다. 상
속분에 대하여 알려준 뒤 후견인 마이호퍼가 히틀러에게 앞으로의 계
획에 대해 묻자 히틀러는 주저하지 않고 대답했다. "저는 빈으로 갈 겁
니다!"

3
방황, 사라져버린 희망

아돌프 히틀러는 아버지로부터 물려받은 재산을 어머니의 질병과 장례비로 '거의 날려버렸다' 라고 주장했다. 하지만 이건 사실과는 거리가 먼 얘기이다. 히틀러의 어머니 클라라가 병원에 입원해 있으면서 쓴 돈은 고작해야 매일 입원비 2크로네와, 수술비 40크로네였기 때문이다. 블로흐 박사의 기록에 따르면 총 100크로네 정도였다고 한다. 장례비 또한 마찬가지이다. 총 370크로네의 비용이 들었는데, 이 가운데 100크로네는 관을 맞추는 비용이었다. 또한 사치와 낭비가 심했던 아들 때문에 클라라가 상속금을 빼서 썼다고 하더라도, 알뜰하고 검소했던 걸 감안한다면 파울라와 히틀러에게 최소한 수천 크로네의 돈은 돌아갈 수 있었다. 아무리 적게 잡아도 각각 1,000 크로네의 상속금은 받을 수 있었다는 결론이 나온다.

아버지로부터 받게 되는 상속금이 800크로네였고, 그의 후원자로부터 매달 58크로네를 받게 되어 히틀러는 1909년 중순까지는 충분한 돈이 있었다. 게다가 어머니로부터 받은 상속분으로 일년 반 동안 매달

50크로네와, 고아에게 주는 위로금 25크로네를 매달 받게 되었다. 그러니까 1908년 초까지 매달 거의 125~130크로네를 받았던 셈인데, 이 정도면 일하지 않고서도 충분히 살 수 있는 돈이었다. 당시 다른 사람들과 비교해보면 더 잘 알 수 있다. 이복 누나의 남편이었던 레오 라우발은 당시 공무원이었는데 월급이 90크로네에 불과했다. 이 월급으로 아내와 두 아이를 부양했는데, 히틀러의 여동생인 파울라도 데리고 있었기 때문에 국가로부터 매달 25크로네를 더 받았을 뿐이었다. 법원에서 1년간 일한 법조인들이 받는 월급이 70크로네, 초임 발령을 받은 교사는 5년 동안 66크로네를 받았고, 빈 직업학교에서 근무하는 부교사가 82크로네를 받았다. 당시 오스트리아의 트리엔트에서 『라베니르 델 라보라토레』 신문의 편집장을 맡고 있었으며 사회당의 당 서기였던 베니토 무솔리니도 두 가지 일을 하면서 매달 120크로네를 받았을 뿐이었다.

상속금이 해결되자 히틀러는 빈으로 갔다. 물론 대학에서 받아주지는 않았지만 유명한 예술가로부터 개인교습을 받을 기회가 생겼던 것이다. 히틀러의 가족이 훔볼트 가에 살던 당시 집주인이었던 여자는 야심 있고 진지해보이는 젊은 히틀러를 매우 좋아했다. 그녀는 히틀러를 위해서 빈에 살고 있는 친척들에게 두루두루 연락을 취해서 아주 유명한 화가를 소개해주었던 것이다. 국내외적으로 상당히 이름이 알려져 있던 무대 미술가인 알프레드 롤러가 바로 그 주인공이었다. 그는 빈의 분리파(1898년 빈에서 일어난 예술운동 – 옮긴이 주) 창립위원이었으며, 당시 공예학교의 선생으로 일하면서 자신이 일하고 있던 궁정오페라의 무대장치가로 구스타프 말러를 불러들였던 장본인이었다. 말러와 함께 알프레드 롤러는 바그너의 오페라뿐 아니라 나중에는 리하르트 슈트라우스의 오페라를 전담할 정도로 쟁쟁한 실력가로 인정받고 있었다.

롤러는 히틀러를 아주 친절하게 맞이했고, 진심 어린 충고 또한 아끼지 않았다. 유감스럽게도 시간이 너무 없었던 그는 개인교습을 할 수 없었다. 그래서 예술가를 꿈꾸는 이 젊은 히틀러를 노련한 교육자이자 조각가이며 미술 선생이었던 판홀처에게 보냈다. 결국 판홀처가 히틀러를 제자로 받아들인 것이다. 하지만 훗날 지도자가 된 연후에 히틀러는 한때 자신이 알프레드 롤러의 제자였다고 말하기를 좋아했는데, 이는 엄격한 의미에서 사실이 아니다. 물론 빈에 머물렀던 첫해에 롤러가 무대 연출을 담당했던 오페라 작품이 상연될 때면 빠짐없이 구경가기는 했지만 말이다. 어쨌든 히틀러는 롤러를 너무나 존경한 나머지 1935년 비니프레드 바그너에게 이미 일흔네 살이 된 롤러를 무대 미술가로 바이로이트에 초청하자는 제안을 할 정도였다. 롤러가 이해에 사망하는 바람에 이 초청은 무효화되어버렸지만.

1908년 1월 린츠에서 빈으로 가는 기차에 앉아 있던 히틀러는 172센티미터의 키에 체중은 68킬로그램이었다. 얼굴은 당시 농부들처럼 약간 거칠고 광대뼈가 불거져나왔으며 큰 코가 특징이었다. 코밑에는 듬성듬성 수염이 자라고 있었지만, 아직 좁고 짧게 다듬은 파리수염은 기르지 않고 있었다. 그의 얼굴에서 좀 어색한 부분이 있다면, 유난히 크고 빛나는 파란색 눈이었다. 아주 큰 발과는 대조적으로 손이 작았는데, 마치 외과의사나 피아니스트의 손처럼 부드러웠다. 멋쟁이였으니 당연히 세련된 옷을 입고 있었고, 객실 선반 위에 올려놓은 가방 옆에는 상아 손잡이가 달린 지팡이가 가지런히 놓여 있었다.

빈에 도착한 히틀러는 서부역 근처에 살던 폴란드 과부 마리아 차크레이 집에 방을 하나 얻었다. 얼마 후 친구 구스틀이 국립 음악대학에 진학하기 위해서 빈으로 오게 되어 이 방에서 함께 살게 되었다. 물론 방세 20크로네는 두 사람이 나눠서 지불했다.

이즈음에 와서야 히틀러는 구스틀에게 대학에 떨어진 사실을 고백했다. 이 당시를 회상하며 구스틀은 다음과 같이 말했다: "아돌프는 린츠에서 있었던 복권 사건에서처럼 이때도 불같이 화를 내더군요. '빌어먹을 대학 같으니!' 라며 고함을 질러대었습니다. 그리고 교수들을 늙어빠지고 멍청하며 무능한 공무원들이라고 욕을 했지요." 히틀러는 불량배 같은 교수들의 도움 없이도 충분히 자신의 길을 갈 것이라고 큰소리쳤다고 한다.

두 친구가 함께 살면서부터 그들의 공동생활은 조금씩 삐걱거리기 시작했다. 돈에 쪼들리던 구스틀은 음악대학을 다니면서도 과외를 하며 계획적이고 규칙적인 생활을 꾸려나가고 있었다. 반면에 히틀러는 린츠에서와 마찬가지로 불규칙한 백수 생활에 젖어 있었다. 두 사람의 생활 패턴이 전혀 다르다보니 구스틀의 현실적인 생활 태도가 히틀러의 비위를 건드리기 시작했던 것이다. 한 번은 히틀러가 외출했다가 집으로 돌아오니, 구스틀이 막 한 여학생의 피아노 교습을 끝내고 있었다. 내심 구스틀의 성실한 생활 태도가 몹시 아니꼬웠던 히틀러는 쌓여 있던 불만을 한꺼번에 터뜨리고 말았다. 우선 처음 보는 여학생에게 다짜고짜로 듣기 거북한 욕설을 퍼부어대었고, 당황한 여학생이 방에서 나가버리자 이번에는 창문을 활짝 열어놓고 친구 구스틀을 비난하기 시작했다. 생활비를 벌기 위해서 하는 아르바이트가 아니라 그야말로 향수 냄새를 풍기는 돼먹지 못한 어린 계집애를 꼬시려는 작태로 보이니, 그만두라고 고래고래 고함을 질러대었던 것이다. 구스틀이 돈이 궁해서 아르바이트를 하든 말든 히틀러에게는 관심 밖의 일이었다.

시간이 지나면서 히틀러는 그림 배우는 것에도 심드렁해져서 판홀처의 아틀리에에도 가끔씩 빠지곤 했다. 그러다가 판홀처 선생이 미술이란 10퍼센트의 영감과 90퍼센트의 노력으로 이루어지는 것이라고 말하자, 히틀러는 아틀리에로부터 완전히 발길을 끊어버렸다. 그리고는 하염없이 링 가(街)의 거리를 누비면서 건물의 화려함과 새로 지은 성, 극장과 임페리얼 호텔, 그리고 궁정오페라 극장과 증권거래소 건물을 넋을 잃고 바라보며 시간을 보냈다.

링 가는 1858년부터 1888년 사이에 한때 요새였던 지대를 깎아서 만든 거리였다. 효율적인 면에서 볼 때 이 거리에 세워진 건축물들은 한마디로, 거대하지만 유치한 건물의 총집산지라고 볼 수 있다. 이 거리에 들어선 건물들은 절충주의적이었고, 역사상 한 번씩 선을 보였던 잡다한 양식들이 모여 있었다. 신(新)고딕식과 신르네상스식에서부터 신바로크식에 이르기까지 모든 양식들을 모방한 건물들은 양식의 잡종이라 해도 무방할 정도였다. 존 J. 시드니는 그의 책 『히틀러의 삶은 빈에서 시작했다』에서 이 같은 건축물을 두고 '멸망해가는 왕조가 자신의 공허함을 숨기려는 의도로 만든 무대장치'라고 표현하고 있다. 또한 당시 빈에 들렀던 영국인 헨리 윅헴 스테드는 1900년에 도나우 강의 중심지인 빈을 두고 '황제국 전체가 당뇨병으로 죽어가는 것처럼 보인다'라고 기록한 것을 보면 도를 지나친 면이 있었던 것 같다.

이들의 의견과는 반대로 히틀러는 역사적으로 온갖 양식이 두루 섞여 있는 건물들에 매료되었다. 특히 히틀러가 제일 좋아한 건축가들은 젬퍼, 하제나우어, 반 더 뉠과 테오필이었다. 이들 가운데 오스트리아의 화가 마카르트 시대에 유행했던 장식을 많이 사용한 하제나우어는 히틀러를 완전히 사로잡았다. 그러나 역사적인 전통주의를 극복한 오토 바그너, 바우하우스의 정신적 아버지였던 아돌프 로스에게는 관심조차 없었다. 로스는 1900년에서 1910년 사이 건축에 있어 아방가르드를 이끌어나간 주인공이었지만, 히틀러는 그의 건축을 보자 비독일적이며 끔찍하다고까지 하면서 싫어했다.

회화에 있어서 히틀러의 취향은 마카르트와 프란츠 폰 알트에게 고정되어 있었다. 사실 히틀러가 빈에 살던 시기에는 역사적으로 유명한 화가와 작곡가들이 많이 살고 있었다. 의도적으로 모르는 척했을 수도 있겠지만, 사실 히틀러는 빈에 화가 구스타프 클림트가 살고 있는지조차 몰랐다. 게다가 히틀러와 동갑내기였으며, 1909년 첫 전시회를 열고 난 뒤 사람들로부터 경탄을 자아냈을 뿐 아니라 추문으로 둘러싸였던 화가도 있었다. 바로 에곤 쉴레였다.

음악에 있어서는 단연코 바그너뿐이었다. 히틀러가 얼마나 바그너만 좋아했는지는 어렵지 않게 볼 수 있다. 예를 들어, 1908년 히틀러가 매일 저녁 구경하러 갔던 바그너 오페라의 감독이자 궁정오페라의 단장이었던 사람이 구스타프 말러인 줄은 알았지만, 그의 음악을 한 번도 들어본 적이 없을 정도였다.

구스타프 말러 역시 바그너를 숭배하긴 했으나, 바그너로 시작해서 바그너로 끝나는 히틀러와는 분명 달랐다. 모차르트 음악도 듣기 싫어했던 히틀러가 한 번은 슈트라우스의 〈엘렉트라〉 초연을 구경하러 갔다. 이는 음악 때문이 아니라 순전히 존경해 마지않았던 롤러가 무대 배경을 담당했기 때문이었다. 미술과 비교해보면 음악은 히틀러에게 그다지 관심 있는 분야가 아니었다. 그래서 당시 빈에 살면서 활동을 했던 아놀드 쇤베르크조차도 까마득하게 모르고 있었다. 가벼운 음악은 좋아했는데, 예를 들면 프란츠 레아르의 음악을 꼽을 수 있겠다. 그의 작품 〈명랑한 과부〉는 최소한 열 번 이상을 관람했으며 멜로디를 외울 정도였다고 한다.

문학작품은 거의 읽지 않았던 히틀러는 아서 슈니츨러를 '추잡한' 작가라고 불렀으며, 휴고 폰 호프만슈탈을 '퇴폐적'이라고 보았다. 물론 이 같은 비평은 히틀러 자신의 생각이라기보다는 독일적이며 반유태주의적인 일간신문을 뒤적이며 읽은 내용을 그대로 말하는 수준에 불과했다. 한 번은 친구 구스틀에게 "1900년 이후에 출판된 모든 책은 퇴폐적이며 음란하고 더러워"라고 말한 적이 있었다.

빈에 머물던 첫해에 히틀러는 거의 매일 저녁이면 오페라 공연을 구경하러 갔다. 황제가 앉는 특별석 바로 아래층 뒷자리도 2크로네 정도였으니 돈이 많이 들 수밖에 없었을 것이다. 1층 뒷자리에 자리를 잡은 히틀러는 주변을 둘러보다가 여자를 발견하기라도 하면 공공연하게 여자의 출입을 금지시켜야 한다고 큰소리로 말하곤 했다. 그는 여자들이란 오페라를 구경하기 위해서 극장에 오는 게 아니라 데이트를 하러 온다고 생각했던 것이다.

여자 문제에 있어서 히틀러는 좀 특이했다. 빈에 있는 동안 그는 거의 여자를 사귀지 않았을 뿐만 아니라, 여자를 만나더라도 상당히 부자연스럽게 행동했다고 한다. 그렇다고 여자 친구가 전혀 없었던 것은 아니었다. 그는 서부역 근처 카페에서 일하고 있던 마리라는 웨이트리스와 사귀기는 했지만 플라토닉한 선을 넘지 않았다. "여자는 뭐니뭐니해도 말이야, 점잖은 집 딸을 사귀어야 해. 길거리에 돌아다니는 여자를 좋아했다간 매독에 걸리기 십상이지"라고 구스틀에게 말했듯이, 히틀러는 매독을 상당히 무서워하고 있었다. 실제로 매독은 다른 유럽의 대도시에서와 마찬가지로 빈에서도 모두들 두려워하는 질병이었다. 이병은 치료할 수 없는 병으로 알려져 있었다. 수은으로 마사지하는 치료법이 있기는 했지만, 시간도 너무 오래 걸리는 데다 사실 믿을 수 없는 방법이었다. 더 무서운 것은, 수은 치료를 받게 되면 이가 다 빠지게 되는 부작용이 있었다. 매독은 당시 빈에서 맹위를 떨치고 있었다. 통계에 따르면, 당시 주민들 가운데 10퍼센트가 매독을 앓았다고 한다. 신분에 상관없이 널리 퍼져 있었던 까닭에 휴고 볼프와 화가 마카르트조차 이 병으로 죽었다. 게다가 왕위 계승자였던 프란츠 페르디난트의 친형제였던 오토는 이 병을 치료하다가 얼굴이 내려앉는 바람에 가죽으로 만든 코를 달고 다녔다고 전해진다.

매독에 걸릴까봐 늘 두려워했던 히틀러는 몇 시간이고 호모와 왜곡된 성생활에 관해서 떠들어대기도 했다. 20세기로 넘어가던 시기에 빈을 지배하던 성 의식은 경직되어 있었을 뿐 아니라 이중 도덕이 판을 치고 있었다. 이런 환경이었으니 지그문트 프로이드가 빈을 이상적인 실험실이라고 판단한 것도 그리 놀라운 일이 아니다.

하지만 젊은 히틀러는 프로이트에게 전혀 관심이 없었다. 그 대신 몇 년 전에 출판된 광인(狂人) 의사 크라프트 에빙의 변태 사례집에 완전히 빠져 있었다. 『정신병적 섹스』라는 제목의 이 책은 연구를 빙자해서 레오폴드 폰 자허 마조흐의 작품 〈모피코트를 입은 비너스〉와 펠릭스 잘텐의 〈요세핀 무첸바흐의 기록〉을 다루고 있다. 책을 읽고 이론적인 지식을 습득한 히틀러는 친구 구스틀에게 장광설을 늘어놓기는 했지만, 실제로 이렇게 사는 것에 대해서는 거부감을 느꼈다.

1908년 초가 되자 히틀러는 예술은 뒷전에 두고 문학 작업에 손을 대기 시작했다. 우선 게르만 족 신화에서 주제를 선택하여 연극 작품을 한번 써보고 싶었다. 그리하여 날씨가 화창할 때면 쉴로스 쉰브룬 공원으로 갔다. 그는 정자 아래에 있는 돌로 만든 벤치에 앉아서 글을 썼지만 최초의 문학적 시도는 미완성인 채로, 실패로 끝나고 말았다.

이어서 히틀러는 사회문제에 관심을 가지게 되었다. 며칠씩 노동자들이 거주하는 지역에 들러서 비참한 모습을 보며 그들을 위한 집을 지을 계획을 세웠던 것이다. 구체적으로 그가 설계한 집은 네 명에서 여덟 명이 함께 살 수 있는, 녹색으로 테두리를 한 작은 집들이었다. 경제의 인프라도 고려해서, 예를 들어 와인이나 맥주 대신에 알코올이 없는 음료수를 파는 생각도 해보았다. 이 말을 들은 구스틀이 빈의 노동자들은 와인을 마시지 않고서는 절대 못 살 것이라며 대꾸를 하자, 히틀러는 "너한테 뭘 물어보진 않았어!"라고 소리를 꽥 질렀다. 정작 당사자들의 의견은 필요 없다는 뜻이었다. 결국 고민고민 끝에 설계한 도면은 언제부터인가 먼지가 뽀얗게 묻은 채로 구석에 굴러다니는 꼴이 되고 말았다.

1908년이 되자 구스틀은 군에 입대하기 위해서 빈을 떠나게 되었다. 그 사이 히틀러는 미술대학에 두 번이나 원서를 냈지만, 이번에는 필기 시험조차 떨어져버렸다. 군사 기초 훈련을 받고 난 뒤 군 의무가 면제된 구스틀이 이 소식을 알렸을 때, 히틀러는 아무 연락도 하지 않고 훌쩍 이사를 가버렸다. 그는 대학 시험에 또 떨어지자 자존심이 몹시 상해서 더 이상 친구와 함께 살 수 없었던 것 같다. 1908년 11월 18일, 히틀러는 예전에 살았던 서부역이 있는 구역을 벗어나지 않고 펠버 가(街) 22번지에 방을 하나 얻었다. 지난번 전입신고를 할 때 직업란에 '화가'라고 기입했지만 이번에는 '대학생'으로 기록했다.

새로 이사를 온 뒤 히틀러는 지극히 두서없는 반유태인적인 글들이 실린 잡지에 빠져들었다. 파계한 수도사이자 귀족 출신인 란츠 폰 리벤펠스라는 작자가 이런 책자를 출판하고 있었다. 펠버 가에 있던 집에서 멀리 떨어지지 않은 곳에 담배 가게가 있었는데, 이곳에는 란츠 폰 리벤펠스가 펴내는 인종차별주의적인 잡지 『오스타라』가 쉽게 눈에 띄었다. 놀랍게도 이 잡지는 10만 부 정도 인쇄되었으며, 대부분 대학생들과 대학을 나온 중산층 이상의 사람들 사이에서 널리 읽혀지고 있었다.

이 잡지에서 란츠는 영웅 족속들이 도깨비 족속들을 뭉개버려야 한다는 괴팍한 이론을 펼치고 있었다. 밀교(密敎)도적인 요소와 프리메이슨적인 요소를 많이 포함하고 있던 그의 이론은 '영웅숭배적'인 성향을 띤 남자 수도회의 결성이 무엇보다 필요한 시점이라고 호소했다. 게다가 란츠는 계급투쟁 대신 인종투쟁을 내세우면서 자신이 말하는 하등 인간을 제거해야 한다고 주장하고 나섰던 것이다. 또한 '미천하고' 검은색 피부를 지닌 인종의 씨를 말리기 위해서 파란색 눈을 지닌 금발의 게르만 인종이 앞장서야 한다고 서슴지 않고 주장했다. 말하자면, 우수한 인종을 장려하고 열등한 인종을 전멸시켜야 한다고 선동했던 셈이었다. "자, 모두들 일어서자! 신에게 제물을 바쳐야 한다. 지구상에서 멸종되어야 할 열등한 종족, 도깨비 같은 하등 인간들을 제물로 바치는 데 앞장서자!"라고 떠들어대었다. 심지어 인종차별적인 그의 이론을 대중화하기 위해서 란츠는 미인 대회를 제안하기도 했다.

요아힘 페스트에 따르면 란츠의 인종차별 이론은 히틀러에게 그다지 큰 영향을 미치지 않았다고 한다. 그렇다면 란츠라는 인물은 히틀러에게 어떤 존재였던 것일까? 히틀러는 노이로제에 걸린 시대적 분위기 속에서 그를 뛰어난 선동가로 추종했을 가능성이 다분하다. 새로운 인간 유형을 계획적으로 선별해야 한다거나 인종 청소의 필요성, 또는 열등한 인종을 '원숭이 숲'으로 추방하자는 주장, 강제 노동이나 살해를 통해서 제거하자는 란츠의 이론은 사회 저변에 뭔가 섬뜩한 분위기를 조성하긴 했다. 란츠 잡지의 애독자였던 힘믈러 같은 경우에는 대단한 선동가로부터 직접적으로 영향을 받았음에 틀림없다. 페스트도 인정했듯이, 란츠가 젊은 히틀러의 이데올로기에는 큰 영향력을 행사하지 못했지만 그의 병적인 성향에 결정적으로 영향을 주었던 것은 부인할 수 없는 사실이다.

곧이어 광기에 가까운 열정을 가지고 히틀러는 반유태인적인 글을 탐닉했고, 그러는 가운데 그림은 그의 일상으로부터 서서히 모습을 감추고 말았다.

1909년 여름이 되자, 히틀러는 다시 현실적인 문제로 돌아와 돈 걱정을 하기 시작했다. 부모님으로부터 물려받은 재산이 서서히 바닥을 드러낼 판이었다. 절약하지 않을 수 없는 상황이 되자 매일 밤 구경가던 오페라도 포기해야 했고, 급기야 값나가는 옷도 팔아야만 했다. 수입이라고는 고작 고아위로금인 25크로네만이 규칙적으로 들어왔을 뿐이었다. 이런저런 방법으로 절약을 해보았으나 계속 쪼들리는 생활에서 벗어나지 못하자 히틀러는 하는 수 없이 더 싼 방을 구하기에 이르렀다. 8월 20일, 그는 15번째 구역에 있는 젝스하우저 가(家) 58번지에 방을 구했는데, 이곳은 그야말로 노동자들만이 거주하는 구역이었다. 히틀러는 재정적인 이유 때문에 이사를 했지만, 사실 또 다른 사연도 있었다. 그는 얼마 전에 징병검사 통지서를 받았는데, 이를 피하기 위해서는 이사하는 게 유리했던 것이다.

젝스하우저 가에 있는 집들은 오늘날 외국인 노동자들의 숙소로 사용되고 있다. 의심할 바 없이 히틀러가 이사를 했던 당시에도 이곳은 초라하기 그지없었을 것이다. 돈 걱정 없이 멋만 부리던 시절은 이제 막을 내리고 빈곤이 히틀러를 엄습하기 시작했다. 그렇지만 히틀러는 자존심 때문에 육체적인 노동은 결코 하지 않았다. 방법은 이제 가지고 있는 물건들을 파는 길밖에 없었다. 맨 먼저 겨울 외투와 같은 옷을 팔기 시작했는데, 어느 순간부터 히틀러는 점점 초라한 군청색 옷만 입게 되었다. 돈이 될 만한 옷들을 모두 팔아버렸고, 다음으로 물감을 비롯해서 붓과 그밖의 그림도구들을 팔아치웠다. 그러나 이런 방식으로도 생활고는 해결될 기미가 보이지 않았다. 마침내 9월 16일 히틀러는 젝스하우저 가에 있는 싸구려 방세조차 낼 형편이 안 되었다. 돈은 다 써버렸고, 월말이 되기 전에 이미 25크로네도 없어지고 말았던 것이다.

1909년 9월부터 12월까지 히틀러가 어디에 머물렀는지에 관한 기록은 남아 있지 않다. 이로부터 얼마간의 시간이 흐른 뒤 히틀러는 남자 하숙집에 방을 얻어 약간 안정된 삶을 살게 되는데, 이때 같이 살던 하숙생들에게 당시 어떻게 살았는지 얘기를 한 것 외에는 아무런 자료가 없다. 하지만 여러 가지 정황으로 미루어 다음과 같이 추측해볼 수 있다: '얼마 되지 않는 짐을 꾸려 집에서 나온 히틀러는 며칠 밤을 서부역 근처에 있는 싸구려 커피숍에서 보냈다. 이 커피숍에는 히틀러가 사귀었던 마리라는 여자가 웨이트리스로 일하고 있었는데, 그녀가 얼마간의 돈을 그에게 주어 끼니 해결을 도왔던 것으로 보인다. 히틀러는 날씨가 따뜻할 동안에는 가정집의 귀퉁이나 아니면 빈에 있는 프라터 공원의 벤치에서 잠자리를 해결했지만, 10월 말이 되자 빈에 겨울이 왔고 눈과 비바람이 몰아쳤다.'

고아위로금을 받자마자 히틀러는 곧장 싸구려 숙박 시설을 찾아다녔다. 그의 말에 따르면, 이런 식으로 빈에서 열여섯 군데를 돌아다녔다고 한다. 빈의 '베트게어'는 베를린의 '쉴라프부르쉐'와 마찬가지로 아주 적은 돈으로 남자들이 잠을 잘 수 있는 곳으로 잘 알려진 시설이었다. 히틀러는 노동자들이 대부분을 차지했던 이곳에서 침대 하나를 빌려 하룻밤을 묵고, 다음날 아침이면 방을 비워 주곤 했다. 한 번은 귀중품이 들어 있는 가방을 몽땅 도난당한 적도 있었다. 빈 주민들 가운데 이 같은 숙소에서 잠을 자는 사람들은 수천 명에 달했고, 히틀러 또한 이들 중 한 사람이었다. 1909년 빈에는 2백만 명 이상의 시민들이 살고 있었는데, 그야말로 포화 상태였다. 왜냐하면, 당시 빈은 상상도 할 수 없을 만큼 주거 문제가 심각했던 탓이었다. 1860년부터 1900년 사이 주민수가 250퍼센트 증가했으니 놀랄 일도 아니었다. 주민 수가 이렇듯 폭발적으로 증가한 것은 모두 이주자들 때문이었다. 도나우 왕국에 속하는 모든 지역에서뿐만 아니라 오스트리아의 주(州)인 오버외스터라이히에서 사람들이 몰려왔고, 보헤미아 인, 폴란드 인, 갈리치아 인, 크로아티아 인, 루테니아 인들도 다투어 빈으로 이주해왔던 것이다. 이들은 모두 일자리를 찾아 대도시로 몰려들었고, 따라서 집을 구하기란 하늘에서 별을 따는 것만큼이나 어려웠다.

주거 시설이 턱없이 부족했을 뿐만 아니라 위생시설과 수돗물 공급 또한 최악의 상태였고, 그러다 보니 잘 정돈되고 깔끔한 부유층과 지저분하고 엉망진창으로 살아가는 빈곤층 사이의 구분은 더욱 뚜렷해졌다. '아름답고 푸른 도나우 강'에 인접한 '살기 좋은' 빈은 이제 오페라 각본에나 나올 법한 얘기였다. 매일 저녁 커피숍에 앉아서 대화를 나누거나 슈트라우스의 왈츠곡에 맞춰 춤을 추는, 이른바 여유로운 삶을 즐기면서 살아가는 것처럼 보이는 빈 사람들은 사실 발 디딜 틈조차 없는 좁은 주거 공간에서 힘들게 살아가고 있었던 것이다. 이러는 가운데 도저히 견디다 못한 사람들은 결국 변두리나 지방으로 옮겨버리는 경우도 허다했다.

1910년 노동자 거주 지역에는 방 하나에 평균 4.4명이 살고 있었다. 예를 들어, 브리기테나우나 공장 근처의 노동자 거주 지역의 집들은 어둠침침한 원시 동굴 같았고, 수돗물은 물론 없었으며, 방도 작을 뿐 아니라 공기 또한 질식할 것만 같았다. 더구나 가족이 함께 기거할 공간은 한정되어 있었기 때문에 많은 사람들은 싸구려 숙박 시설을 찾아야 했다. 한 방에서 여러 명이 함께 잠을 자야만 했고, 요리라고는 전혀 할 수 없는 이곳을 1910년 빈 사람들 가운데 5퍼센트가 들락거렸다.

이보다 더 비참한 경우도 있었다. 싸구려 숙박 시설에서 침대 하나조차 얻을 돈이 없었던 가난한 사람들은 몸이라도 녹일 수 있는 커다란 강당을 찾았다. 이런 곳은 개인으로부터 기부금을 받아 자선단체가 운영하고 있었는데, 그 가운데 유태인의 성금이 가장 많았다. 빈의 여러 곳에 이 같은 단체가 운영하는 시설이 있었지만 거의 다 사람들로 발 디딜 틈이 없었다. 일단 이곳에 들어가면 수프와 몇 조각의 빵도 얻어먹을 수 있었으므로, 가능하면 앞줄에 서려고 사람들은 몸싸움까지 하면서 치열하게 자리다툼을 벌이는 게 일상이었다. 어느 정도의 숙식이 해결되는 편인 이곳조차 이용하지 못하는 가난한 사람들도 많았다. 그들은 경범죄를 지었거나, 아니면 신분증이 없어서 경찰에 체포될까봐 두려워서 나타나지도 못했던 것이다.

이런 사람들에게는 하수구가 유일한 도피처 구실을 해주었다. 특히 '슈테파니와 페르디난트 다리' 근처에 있는 하수구가 그러했다. 하수구로 들어가는 입구는 철문으로 되어 있었지만 쉽게 열 수 있었다. 물론 축축하고 후텁지근한 증기가 코를 찔렀지만, 적어도 살을 에는 추위는 피할 수 있었다.

히틀러는 몇 주 동안 국가에서 운영하는 부랑자 숙박 시설을 찾아다니는 것도 힘들었지만 수치심 때문에 더 괴로웠다. 자신을 정상적인 시민이자 당당한 공무원의 아들이라고 느꼈던 그는 자신의 처지가 심각한 지경에 이르렀음에도 불구하고 일반 부랑자들처럼 뻔뻔하고 무례한 행동을 할 수 없었다. 몇 푼이라도 가지고 있으면 싸구려 여인숙이나 자선단체에서 운영하는 곳을 전전할 수 있었으나, 차마 하수구에서 밤을 지샌다는 것은 마지막 남은 자존심이 허락하지 않았다. 게다가 밤을 피하기에 적당한 하수구를 아는 것도 거지 생활을 오랫동안 한, 소위 말하는 전문적인 거지들이나 할 수 있는 일이지 히틀러 같은 초보자는 어림없었다.

1909년, 크리스마스를 목전에 두고 히틀러는 역 근처에 있는 부랑자 숙소의 문 앞에 줄을 서게 되었다. 이 숙소는 인도주의적인 단체에서 운영하고 있었으나, 대부분의 재정은 유태인 가족인 엡슈타인이 내는 돈으로 충당하고 있었다.

일단 이 숙소에 들어가면 5일간 머물 수 있었으나, 우선 두 사람씩 한 칸막이로 들어가서 샤워를 해야만 했는데, 히틀러에게는 이것이 그 어떤 일보다 끔찍했다. 즉, 다른 사람과 함께 발가벗고 샤워를 한다는 것은 그에게 있어서 평생 잊을 수 없는 수치심의 절정이었던 것이다. 샤워가 끝나면 식당으로 가서 수프와 빵을 먹은 다음, 엄청나게 큰 강당에 일렬로 주욱 늘어선 야전 침대 가운데 하나에서 잠을 자게 되어 있었다.

여기서 잠을 자는 사람들은 대부분 히틀러와 비슷한 나이의 청년들로, 라인란트나 바이에른, 작센 지방에서 온 독일 출신이었다. 이들은 모두 일자리를 구하고 있는 중이었다. 히틀러는 처참한 기분에 빠져 옆사람들이 하는 얘기를 묵묵히 듣고만 있었다. 이런 히틀러에게 관심을 갖고 따뜻하게 대해주는 청년들도 적지 않았다. 사실 이들은 가난한 자들만이 가지고 있는 일종의 연대의식 같은 게 있어서 새로 들어온 히틀러를 따돌림시키기보다는 오히려 빵이나 소시지 한 조각이라도 더 건네주면서 알뜰하게 마음을 써주었다. 이들 가운데 체코슬로바키아에 있는 독일인 거주 지역인 주데텐란트 출신 청년이 특히 그러했다. 베를린 말투를 사용하던 청년은 그래픽을 공부했으며 이름은 라인홀트 하니쉬였다. 알뜰살뜰한 그의 보살핌 덕분에 어느 순간부터 히틀러도 조금씩 마음의 문을 열기 시작했다.

어릴 적부터 친구였던 구스틀을 제외한다면 히틀러가 처음으로 사귄 친구인 셈이었다.

닷새가 지난 다음날 아침이면 이 무료 숙박소는 문을 닫았고, 사람들은 저녁까지 방을 비워야만 했다. 히틀러와 하니쉬는 며칠 동안 다른 숙박소에 묵으면서 기회가 주어지면 아르바이트로 푼돈을 벌기도 했다. 그러니까 역에서 기다리고 있다가 승객들의 무거운 가방을 들어준다거나, 눈이 오는 날이면 눈 청소를 하면서 돈을 벌었다. 외투란 외투는 몽땅 팔아버렸던 히틀러는 추워서 온몸이 꽁꽁 얼어붙을 지경이었다.

어느덧 두 친구는 무료 숙박소에서 5일을 묵고 난 뒤에도 계속 머물 수 있는 방법을 알아냈다. 잔머리를 잘 굴리는 하니쉬는 닷새를 머물지 않고 숙박소를 떠나는 사람들로부터 헐값으로 숙박증을 사서 기간을 연장하는 수법을 사용했기 때문이었다. 이런 방법으로 그들은 2월 초까지 살았다. 이 시기에 두 청년은 공사장에 가서 몇 번 막노동을 했다고 한다. 『나의 투쟁』에서 히틀러는 이 당시에 한동안 막일꾼으로 일하며 노동자들과 싸운 적도 있다고 적고 있지만, 이 말은 진실이 아니다. 막노동을 한 지 이틀 만에 몸이 너무 약하다는 이유로 쫓겨났다는 기록이 있으니 말이다.

시간이 지날수록 하니쉬와 히틀러의 우정은 깊어만 갔다. 비참한 생활이었지만 그래도 월말에 고아위로금 25크로네만을 목 빠지게 기다리던 때에 비하면 훨씬 나았다. 하지만 미래를 생각할 때면 히틀러는 풀이 죽고 말았다. 한 번은 하니쉬가 히틀러에게 자존심을 건드리는 질문을 했다. 어느 정도 고등교육도 받았으며 출신도 괜찮은데, 왜 더 나은 삶을 시작하지 않느냐고. 그러자 히틀러는 자신도 정작 그런 삶을 기다리고 있을 따름이라고 대답하고선 갑자기 울화가 치밀어서, "나도 왜 그런지 몰라!"라고 고함을 버럭 질렀다.

세상사에 눈이 밝았던 하니쉬는 마침내 두 사람에게 유익한 아이디어를 생각해냈다. 한 번은 히틀러가 자신은 대학을 졸업한 화가라고 말하면서, 예전에 그린 소품 몇 점을 보여준 적이 있었다. 하니쉬는 바로

이 그림들을 떠올리면서 눈을 반짝였다. 즉, 히틀러가 그림엽서를 그리고, 자신이 수단껏 그 엽서를 팔자는 얘기였다. 두 사람은 그림엽서를 팔아서 벌게 되는 돈을 반반씩 나눠 갖기로 합의를 보았다. 그런데 문제가 있었다. 히틀러는 물감도 없었고, 그림을 그리는 데 필요한 도구들도 전혀 없었기 때문이었다. 그렇다고 해서 포기할 하니쉬가 아니었다. 그는 히틀러를 한 커피숍으로 데려가서 커피를 시키며 펜과 종이를 부탁하고는, 당장 돈을 빌릴 수 있는 주변 사람들을 한번 기억해내 보라고 말했다. 히틀러는 즉시 슈피탈에 살고 있는 이모에게 편지를 썼다. 그림 공부를 계속하기 위해서 그림도구를 사야 하니 필요한 돈을 좀 빌려달라는 부탁이었다. 물론 그가 현재 처해 있는 상황에 관해서는 한마디도 적지 않았다.

편지를 보낸 며칠 뒤에 100크로네의 돈이 우편으로 왔다. 이 돈으로 히틀러는 그림도구를 살 수 있었을 뿐 아니라 12크로네를 주고 따뜻한 겨울 외투도 사입었다. 그런 연후에도 50크로네의 돈이 남았다.

이제 일할 장소가 필요했다. 좀도둑이 들끓는 마이드링거에 있는 무료 숙박소에서는 더 이상 머물 수가 없었다. 어느 정도의 돈이 수중에 있었던 덕분에 히틀러는 시에서 심각한 주거 문제를 해결하기 위해서 마련한 남자 기숙사로 옮길 수 있었다. 무료 숙박소와 비교하면 이곳은 그야말로 으리으리한 '리츠 호텔'과 다를 바 없었다. 이곳은 부랑자들이 기거하는 곳이 아니라 혼자 사는 남자들의 하숙집과 비슷했다. 연간 소득이 최대 1,500크로네인 사람들만 살 수 있었고, 매주 3크로네의 집세를 내면 되었다. 하숙인들의 직업도 아주 다양했는데, 예술가, 지방을 두루 돌아다니는 상인, 수공업자, 소기업에 근무하는 회사원도 있었고, 가난한 귀족이나 제대한 장교들도 살았다.

이 남자 하숙집은 외관상으로 봐도 아주 멋진 건물이었고, 내부는 반들반들 윤이 날 정도로 청결했다. 이곳에 사는 남자들은 작지만 각자 하나의 침대칸에서 잘 수 있었는데, 침대에는 3단으로 된 매트와 말털로 속을 넣은 베개도 있었다. 그외에도 물건들을 넣어두는 자그마한 장도 있었다. 침대보는 매주 갈아주었으며, 매 층마다 화장실과 목욕탕 그리고 샤워 시설이 되어 있었다. 요리를 직접 하는 사람들을 위해서 부엌도 있었고, 적은 돈으로 식사를 할 수 있는 식당도 있었다. 그뿐만이 아니었다. 여러 개의 작업실도 있었으며, 장기나 다양한 놀이를 할 수 있는 오락실과 도서실도 구비되어 있었다. 1910년 2월 9일 히틀러는 이곳으로 이사를 오자마자 4주간의 집세를 미리 지불해버렸다. 상상만 해도 끔찍한 부랑자 숙박 시설에 두 번 다시 들어가서는 안 된다고 굳게 다짐하면서. 하니쉬는 며칠 보조원으로 일을 해서 돈을 벌었고, 집세를 마련하자 곧장 이곳으로 이사를 했다.

이로부터 며칠이 지난 뒤, 사람들은 하니쉬가 담배 연기 자욱한 술집과 커피숍을 돌아다니며 감동적인 얘기를 하는 것을 볼 수 있었다. 그는 폐렴에 걸린 가난한 화가에 관한 거짓말을 눈썹도 까딱하지 않고 능청스럽게 읊어대었다. 이 화가는 탑에 딸린 추운 방에 기거하면서 빈의 경치를 내려다보며 엽서에 그림을 그린다는 것이었다. 엽서에는 빈에 있는 건물과 교회 또는 광장들로 가득 차 있어서 도시의 모습을 한눈에 볼 수 있었지만, 신기하게도 사람이라고는 찾아볼 수 없는 수채화였다.

그럴듯한 말솜씨를 발휘하여 하니쉬는 엽서를 아주 많이 팔 수 있었다. 엽서의 왼쪽 가장자리에는 언뜻 보면 보이지 않는 'A. Hitler'라는 희미한 서명이 있었다.

엽서를 파는 장사는 그야말로 수입이 짭짤했다. 이제 스물한 살이 된 히틀러는 남자 하숙집에 있던 작업실에서 물감과 사진 그리고 붓을 앞에 두고 그림을 그리기 시작했다. 우선 사진을 그대로 모사하고, 다음으로 수채화 물감을 입히는 작업이었다. 이렇게 완성한 엽서를 난로 위에 얹어 두고 열을 가하기도 했는데, 이렇게 하면 청동색이 나타나기 때문이었다.

그림엽서를 그리던 초기에 히틀러는 여유 있게 작업을 했으나 시간이 지나면서 하니쉬가 재촉하는 바람에 어쩔 수 없이 상당히 많은 양의 엽서를 그려야만 했다. 하니쉬가 그렇게 재촉하는 데는 나름대로의 이유도 있었다. 히틀러는 걸핏하면 같이 사는 다른 남자들과 토론을 벌이거나 정치 혹은 유태인 현안 문제에 관해서 장황하게 얘기를 늘어놓느라 시간을 허비하기 일쑤였기 때문이었다. 흥분을 잘하던 히틀러는 혹시라도 누군가 자신의 의견에 반대를 하면, 들고 있던 제도용 직각자를 마치 지휘봉처럼 마구 흔들어대곤 했다. 30년이 지나 부랑자로 살던 과거를 회상하면서 하니쉬는 이렇게 말했다: "그때는 정말 끔찍하게 살았지요. 하지만 그것도 끝이 났습니다. 새로운 희망이 싹텄으니까 말이지요."

하숙집은 편리하기 그지없었다. 돼지고기 스테이크를 19헬러만 주면 사먹을 수 있었고, 지하에는 이발소와 양복점 그리고 구둣방도 있었다.

히틀러는 직접 요리를 했고, 제일 좋아하는 것은 달콤한 음식이었다. 여기에서 하니쉬의 말을 다시 한 번 인용해보자: "특별히 장사가 잘된 날이면 히틀러는 저녁에 우유쌀죽을 끓여서 그 위에 코코아를 끼얹어 먹곤 했습니다."

시간이 갈수록 하니쉬는 점점 뛰어난 수완을 발휘해서 판로를 개척하기에 이르렀다. 그러니까 술집이나 커피숍 손님들에게 엽서를 파는 수준이 아니었다. 1차 세계대전이 발발하기 전 빈에 있던 액자상들은 아주 싸구려 그림을 액자에 넣어서 팔곤 했는데, 이렇게 하면 손님들은 액자 속에 자신들이 가지고 있는 그림을 끼워넣었을 때 구체적으로 어떻게 보이는지 금방 알 수 있었기 때문이었다. 액자상들은 화랑주가 아니어서 굳이 값비싼 그림이 필요 없었고, 값싼 그림을 끼워넣어서 팔면 액자를 많이 팔 수 있어서 기꺼이 하니쉬로부터 그림을 샀다. 또한 도배공들도 값싼 그림이 필요했다. 의자와 소파의 뒷벽에 그림을 걸어놓기 위해서였다. 도배를 해달라고 요청하는 고객들은 방의 중앙에 장식적인 효과가 있는 의자와 소파를 들여놓으려 했고, 가격이 부담스럽지 않은 그림 몇 점 정도는 벽에 걸기를 원했던 것이다.

이 모든 사람들이 바로 하니쉬의 고객이 되는 셈이었다. 이제 히틀러는 엽서에 수채화를 그리는 게 아니라 30×40센티미터 크기의 그림을 그려야만 했다. 때로는 이보다 두 배나 더 큰 그림도 필요했다. 한 번은 굼펜도르퍼 가(街)에 있는 교회를 수채화로 그려달라는 주문이 들어왔지만 히틀러는 난감했다. 그는 실물을 있는 그대로 그리는 법을 정식으로 배운 적이 없었기 때문이었다. 사진이나 그림을 보고 따라 그리는 것만 했는데, 주문이 들어온 교회는 사진도 없었던 것이다. 하니쉬는 히틀러를 끌고 아침 일찍 굼펜도르퍼 가로 데려갔지만, 히틀러는 어떻게 할 수가 없었다. 그림을 그릴 능력이 없다고 솔직히 고백하기는 싫었던 히틀러는 추위 때문에 손이 완전히 얼어붙어버렸다고 변명을 했다. 그제야 하니쉬는 히틀러가 대학을 졸업한 화가가 아닐지도 모른다고 의심을 하기 시작했다.

히틀러의 그림을 구입한 주고객은 네 개의 액자 가게를 가지고 있는 폴란드계 유태인으로 갈리지아에서 이주해온 야콥 알텐부르크와, 리히텐슈타인 가(街)에 있는 모르겐슈테른, 마지막으로 요셉 란츠베르거였다. 이들은 모두 유태인들이었으나, 히틀러와 하니쉬는 그림을 유태인들에게 파는 것을 제일 좋아했다. 이에 관해 하니쉬는, "기독교 상인들은 재고가 없어야 물건을 구입했지만 유태인들은 그 물건을 팔았던 그렇지 않았던 그림을 사주었죠"라고 그 이유를 설명해주었다.

하니쉬는 훨씬 많은 그림을 팔 수 있었지만, 히틀러가 게으름을 피우는 바람에 일하라고 잔소리를 할 수밖에 없었으며, 주문 기간을 지켜야 한다는 사실도 상기시켜줘야만 했다. 하니쉬는 히틀러가 매일 그림을 한 장씩 그려야 한다고 말했다. 그래야 그 그림을 팔아서 각자 5크로네를 벌 수 있다는 얘기였다. 1910년 초에 이르자 두 사람은 검소하게 생활하면 충분할 정도의 경제적인 기반을 마련하게 되었다. 이즈음의 히틀러는 외모에 신경조차 쓰지 않았고, 멋을 부리던 시절을 까마득하게 잊어버린 것만 같았다. 수중에 돈이 있었지만 그는 여전히 낡아빠진 파란색 양복을 입고 기름때가 번지르르 묻어 있는 중산모자를 쓰고 다녔다. 머리카락은 아무렇게나 길렀으며, 턱과 볼에 난 수염을 면도할 생각조차 하지 않았다. 그래서 히틀러의 생김새를 두고 하니쉬는 도저히 기독교인처럼 보이지 않는다며 자주 놀려대었다. 사실, 히틀러의 차림새나 인상은 유태인들이 모여 살던 게토의 주민들과 흡사했던 것이다. 여기에서 특히 발을 언급하지 않을 수 없다. 그의 발은 마치 수천 년 동안 나라도 없이 사막을 떠돌아다녀야만 했던 유태인의 발처럼 큼직했던 것이다. 그렇듯 하니쉬가 외모를 두고 빈정거리며 놀려대었지만, 정작 히틀러는 그냥 웃어넘기는 여유까지 보였다.

어느덧 히틀러의 생활은 안정된 궤도에 올랐다. 매달 고아위로금을 비롯하여 평균 50에서 60크로네의 수입이 들어왔던 것이었다. 그림이 더 팔리면 이보다 더 많이 벌기도 했다. 그러자 히틀러는 마마보이 시절에 했던 것처럼 커피숍에서 달콤하고 맛있는 케이크를 사먹기 시작했다. 친하게 지내던 헝가리 출신 유태인 요셉 노이만이 신사복을 선물하자, 이제 히틀러는 가끔씩 오페라 구경을 가기도 했다. 게다가 정치에 관심을 갖게 되자, 하니쉬는 이런 모든 것을 자못 못마땅하게 생각하게 되었다. 고객들에게 그림을 팔려고 아침부터 그가 외출하면, 히틀러는 그림 그릴 생각은 접어두고 신문을 읽으면서 사람들과 토론을 벌이거나, 역사와 정치에 관한 책을 읽느라 시간을 다 써버렸던 것이다. 하니쉬가 집으로 돌아와보면, 아니나 다를까 히틀러는 그림이라고는 손도 대지 않고 있었다. 결국 하니쉬는 히틀러를 나무랄 수밖에 없었고, 이렇게 되면서 두 사람의 우정에는 점점 금이 가기 시작했다.

나름대로 하니쉬로부터 스트레스를 잔뜩 받은 히틀러는 1910년 6월

21일 아무 말도 없이 집을 나가서 일주일 동안이나 하니쉬에게 연락을 하지 않았다. 히틀러는 일주일간 호텔에 머물면서 그 동안 가고 싶었던 박물관을 돌아다녔고, 커피숍에 들러서 크림이 얹혀 있는 케이크를 다섯 조각씩 먹어대었다. 물론 하니쉬는 그가 있는 곳을 추적해서 알아내고는, 즉각 돌아오라고 으름장을 놓았다. 사실 히틀러가 없으면 하니쉬는 돈벌이를 할 수 없었기 때문이었다. 하니쉬에게 솔직하게 고백할 수는 없었으나 히틀러는 화가로서 자신의 능력에 회의를 갖게 되었던 것 같다. 그래서 하니쉬가 그림을 그려야 한다고 독촉했지만 히틀러는 대꾸도 하지 않았던 것이다. 하니쉬의 말을 빌려보자: "히틀러는 이렇게 말했지요. 몇 주 동안 일하느라 너무 스트레스를 받았다고 말이죠. 아직 주머니에 돈이 좀 있으니 휴식을 해야겠노라고 했죠. 그리고 이런 말도 했습니다. 자신은 필요할 때 언제라도 투입되는 그런 싸구려 막노동꾼이 아니라고 말입니다."

일주일 뒤 돈이 떨어지자 어쩔 수 없이 집으로 돌아온 히틀러는 내키지 않았지만 다시 그림을 그렸다. 물론 사회주의니 유태인 현안 문제와 같은 정치적인 토론을 멈추지 않았고, 바그너와 고트프리드 젬퍼의 역할에 관해서도 침을 튀기면서 논쟁을 벌였다. 히틀러는 유태인 친구였던 요셉 노이만이나 그외에 같은 하숙집에 기거하는 유태인들이 듣든 말든 전혀 신경조차 쓰지 않고 반유태주의에 관해서 떠들어대었다. 이들은 히틀러의 무례한 말을 듣고서도 화를 내기보다는 겸연쩍게 웃어주는 것으로 그쳤다.

하니쉬와의 우정에 금이 가면서 히틀러는 새로운 친구와 더 가까워지게 되었다. 요셉 그라이너라는 포스터를 그리는 화가였는데, 기획사를 운영하고 있던 노이만과 함께 광고로 돈을 버는 친구였다. 허풍쟁이 기질이 다분했던 그는 벼락부자가 되는 길을 들려주곤 했는데, 오히려 이 점이 히틀러의 관심을 끌었다. 그는 광고 일을 해야 벼락부자가 될 수 있다고 하면서, 히틀러에게 광고 그림에 뛰어들라고 유혹했던 것이다. 수채화나 유화를 그리는 것보다 훨씬 손쉬우면서 돈도 잘 벌 수 있다는 주장이었다. 게다가 에이전트였던 노이만은 수익의 20퍼센트만 가져가므로 50퍼센트를 갖는 하니쉬보다 더 낫지 않느냐는 말이었다. 이때 마침 노이만이 30크로네를 벌 수 있는 주문을 받아왔다. 한 신발 공장이 '하－하' 라는 신제품을 출시하면서 광고용 포스터를 주문해왔던 것이다. 세 사람은 음식점에서 푸짐한 파티를 열었고, 히틀러는 후식으로 좋아하는 팬케이크를 2인분이나 먹었다.

포스터를 완성하자, 히틀러는 앞으로도 계속 광고 분야에서 일하는 게 돈을 훨씬 더 쉽게 벌 수 있겠다는 생각이 들었다. 이제 하니쉬와 더 이상 거래를 하고 싶은 생각이 없어져버린 것이다. 또다시 노이만이 일 거리를 받아왔다. 이번에는 발 냄새를 제거하는 약품인 '테디 땀 방지 파우더' 를 그리는 작업이었다. 히틀러는 포스터에 두 명의 우체부를 그렸다. 우체부 한 사람은 신발을 벗은 채 땀 냄새가 물씬 풍기는 양말을 곤혹스럽게 쳐다보고 있었으며, 다른 우체부는 이 파우더 덕분에 아무 문제도 없다는 듯 싱글거리며 동료를 바라보는 그림이었다. 포스터에 히틀러는 이런 내용도 덧붙였다: '매일 수천 개의 계단을 오르락내리락하는 일은 엄청난 고통이죠. 테디 파우더를 이용하세요! 발걸음도

가볍게!' 이 포스터를 받은 고객은 별로 만족해하지 않았다. 오히려 발에 파우더를 바른 우체부의 미소가 행복하기보다는 오히려 비꼬는 듯한 표정이라고 불평을 했다.

　이 말을 전해듣자 실망한 히틀러는 포스터를 때려치우고 다시 하니쉬에게 돌아갔다. 하지만 예전의 좋았던 관계로 회복될 수는 없었다. 회복되기는커녕 두 사람 사이의 우정이 완전히 깨지고 마는 사건이 일어났다. 하니쉬와 다시 일하기 시작한 히틀러는 빈의 시청을 유화로 그려달라는 주문을 받았지만 약속한 기한으로부터 며칠이 지난 뒤에야 완성할 수 있었다. 그림이 완성되자 포스터를 그리면서 많은 돈을 받는 데 익숙해져버린 히틀러는 대가로 50크로네를 요구했다. 하니쉬는 히틀러의 태도 때문에 몹시 화가 났음에도 불구하고, 그림을 팔려고 사방팔방으로 뛰어다녀보았지만 사려는 사람이 나타나지 않았다. 더욱 심각한 것은 훨씬 낮은 가격을 불러도 원하는 사람이 없다는 사실이었다. 단골손님들은 히틀러의 그림이 형편없으며 성의 없다고 하면서 한마디로 거절해버렸다. 어쩔 수 없이 하니쉬는 12크로네를 받고 이 그림을 한 액자상에게 팔아넘겼다. 또한 도미니크회 수도원을 그린 수채화를 10크로네에 팔았다. 이렇게 번 돈을 50퍼센트 떼어주자, 히틀러는 돈이 너무 적다며 불같이 화를 냈다. 그러자 하니쉬는 단골손님들조차 그림이 마음에 안 든다며 거절했는데, 싼 가격이었지만 팔 수 있었던 것만 해도 천만다행이라고 말했다. 게다가 얼마 전에 노부인으로부터 주문받은 그림을 최소한 약속 기한까지 그려야 한다고 히틀러에게 핀잔까지 주었다. 이런 말을 듣고 가만히 있을 히틀러가 아니었다. 그는 자신은 예술가이며 육체노동자가 아니라고 소리를 지르면서 길길이 날뛰었는데, 이 모습을 보자 질려버린 하니쉬는 정색을 했다. 한참 후에 마음을 가다듬은 그는 히틀러를 정면으로 쳐다보았다. 그리고는, 자신이 그린 그림이 대단한 작품인 듯 착각하지 말라는 경고와 함께 팔아주는 사람이 없으면 굶어죽기에 딱 알맞은 그림이라고 쏘아붙였다. "뭐라고? 그렇다면 넌 뭐야? 넌 무식한 종놈밖에 더 되냐?"라는 히틀러의 대꾸에 하니쉬는 너무나 큰 상처를 받아 그 자리에서 짐을 꾸려 집을 나가버렸다.

하니쉬가 떠나자 히틀러는 앞이 캄캄했다. 사교적이지도 못했을 뿐만 아니라 변변한 옷도 없던 그는 상인들에게 직접 가서 그림을 팔기가 불가능했던 것이다. 그제야 히틀러는 장사술이 뛰어나고 사근사근한 하니쉬가 얼마나 큰 역할을 해냈는지 깨닫게 되었다. 그러나 이제와서 후회해도 소용없는 일이었다. 히틀러는 진저리나게 가난했던 생활을 되풀이하게 될까봐 두려울 따름이었다.

모든 책임을 하니쉬에게 떠넘긴 히틀러는 너무나 화가 나서 경찰에 신고를 하고 말았다. 사연인즉, 그림을 팔아서 50크로네 상당하는 금액을 착복한 혐의였다. 1910년 8월 5일 그는 경찰서에서 다음과 같이 기록했다: '살길이 막막했던 하니쉬에게 내가 그린 그림을 팔아달라고 했다. 보통 그는 나로부터 판매 가격의 50퍼센트를 받았는데, 2주일 전부터 하숙집으로 돌아오지 않고 있다. 따라서 50크로네에 상당하는 내 그림 〈시청〉과 9크로네짜리 수채화를 착복했으므로 그를 고소한다.'

자신의 불행을 모두 하니쉬 때문이라고 생각한 히틀러는 복수하기 위해서 거짓말은 물론이고 모든 수단과 방법을 동원했던 것이다. 결국 일주일 뒤, 붙잡힌 하니쉬가 그림을 판매한 돈을 이미 히틀러와 반반씩 나누었다고 아무리 주장해도 판사는 그에게 횡령죄 명목으로 7일간의 구류를 명해버렸다. 히틀러의 그럴듯한 거짓말이 한마디로 성공을 거둔 결과였다. 하니쉬는 억울하게 체포되어 끌려가면서 "언제 어디서 만날 거야? 날 이렇게 만든 계산은 해야 될 게 아냐?"라고 히틀러에게 고함을 질렀다.

이때 이후로 하니쉬는 두 번 다시 히틀러를 만날 수 없었다. 1933년 이후에 콘라드 하이덴, 루돌프 올덴과 다른 많은 기자들이 하니쉬를 만났는데, 그는 히틀러가 빈에서 보냈던 시절의 이야기를 아주 상세히 들려주었다. 물론 당시 독일제국의 수상이었던 히틀러의 귀에 거슬리는 내용이었다. 히틀러는 다시 복수의 칼을 들었다. 독일군이 오스트리아에 입성한 뒤 하니쉬는 비밀경찰에 체포되었고, 감금 상태에서 폐렴으로 죽고 말았다. 그러나 마틴 보어만은 1944년 2월 17일 행정관청에서 "오스트리아가 독일에 합병되자 하니쉬는 목을 매어 자살했다"라고 발표했다.

하니쉬가 체포된 이후 히틀러는 모든 기반을 잃고 말았다. 노이만이 독일로 가면서 그를 데려가고 싶어했지만 거절했고, 그라이너도 사라져버렸다. 하숙집에 살던 남자들은 사근사근했던 하니쉬를 아주 좋아했는데, 어느 날부터 보이지 않자 궁금해했다. 하지만 히틀러는 자신이 그를 고소했다는 말을 입 밖에 내지 않았고 모르는 척 얼버무렸다. 친구에게 그토록 비겁한 짓을 했다는 사실을 알게 된다면 무슨 일을 당할지 몰랐기 때문이었다. 이제 빈에서 히틀러가 그린 그림을 팔아줄 사람이라고는 한 명도 남아 있지 않았다. 겨울은 점점 다가오고 있었다. 히틀러는 얼마간 도금 공장에서 도금하는 일을 한 적도 있었다. 이 공장은 박물관에 있는 몇 개의 기둥을 보수하라는 주문을 받았는데, 이 일에 참여했던 것이다.

도금공으로 일해서 번 돈은 오래가지 않았다. 집세와 식대를 제외하자 동이 나버렸던 것이다. 가지고 있는 그림들이 있기는 했지만 팔아줄 사람이 없었으므로 직접 나서는 방법뿐이었다. 히틀러는 노이만에게서 선물로 받은 양복을 입고 단골고객이었던 알텐부르크, 모르겐슈테른과 란츠베르거를 찾아갔다. 뜻밖에 이들은 가져간 그림을 모두 사주었고, 히틀러는 돈을 두둑이 받아쥐고 신바람이 나서 하숙집으로 돌아올 수 있었다. 이뿐만이 아니었다. 모르겐슈테른은 히틀러를 변호사이자 법학박사인 요셉 파인골트에게 소개해주었는데, 이 마음씨 좋은 변호사는 지금껏 젊은 예술가들을 여러 차례 도와준 경험이 있어서 히틀러도 덕을 볼 수 있는 사람이었다. 소문대로 그는 가난한 젊은 화가 히틀러에게 한꺼번에 여러 작품을 주문할 정도로 인심이 좋았다.

그러나 도대체 무슨 일일까? 주문이 많이 들어왔지만 히틀러는 도저히 그림을 그릴 수가 없었다. 하니쉬처럼 잔소리를 하고 재촉하는 사람이 곁에 없자 히틀러는 붓을 들기도 귀찮아졌다. 또다시 하루 종일 신문을 뒤적거리거나 사람들과 토론을 하면서 시간을 보냈지만 마음은 편하지 않았다. 돈 때문에 한번 혼이 났던 터라 속으로 걱정을 하고 있었던 것이다.

이런저런 궁리를 한 끝에 좋은 생각이 떠올랐다. 요한나 이모는 조카 히틀러의 말이라면 뭐든지 들어주는 경향이 있었다. 지난 겨울에도 그녀는 돈을 송금해주었었다. 히틀러는 이번에도 이모에게 빌붙어보기로 작정하고 가슴 아픈 내용을 담은 편지를 이모에게 쓰기 시작했다. 빈에서 자리를 잡기 위해 뼈를 깎는 노력을 하고 있지만 자본금이 하나도 없기 때문에 어려움을 겪고 있다는 내용이 골자였다.

조카의 편지를 받은 이모는 안타까운 마음에 곧장 은행으로 달려갔다. 1910년 12월 1일이었다. 저축한 돈 3,800크로네 모두를 현금으로 찾아둔 이모 요한나의 집에 히틀러가 들른 것은 며칠 뒤였다. 그녀는 자신이 죽고 난 뒤 히틀러에게 물려줄 작정이었던 2,000크로네 이상이나 되는 상속분을 현금으로 그 자리에서 흔쾌히 건네주었다. 이런 방식으로 상속세를 절약할 수 있다는 이점도 있었다. 돈을 받아쥔 히틀러는 갑자기 백만장자가 된 기분이었다. 조금만 절약한다면 앞으로 2년간은 아무런 걱정 없이 살 수 있는 돈이었다. 시간 나는 대로 그림을 그려서 팔면 또 돈이 들어오는 셈이었다. 뜻밖에 엄청난 돈을 쥐게 된 히틀러는 빈으로 돌아오는 길에 이복누나 안겔라에게 들르지도 않았다. 당시 안겔라는 남편을 잃고 미망인들에게 임대하는 비좁은 집에서 두 아이와 히틀러의 여동생 파울라를 데리고 살고 있었다. 수입이라고는 정부에서 파울라에게 매달 보내주는 고아위로금 25크로네가 전부였다.

빈에 돌아온 히틀러는 남자 하숙집에 계속 머물렀다. 따로 방을 구해서 사는 것보다 오히려 이곳이 더 편했던 탓이었다. 히틀러는 누구한테도 들키지 않으려고 가져온 돈을 깊숙이 숨겨두었다. 어찌 된 일인지 수중에 돈이 생기자 그림 그리는 것도 재미있어졌고, 1911년에 다시 나타난 그라이너도 히틀러에게 광고 일을 알선해주는 바람에 즐거운 비명이 터져나올 지경이었다. 페르놀렌트 구두약회사로부터 받은 일로, 히틀러는 우선 검은색과 흰색, 빨간색으로 포스터를 그렸고, 다음으로 세탁비누 노이보존을 광고하는 포스터를 만들었다. 세탁비누 광고용 포스터에는 웅장한 슈테판 성당이 비누거품 속에서 드러나는 광경이 묘사되어 있었다.

히틀러는 두 번 다시 가난해지지 않을 것이라 굳게 다짐을 했다. 이제 그라이너가 일을 채근하는 사람의 역할을 맡았지만, 하니쉬와는 달리 히틀러의 기분을 건드리지 않으면서 익살맞게 잘 해나갔다. 게다가 그는 히틀러에게 건축가 플로리안 뮐러 사무실에 설계사 자리를 마련해주기까지 했다. 물론 임시직으로 보조원 일이었지만, 이때를 떠올리며 히틀러는 빈 시절 건축설계가로 일한 적도 있다고 얘기하곤 했다.

히틀러와 자주 어울렸던 그라이너는 자연히 그가 부르는 노래를 들을 수 있었다. 히틀러의 노래 솜씨가 보통이 아니라고 판단한 그는 빈 극장의 합창단이 되어보는 게 어떻겠냐고 제안했다. 1911년 초, 히틀러는 그라이너의 충고에 따라 지원서를 냈다. 극장의 단장이었던 카르차크 씨는 그의 실력을 테스트하기 위해서 노래를 한 곡 불러보라고 요구했고, 히틀러는 프란츠 레아르의 〈명랑한 과부〉에 나오는 노래, 즉 다닐로가 무대에 등장하면서 부르는 '오늘 나는 막심에게 갈 거야!'를 선곡했다. 부드러운 테너 음성이었던 히틀러는 큰소리로 노래를 불렀

다: "…… 나는 모든 숙녀를 잘 알고 있다네, 그 숙녀들의 애칭을 부르곤 하지……." 단장은 히틀러의 노래가 마음에 들었는지 합창단의 지휘자에게 곧장 입단을 알리라고 할 정도였다. 하지만 어처구니없는 이유 때문에 히틀러는 합창단에 들어가지 못하고 만다. 단원들은 각자 단복을 마련해야만 했는데, 히틀러에게는 단복인 연미복이 없었기 때문이었다.

이 일을 계기로 히틀러는 새삼 한 가지 사실을 깨닫게 되었다. 자신의 너절한 옷차림이 성공하는 데 걸림돌이 된다는 사실을. 그후 그는 긴 머리와 수염을 단정하게 깎고 새 양복도 구입했다.

춘분이 지난 며칠 후에 이모 요한나가 죽었다. 배다른 누나였던 안겔라는 유서를 읽다가 동생 아돌프가 이모로부터 증여받았다는 사실을 알게 되었다. 마침 그녀는 심각한 궁핍 상태에 있었기에 아돌프의 여동생이었던 파울라의 후견인 마이호퍼 씨에게 도와달라고 요청했다. 당시 아돌프는 재정적으로 힘든 상태가 아니므로 그가 받고 있던 고아위로금을 파울라에게 양도하라는 것이었다. 사실 히틀러는 자신이 재정적으로 무능한 대학생이라고 거짓말을 해서 돈을 타내고 있었다.

파울라의 후견인은 안겔라의 요청에 응하여 서류 절차를 밟았다. 어느 봄날, 히틀러는 린츠 법원을 대행하여 레오폴트 시(市)의 법정으로부터 법원 출두 요청장을 받았다. 다름이 아니라, 법원에 출두하여 현재 재정 상태를 밝혀달라는 내용이었다. 히틀러는 재빨리 양보할 준비를 갖추었다. 군 입대 의무를 기피하고 있던 상태였기 때문에 가능하면 관청과 마찰을 피하는 게 좋았던 것이다. 당시 판사가 기록한 내용은

다음과 같다: '아돌프 히틀러는, 20번째 구역, 멜데만 가(街)에서 예술가로 거주, 레오폴트 시 법정에서 다음과 같이 진술했음. 그는 자립적으로 생계를 꾸려나갈 능력이 있기에 고아위로금 전액을 그의 여동생에게 양도할 준비가 되어 있다. 그외에도 아돌프 히틀러는 상당한 금액을 이모 요한나로부터 예술가가 되기 위한 자금으로 증여받았음을 인정했다.'

법정에서 진술이 끝나자 1911년 5월 4일 린츠 법정은 히틀러가 받던 고아위로금을 공식적으로 당시 열다섯 살이었던 파울라에게 양도했다.

이제부터 히틀러는 생계를 고려해서라도 진지한 태도로 그림을 그려야 했다. 물론 이모로부터 받은 돈을 아껴 쓰고 있었지만, 어쨌든 일을 해서 돈을 벌어야 한다는 필요성을 절박하게 인식하게 된 것이다. 히틀러는 결심한 대로 일을 잘했고, 그것도 매우 성공적인 수준이었다. 오전이면 그림엽서를 보고 스케치를 했고, 점심때가 되면 가볍게 식사를 한 뒤 곧장 물감을 칠해서 상인에게 가져갔다. 이제 지저분한 옷도 벗어던졌고, 엉망진창인 헤어스타일은 물론 더부룩한 수염도 사라졌다. 말끔하게 면도를 하고 단정한 차림으로 단골고객이었던 알텐부르크와 모르겐슈테른을 찾아가거나, 아니면 란츠베르거나 파인골트를 방문했던 것이다. 이들 가운데 알텐부르크는 히틀러를 고급 호텔인 브리스톨에 자주 초대하여 같이 차를 마시곤 했다. 물론 폴란드계 유태인 출신인 알텐부르크는 히틀러로부터 반유태적인 말을 듣지는 않았다. 히틀러는 상대에 따라 어떤 말을 해야 하는지 정도는 이미 파악하고 있었던 것이다.

칼 크라우스(1874~1936, 빈의 드라마작가, 풍자가, 시인이자 언론인 - 옮긴이 주)는 당시 빈을 바라보기가 한심한 나머지 자신의 잡지 『횃불』에 다음과 같은 격언을 실은 적이 있었다: '빈은 언제까지나 빈으로 남는다. 이것이야말로 우리를 위협하는 것들 가운데 가장 끔찍한 위협이다.'

1913년 히틀러는 빈을 바꾸려고 하는 대신에 빈을 떠나기로 결정했다. 뮌헨으로 가서 이번에는 정식으로 회화나 건축을 공부하고 싶었던 것이다. 오스트리아에 계속 머물기에는 너무 위험했다. 당장이라도 강제 징집될지도 몰랐다. 당시 히틀러는 군에 들어갈 상상만 해도 몸서리가 쳐질 정도였다. 이제 빈을 떠나는 수밖에 없었다. 마침내 히틀러는 1913년 5월 24일 경찰에 전출신고를 하고 뮌헨으로 가는 기차에 올랐다. 이로부터 이틀 뒤 그는 쉴라이스하이머 가(街) 34번지에 위치한 재단사 폽 씨의 집에 방을 얻었는데, 그의 방은 주인집과 분리되어 단독 대문이 있었다. 히틀러는 어느 때보다 의복에 신경을 써서 아주 세련된 모습이었다. 세계를 두루 돌아다녔으며 파리에서 재단 공부를 했던 폽 씨조차도 히틀러의 의복에 감탄할 정도였다고 한다.

뮌헨에 도착한 히틀러는 어느 날 신문에서 기이한 기사를 접하게 되었다. 지난밤 빈에서 제8군단 연대장인 육군 대령 알프레드 레들이 동성애 사실을 공개하겠다는 러시아 비밀요원의 협박에 시달리던 끝에 권총 자살을 했다는 기사였다. 신문을 접고 난 뒤, 히틀러는 만족스러운 미소를 지었다. 이토록 엉망진창인 오스트리아 군에 입대하지 않은 것이 얼마나 다행인가? 히틀러는 자신의 결정이 옳았다는 확신에 차서 앞으로 살게 될 뮌헨의 거리를 흐뭇한 마음으로 바라보았다.

4
뮌헨에서 일어난 사건들

1913년 세계에는 어떤 일들이 일어났을까?

· 프랭클린 D. 루스벨트(31세)는 국방부 산하 해군 고급 공무원의 비서였다.

· 영국의 하원은 여성 투표권을 인정하자는 법안을 기각했고, 이에 영국의 여성 인권 운동가들은 수상 로이드 조지의 관저를 폭파시켰다.

· 빌리 브란트가 태어났다.

· 빌헬름 2세는 장교들에게 유니폼을 입은 채로 탱고를 추는 것을 금지했다.

· 요시프 비사리오노비치 쥬가슈빌리(34세)라는 자가 빈에서 처음으로 '스탈린' 을 거명하며 혁명을 주창하는 전단을 만들었다.

· 파울 폰 힌덴부르크(66세)는 하노버에서 자신의 퇴직금을 다 써버렸다.

· 찰리 채플린(24세)은 주당 150달러를 받고 첫 작품을 찍었다.

· 베니토 무솔리니(30세)는 사회주의적인 신문 『아반티』의 편집을 맡았다.

· 지금까지 섭정을 맡아했던 루트비히가 루트비히 3세로 개명을 하고 바이에른 의 왕관을 물려받았다. 적법한 절차에 따라 왕이 되었던 오토가 아직 살아 있었 지만, 그는 수십 년 전부터 정신병을 앓고 있었다.

· 윈스턴 처칠(39세)은 해군장성으로는 처음으로 로드(Lord) 칭호를 받았다.

· 알베르트 슈바이처(38세)는 적도에 위치한 프랑스령 람베렌에 병원을 차렸다.

· 리처드 닉슨이 태어났다.

· 프란시스코 프란코(20세)는 스페인 군의 장교로 마로코에서 리프 카빌렌에 대
   항해서 싸웠다.

· 화가 아돌프 히틀러는 뮌헨에서 가구 딸린 방을 얻었다.

히틀러는 슈바빙에서 그리 멀지 않은 곳에 살았다. 슈바빙은 뮌헨의
교외였지만 당시 화가에서부터 문학도, 괴팍한 사람, 세상을 두루 돌아
다닌 사람들, 무정부주의자와 건강지상주의자들에 이르기까지 온갖 사
람들로 들끓던 곳이었다. 이곳에서 작가 슈테판 게오르그는 재능이 뛰
어난 젊은이들을 끌어모아서 그룹을 만들었다. 이들은 젊음을 찬양했
고 도덕을 비웃었다. 또한 슈바빙은 유명한 보헤미안 프란치스카 폰 레
벤트로브가 즐겨 묘사하던 곳이었으며, 광란의 사육제 축제가 열리는
곳이기도 했다. 이처럼 다양한 사람들이 모여들었으므로 정치적으로
서로 반목하던 좌파와 우파계열 그룹들은 동일한 커피숍과 술집에서
모임을 갖는 경우가 허다했지만 별문제는 없었다. 레닌은 당시 지그프
리트 가(街)에 살고 있었는데, 히틀러가 살던 집과 가까웠다.

한동안 히틀러는 어떤 그룹에도 속하지 않았고 친구도 없이 외톨이
로 지냈다. 유일하게 서로 왕래한 사람은 집주인이었던 재단사였는데,
그의 가족과 친지들을 만나면 거실에서 정치적인 토론을 벌이는 정도
였다. 집주인 가족들과 친지들은 괴팍스럽지만 정열적이었던 오스트리

아 인 히틀러를 높이 평가했으며 존중했다. 그는 재단사의 부인을 대할 때는 늘 정중했으며, 가끔 아이들에게는 과자도 선물하곤 했다. 그외에 술친구들이 있었는데, 주로 슈바빙에 있는 음식점에서 만나 얘기를 나누다가 금방 헤어지는 친구들이었다. 맥주를 마실 때면 히틀러는 도나우 왕국은 망해야 한다는 둥, 유태인이란 위험한 존재라는 둥, 거리낌 없이 말했지만, 사실 히틀러 같은 사람들이 슈바빙에는 한두 명이 아니었던 까닭에 별로 눈에 띄지 않았다. 술친구들은 그의 말을 귀기울여 듣기는 해도 다음날이면 까마득하게 잊어버린 채 다시 정상적인 생활로 돌아가는 데 아무런 문제가 없었다.

히틀러는 뮌헨에서 화가로 행세했다. 그럼에도 그는 바실리 칸딘스키, 프란츠 마르크, 파울 클레가 근처에 살고 있다는 점에 대하여 별 관심을 두지 않았다. 솔직히 말하면 그 같은 화가들은 히틀러에게 전혀 중요하지 않았다. 유명한 화가가 어디에 살든 히틀러는 매일 4층에 있던 자기 방의 창가에 앉아서 그림엽서 형태로 뮌헨의 모습을 수채화로 그릴 뿐이었다. 맥주집 호프브로이 하우스, 젠드링거 성문, 식료품 시장과 국립극장, 또는 돌담과 지붕을 좀스러울 정도로 자세히 묘사한 그림에서도 여전히 사람이라고는 눈에 띄지 않았다.

그림을 그리지 않을 때면 히틀러는 몇 시간이든 커피숍에 죽치고 앉아 신문을 뒤적이다가 배가 고프면 몇 조각인지도 모를 케이크를 먹어 치웠다. 이곳에서 액자상이나 실내장식가를 만나 수채화를 팔기도 했다. 이 당시 히틀러는 소박한 생활을 꾸려나갔지만, 그렇다고 해서 가난하게 산 것은 결코 아니었다. 이모로부터 받은 상속분에 관해서는 누구에게도 발설하지 않았거니와, 빈에서 떠나기 바로 전에 일시불로 받은 고아위로금도 있었다.

법적으로 여동생에게 양도했던 금액 총 819크로네 98헬러를 자신이 챙겨서 뮌헨으로 와버렸던 것이다. 많지는 않았지만 생활 기반을 다지는 데 한몫을 하는 돈임에 틀림없었다. 뮌헨 세무서에 신고한 연평균 소득을 보면 히틀러는 1,200마르크라고 적었고, 그림을 그려서 생계를 유지하고 있다고 기록했다. 그렇다면 매달 그의 소득은 100마르크쯤 되는 셈이었다. 1913년 히틀러와 같은 나이로 뮌헨에서 근무하는 은행원이 받는 월급이 70마르크였으니 적은 돈이 아니었다. 방세로 매달 지불하는 돈은 20마르크였고, 집 근처 음식점에서 점심을 사먹는 데 매달 20마르크, 저녁 또한 같은 금액이었다.

히틀러는 집에서 그림을 그릴 경우에는 지저분한 옷을 입었지만, 외출을 할 때면 어김없이 멋진 옷으로 갈아입었다. 특히 양복을 입고 다니는 것을 좋아했는데, 집주인이 다림질은 물론이고 손질을 잘 해주었기 때문이었다. 히틀러가 그림을 팔았던 액자 가게들은 주로 브런너 가(街)나 오데온 광장에 모여 있었다. 그래서 그는 자주 막스밀리언 가로 산책을 하면서 걷다가 맥주집 호프브로이 하우스 근처를 지나갈 때면 스케치북에 뭔가를 그렸지만 사람은 전혀 그리지 않았다. 사람으로 북적대는 유명한 맥주집을 그리면서도 말이다! 히틀러가 화가(畵架)를 들고 다니는 것을 본 사람도 거의 없다. 그의 모든 그림들은 빈에서와 마찬가지로 사진이나 그림엽서를 보고 그린 수채화였기 때문이었다.

뮌헨에서 정식으로 그림이나 건축을 배워야겠다고 결심했던 히틀러의 모습은 더 이상 찾아볼 수가 없었다. 다만 소박하게 살 수 있을 만큼 그림을 그리는 것으로 충분했던 것이다. 뛰어난 화가가 된다거나 또는 건축가로 이름을 날리겠다는 명예욕도 포기한 듯했다. 뮌헨에서의 히틀러는 조용하고 편안하게 보헤미안처럼 자유롭게 생활했으나, 어쨌든 야망이라고는 찾아볼 수 없는 소시민적인 삶을 살았다. 나중에 히틀러는 이 시기를 그의 삶에 있어서 '가장 행복하고 만족한 시절'로 기억하고 있다.

『나의 투쟁』에서 히틀러는 빈을 떠나게 된 동기는 무엇보다 '정치적인 이유' 때문이었다고 적고 있다. "합스부르크 왕가와 싸움을 벌일 생각은 전혀 없었다"라는 다분히 외교적인 표현을 하고 있지만, 이는 순전히 변명에 불과했다. 그러니까, 나중에 히틀러의 정치적인 입지를 반기지 않았던 자들은 히틀러의 과거를 캐내어 그를 쓰러뜨리려고 했다. 그래서 그가 군 입대를 기피하기 위해 오스트리아를 도망쳐나왔다는 비난을 하게 되었는데, 히틀러는 이들의 입을 막으려는 의도에서 그런 말을 했을 뿐이었다.

이미 오스트리아에서 히틀러를 찾기 시작했다. 1913년 8월 22일 린츠 시의 국가정보원이었던 차우너 씨는 이렇게 적었다: '아돌프 히틀러는 이곳은 물론이고 우어파 지역의 경찰서에도 출두하지 않고 있다. 그가 거주하는 곳은 다른 지역에서도 찾을 수 없다.'

그리하여 사람들은 히틀러의 후견인과 누나 안겔라 그리고 여동생 파울라에게 그의 거처를 물어봤지만 아무 소용이 없었다. 빈에서도 역시 히틀러의 흔적조차 찾을 수 없었다.

12월 29일이 되자 오스트리아 경찰은 다음과 같은 서한을 뮌헨 경찰국으로 보냈다: '1889년 브라우나우에서 태어나 화가로 활동하던 아돌프 히틀러는 1913년 5월 24일 빈에서 뮌헨으로 이주함. 업무상 그를 찾고 있으니 상기인이 그곳에 등록하였는지 알려주기 바람.'

1월 10일 뮌헨 시는 린츠 시에 다음과 같이 알렸다: '찾고 있는 사람은 1913년 5월 26일부터 쉴라이스하이머 가 34번지 폽 씨 집에 살고 있는 것으로 신고하였음.'

린츠 시가 통지를 받은 지 8일이 지난 후, 뮌헨의 형사가 히틀러의 집을 예고도 없이 방문하여 그를 체포해서 경찰국으로 데려갔다. 그러고 나서 며칠 뒤 히틀러는 송환 절차상 오스트리아 영사에게로 소환되었다.

히틀러는 두 번 다시 오스트리아로 돌아가고 싶지 않았다. 그러기 위해서는 무슨 방법이든 동원해야 했는데, 히틀러가 보기에는 공무원들로부터 동정심을 불러일으키는 것이 가장 좋은 방법일 것 같았다. 그를 체포하러 왔던 형사가 옷을 갈아입는 것을 허락하지 않았기 때문에 물감으로 얼룩진 너덜너덜한 옷을 입고 있었고, 경찰서 유치장에 며칠 갇혀 있었던 탓에 보기만 해도 불쌍하게 보였다. 영사관에 도착하자 히틀러는 펜을 요청하여 변명서를 적어내려갔다.

본인은 소환장 직업란에 화가로 기록했습니다. 하지만 화가임에도 조건부 화가라는 표현이 더욱 정확합니다. 생활비를 벌기 위해서 돈을 벌어야 하니까요. 돌아가신 저의 아버지는 공무원으로 재산이라고는 하나도 남겨주지 않았고, 공부를 하기 위해서는 어쩔 수 없이 돈을 벌어야만 합니다. 생활비를 벌기 위해서 시간을 바치긴 합니다만, 대부분 건축가가 되기 위해 공부를 하고 있습니다. 이런 형편이고 보니 제가 버는 수입은 그야말로 여유가 없을 수밖에 없습니다.

수입의 증거로 연간 소득세 신고서를 동봉하오니 보신 뒤에는 반드시 돌려주시기 바랍니다. 저의 소득은 연 1,200마르크로 기록되어 있습니다. 이 금액은 물론 저에게 좀 많은 편입니다. 그러나 제가 매달 100마르크를 번다고 생각하시면 그건 큰 오해입니다. 절대로 그렇지가 않습니다. 매달 수입은 불규칙하기 짝이 없고, 지금 상태는 아주 심각할 정도입니다. 요즘 뮌헨의 그림 시장은 바닥을 헤매고 있으니까 말입니다.

1909년 가을에 있었던 의무 불이행과 관련해서 말씀드리고 싶은 것은, 당시 저는 그야말로 혹독한 삶을 사느라 정신이 없었습니다. 저는 경험이라고는 없는 청년에 불과했고, 재정적으로 저를 도와줄 사람도 없었으며, 또한 있다손 치더라도 자존심이 강해서 도움을 받아들이지도 않았을 것입니다. 아무런 재정적인 도움 없이 혼자서 생활을 꾸려나가다보니 어떤 경우에는 잠잘 곳조차 없었습니다. 거짓 없이 고백하건대, 2년 동안 저는 근심과 가난 속에서 살았고, 배가 고프지 않을 때가 거의 없었습니다. '아름다운 청춘' 이라는 말을 모르고 살았던 게 사실입니다. 그로부터 5년이 지난 지금에도 제 손과 발에는 그때 겪었던 고생의 흔적이 고스란히 남아있습니다. 그때와 비교해보면 지금은 어느 정도 어려움을 극복했지만, 그 어려웠던 시절도 이제 와서 생각해보면 가끔 그리워지곤 합니다. 누가 봐도 끔찍했던 환경이었지만, 그 같은 엄청난 고난을 겪으면서도 저는 제 이름에 먹칠을 한 적이 없었고, 법과 양심 앞에서 티끌만큼의 수치심도 없습니다.

존경을 표하며, 화가 아돌프 히틀러.

애처로운 그의 고백과 초췌한 모습에 폐렴으로 고생한 진단서까지 동봉하자 영사관의 공무원들도 히틀러의 말을 믿지 않을 수 없었다. 영사는 린츠 시에 다음과 같이 보고했다: '우리가 이곳 영사관에서 조사한 결과 히틀러의 변명서는 사실에 부합됨을 알 수 있었습니다. 또한 병이 있어서 군 입대가 불가능했습니다. 여러 가지 면에서 히틀러가 처한 상황은 충분히 고려해줄 만한 가치가 있어서 즉각적인 이송 조치 대신 2월 5일 린츠에 징병검사를 위해 출두하라는 명령을 내렸습니다. 히틀러는 린츠로 갈 것이며, 만일 시 행정당국이 그의 진술서와 그가 처해 있는 어려운 처지를 고려한다면 뮌헨에서 보다 가까운 잘츠부르크로 출두 명령을 내려주시기 바랍니다.'

마침내 히틀러는 2월 5일 징병검사를 받기 위해 린츠가 아니라 잘츠부르크에 나타났다. 결과는 몸이 너무 약해서 군 의무나 이를 대신하는 자원 봉사를 할 수 없다고 나왔다.

1914년 6월 28일, 보스니아의 사라예보에서 오스트리아 황태자인 프란츠 페르디난트와 그의 아내가 살해되는 사건이 터졌다. 세르비아의 대학생이었던 가브릴로 프린치프가 총을 쏘았던 것이다. 무더운 여름이 되자 유럽 전체는 평화가 와해되는 일만 코앞에 두고 있었다. 유럽 땅에 놀러 왔던 영국인들은 다시 집으로 돌아갔고, 독일인들은 리비에라 해안을 떠났으며, 독일로 휴양을 왔던 러시아 인들은 휴양지인 바덴바덴과 바트 홈부르크를 떠났다. 위기를 느낀 황제 빌헬름 2세는 사촌이자 러시아의 황제였던 니콜라이와 또 다른 사촌인 영국의 조지 5세와 다급한 전보를 주고받았지만 황제 자리에 있던 친척들도 어떻게 할 수가 없었다. 드디어 동맹국이 결성되면서, 오스트리아-헝가리 동맹이 세르비아를 공격했고, 러시아는 오스트리아-헝가리를 향해서 진군을 서둘렀다. 독일은 오스트리아를 도와줘야 했으므로 러시아에 전쟁을 공포했다. 러시아와 동맹을 맺고 있던 프랑스는 독일에 전쟁을 선포했고, 영국은 프랑스 편에 섰다. 마침내 전쟁이 발발했고, 며칠 후 이 전쟁은 '세계대전'으로 발전하게 된다.

8월 1일, 한 장교가 오데온 광장에 있던 황제의 저택 앞 연단에 서서 선동적인 목소리로 바이에른 군 모집을 알렸다. 수천 명이 모여든 광장에 히틀러도 있었다. 머리를 높이 쳐든 채 장교의 연설을 듣고 있던 그의 눈은 특이한 광채로 빛나고 있었다. 나중에 히틀러는 이렇게 썼다: '마치 구원의 손길이 나를 향해 손짓하는 것 같았다. 너무나 감동한 나머지 하늘을 향해 무릎을 꿇고 수십 번이라도 환성을 지르고 싶었다. 솔직히 말해서, 나는 바로 그 시간에 내가 살아 있다는 사실이 정말 감격스러웠다.'

같은 날, 잘츠부르크에서 '군 입대 부적합 판정'을 받은 히틀러는 왕루트비히 3세에게 오스트리아 인으로서 바이에른 군 입대를 직접 청원하는 신청서를 냈다. 며칠 뒤 그는 내각관저로부터 허가를 받았고, 8월 16일 뮌헨 엘리자베스 교정에 집합한 제2바이에른 보병 연대 16번의 제6신병 보충병 대대에 들어갔다. 10월 8일 히틀러는 바이에른의 왕 루트비히, 오스트리아의 황제인 프란츠 요셉, 뵈멘 왕과 헝가리 왕의 이름을 걸고 선서를 마쳤다. 10월 중순이 되자, 비록 충분한 훈련을 받지는 못했지만 히틀러가 소속된 부대는 서부전선으로 향했다.

이로부터 4년이 지난 1918년 11월 11일, 군 병원에 누워 있던 히틀러는 화가나 건축가가 아니라 정치가가 되기로 결심했다.

5

신비주의를 전수받다

1919년 9월 10일, 바이에른 제국군 제4사단 소속 I b/P부서의 병장이었던 히틀러는 사단장으로부터 참모장 직속 부하인 한 중대장에게 편지를 전하라는 명령을 하달받았다. I b/P부서는 '선전부' 또는 '보도부'라는 명칭을 번갈아 사용하면서 방첩(防諜)과 정보를 담당하고 있었다. 편지를 전해받은 중대장은 병장 히틀러에게 한 군소 정당의 집회에 참가해서 그 그룹의 성향과 참석자들의 명단을 보고하라는 임무를 주었다. 문제의 소 정당은 '독일노동당'이었고, 이들은 이자르 성문 근처에 있던 슈테른에커브로이스 술집의 뒷방에 모이기로 했던 것이다. 이 같은 그룹을 감시하는 임무는 당시 군 정보국에 속하는 요원들에게는 흔히 있는 일이었다. 하지만 좀 특이한 점은 바로 임무를 부여한 장교와 히틀러 사이에 오고 간 어투였다. 대대의 장교라는 사람이 평범한 병장에게 '존경하는 히틀러 씨'라고 부른 것은 흔한 일이 아니었던 까닭이다.

최근에 일어났던 혁명도 군에서의 엄격한 계급 차이를 완전히 제거하지는 못했다. 물론 장교와 사병들 사이에 자유롭게 말이 오가기는 했지만, 그들 사이에 가로놓여 있는 신분 차이는 결코 극복하기 쉬운 것이 아니었다. 그렇다면, 도대체 무슨 까닭으로 중대장이 병장에게 그토록 공손한 표현을 사용했을까? 히틀러가 전쟁터에서 뮌헨으로 돌아온 뒤 몇 달간은 아주 떠들썩한 사건들이 터졌다. 이 기간 동안 히틀러에게 어떤 변화가 일어난 것일까?

가스 중독에서 완전히 회복한 병장 히틀러는 1918년 11월 21일 군 병원에서 퇴원했다. 얼마 후 뮌헨으로 발령을 받자 그는 오버비젠펠트에 있던 소속 부대 막스병영 제2부대에 신고를 마쳤다.

바이에른은 11월 7일부터 공화국 체제를 갖추고 있었다. 임시정부의 수장을 맡은 사람은 언론인이자 연극평론가였던 쉰세 살의 쿠르트 아이스너로, 그는 독일사민당(SPD) 출신의 독립적인 사회주의자였다. 왕이었던 루트비히 3세는 이제 모든 권력에서 물러났고, 정규군도 왕이 아니라 민중 국가를 위해서 봉사한다는 선서를 해야만 했다.

이즈음 병장 히틀러는 군부대의 피복 창고에서 일을 하다가 잠시 전쟁 포로 수용소인 트라운슈타인에서 보초병으로 근무했다. 군에 입대하기 전 그가 살았던 재단사 폽 씨에게 들른 히틀러는 그의 방에 책과 그림도구들, 그리고 옷이 그대로 잘 보관되어 있는 것을 보았다. 그는 사람들의 눈에 띄지 않도록 행동하면서 독서를 많이 했고, 가능하면 친구들과의 접촉을 피했다.

이즈음 뮌헨에서는 굵직굵직한 사건들이 터지기 시작했다.

1919년 2월 21일 : 오전 10시쯤 쿠르트 아이스너는 프란너 가(街)에서 열리는 주의회 개회식에 참석하기 위해서 프로메나덴 광장에 위치한 관저를 떠났다. 그의 가방에는 사퇴서가 들어 있었다. 근간에 치러진 선거에서 좌파들은 참패를 면치 못했고, 아이스너는 그 책임을 지고 물러날 작정이었다. 아이스너는 보통 지름길을 택해서 갔지만 이날따라 오늘날의 카디날 파울하버 가(街)로 빙 둘러갔다. 길모퉁이를 지나간 지 얼마 되지 않아 총성이 울려퍼졌고, 아이스너는 피를 흘리며 바닥에 쓰러졌다. 아슬아슬하게 도망친 암살자는 안톤 그라프 아르코라로 불리는 스물두 살의 대학생이었다. 소위로 제대를 했으며, 가톨릭 대학생연합인 '레티아'의 회원이기도 했던 그가 체포되자 암살 동기를 자백했다. 즉, 아이스너는 공산주의자이며 유태인이었기 때문에 살해했다는 얘기였는데, 정작 그 자신도 반은 유태인이었다.

아이스너의 암살 소식이 전해지자 의사당 안은 어수선한 정도를 넘어서 난장판 같았다. 하지만 예정대로 의회가 열리자 이번에는 의사당 안에서 피비린내 나는 사건이 터졌다. 웨이터이자 도살업에 종사하던 알로이스 린더가 눈 깜짝할 사이에 방아쇠를 당겨 두 명의 의원이 그 자리에서 사망하고, 사민당 총수였던 에리히 아우어는 중상을 입었던 것이다. 이 사건이 바로 바이에른에서 발생한 제1차 혁명으로, 귀족 출신의 소위와 노동자 계급에 속하는 한 도살자의 권총 난사로 혁명은 일단락되었다. 동시에 제2차 혁명이 서서히 막을 올리고 있었다. 당시 뮌헨에는 '바이에른공화국 최고위원회'가 행정권을 총괄하고 있었는데, 이 사건으로 말미암아 비상사태를 선포하였고, 저녁 7시 이후부터는 엄격한 통행금지를 실시하고 있었다.

의회 기간이 끝나자 의원들은 뮌헨을 떠나 뉘른베르크에 들렀다가 밤베르크로 갔다. 이곳에서 그들은 온건한 사회민주당원인 호프만을 중심으로 소수 정부를 결성했다. 호프만은 전권을 이양받게 되었지만 뮌헨 행정당국에는 이 사실을 비밀로 하고 있었다.

1919년 4월 6일 : 비텔스바흐 궁정. 한때 바이에른 여왕의 침실이었던 곳에 모인 좌파사회주의자들과 무정부주의자들은 인민공화국을 설립해야 한다고 주장했지만, 공산주의자들은 꼼떡도 하지 않았다. 오히려 그들은 인민이란 '원칙도 없는 소시민적 혁명가'에 불과하다며 이에 완강하게 반대하고 나섰던 것이다.

인민공화국 설립을 주장하는 무리 가운데 선봉에 선 사람들은 슈바빙 작가들이었는데, 특히 구스타프 란다우어, 에리히 뮈잠, 에른스트 톨러였다. 이들 작가는 문학계에서는 탁월한 작품으로 명성이 자자했지만, 정치에 관해서는 애매모호한 유토피아적인 환상을 가지고 있었다. 히피족들의 선구자라 할 수 있는 이들은 세계를 '꽃으로 가득한 초원'으로 바꾸고자 했던 것이다. 이런 무지개 같은 환상을 가지고 끊임없이 토론을 하면서 밤을 지새는 무리들 주변으로 온갖 종류의 혁명가들과 허황한 생각으로 가득 찬 사람들이 모여들었다. 물론 이들은 정직하고 순수한 사람들이었기에 폭력이 없고 위계질서가 없는 세상, 즉 무정부주의를 꽃피울 수 있으리라 믿고 있었다. 하지만 행정에 관해서는 아는 게 전무한 형편이었다.

정치적으로 불안하다보니 뮌헨에 살던 사람들은 경제적으로도 심각한 고통을 겪고 있었다. 농부들은 바보 같은 짓이나 하는 도시에 더 이상 농산물을 공급하지 않았고, 철도는 막혀버렸다. 빵집 앞에는 사람들이 줄을 서서 인산인해를 이루었으며, 우유와 고기는 구하려고 해도 구할 수가 없었다. 사람들은 불안에 떨었지만 속수무책이었다.

1919년 4월 13일 : 밤베르크 정부의 동의를 얻은 '공화국 방어군대'가 무정부주의 인민공화국을 향해 공격의 칼을 들었다. 공화국 방어군대는 혁명과 공산주의를 반대하는 툴레단으로부터 재정적인 지원을 받았다. 이 집단에 대해서는 나중에 설명을 하기로 하겠다. 바이에른의 정부군이 지원하기 위해서 뮌헨의 외곽 지역으로 출병했지만 다하우에서 퇴각할 수밖에 없었다. 평화주의자 에른스트 톨러가 이끄는 홍위병(紅衛兵)들의 선발대가 바이에른 정부군을 공격했던 것이다. 마침내 공산주의자들이 개입하면서 뮌헨 중앙역을 공략하자 공화국 방어군은 서둘러 뮌헨을 떠나고 말았다.

이렇게 하여 무정부주의 인민공화국은 뮌헨에서 사라지게 된다. 실권을 잡은 공산주의자들은 제2의 인민공화국, 즉 공산주의 인민공화국을 선포했고, 외국에 머물던 레닌은 사태를 수습할 사람으로 오이겐 레빈과 토비아스 악셀로드를 보냈다. 이들은 신속하게 정권을 휘어잡는 데 성공했다. 사태가 수습되자 놀랍게도 스물세 살의 루돌프 에겔호퍼가 뮌헨 사령관으로 임명되었다.

뮌헨에 있던 공산주의 인민공화국의 정규군은 사방으로부터 방어할 수 있는 위치에서 언제라도 전투에 투입될 준비가 되어 있었다. 그러나 식량 공급 상태는 그야말로 최악이어서 심한 병을 앓고 있는 어린아이에게조차도 상부에서 명령이 떨어져야 우유를 내줄 정도였다.

더 이상 사태를 관망할 수 없다고 판단한 호프만은 베를린 정부에 군사적 원조를 요청했다. 그러자 뷔르템베르크 정부도 군대를 제공했고, 튀링겐의 오르드루프에서는 폰 에프 장군이 이미 무장한 의용군을 모아놓고 있었다. 5월 1일과 2일 공산주의 정부군과 의용군은 뮌헨에서 처절한 전투를 벌이게 되었다.

이런 난리통에서 병장 히틀러는 도대체 무엇을 하고 있었을까? 그는 소매에 빨간색 천을 달고 병영에 앉아서 자신의 개인적인 안전을 염려하고 있었다. 그는 '인민공화국을 대표하는 사람들에게 저항하면 모두 총살이다!' 라는 포스터를 문자 그대로 준수하고 있었다.

『나의 투쟁』에서 히틀러는 당시의 심정을 이렇게 적고 있다: '이 당시 나는 골똘히 생각에 잠겨 있었다. 혼자 힘으로 무슨 일을 할 수 있을지를 궁리한 끝에, 나처럼 이름 없는 사람은 어떤 형태로든 의미 있는 행동을 할 수 없다는 결론을 내렸다.'

5월 1일 히틀러는 의용군에게 붙잡혀 취조실로 끌려갔다. 이들은 히틀러가 서명했다며 좌파사회주의당(USPD)가입 서류를 던지면서 조사를 시작하려던 참이었다. 그런데 느닷없이 히틀러를 풀어주라는 명령이 떨어졌다.

그후 더욱 놀라운 일이 벌어졌다. 히틀러는 풀려났을 뿐 아니라 조사위원회의 핵심 요원이 되어버린 것이다. 한때 히틀러가 추종했던 인물 가운데 한 사람이었던 빅토르 폰 쾨르버가 그 원인을 밝혀준다: "조사위원회에서 몇 번 강요하자 히틀러는 별다른 거부반응 없이 리스트를 작성했지요. 이렇게 하여 인민공화국 독재자였던 유태인의 행위가 낱

낱이 드러나고 말았습니다. 바로 알짜배기 정보를 제공한 셈이었죠."
공식적인 밀고자로서 히틀러는 한때 공산주의 인민공화국에 동조했던
하사관과 병사들을 낱낱이 폭로하고 말았다. 결국 히틀러가 작성한 리
스트에 오른 수백 명의 사람들이 간단한 재판을 거쳐 뮌헨의 잉글리쉬
가든에 마련된 사형장에서 총살당했다. 이들 중 많은 사람들이 히틀러
의 동료였다.

히틀러의 상관이 된 사람들은 그의 능력에 매우 만족스러워했을 뿐
만 아니라 그를 키워주기로 결정했다. 그래서 히틀러를 툴레단의 지원
으로 대학에서 개설되는 반공산주의 세미나에도 보냈는데, 이곳에서
그는 유명한 정치가와 학자들을 알게 된다. 이들 가운데 헌법학자인 알
렉산더 폰 뮐러도 있었다. 이 과정을 마치자 히틀러는 임시 수용소에
파견되어 전쟁터에서 돌아온 군인들에게 반마르크스주의와 반유태주
의에 관한 교육을 시켰다. 폰 뮐러 교수는 히틀러가 지닌 탁월한 웅변
술을 최초로 발견한 사람이었다. 그가 히틀러에게서 받은 인상을 한번
인용해보겠다: "강연이 끝나면 나는 강의실을 떠나지 않고 있는 소수
의 사람들과 마주치곤 했습니다. 그들 중 한 사람이 특히 눈에 띄었는
데, 정열적이면서도 끊임없이 그들에게 이야기를 하는 사람이었죠. 이
런 느낌이었습니다. 그 무리들은 이 한 사람으로 인해서 흥분이 고조되
어 있다는 그런 느낌 말입니다. 그는 창백하고 여윈 얼굴에 민간인처럼
머리를 기르고 있었으며, 짧게 깎은 코밑 수염에 눈은 아주 컸습니다.
파란색 눈동자는 냉정한 느낌을 주었고, 뭐랄까요, 광기조차 담고 있었
습니다."

히틀러는 상관들에게 앞으로 민간인이 되면 직업 웅변가로 살아갈 것이라고 공공연하게 말하고 다녔다. 그러나 당시에는 웅변가라는 직업을 찾아볼 수 없었던 터라, 히틀러는 여기저기 문의를 해보았지만 뾰족한 결과를 얻어내지 못했다. 그러자 돌연 기자가 되기로 결심한 그는 나름대로 기사거리를 정리해서 잡지와 신문사에 보냈다. 그의 글을 받아서 읽어본 편집자들은 하나같이 시큰둥한 반응을 보였다. 뛰어난 말솜씨와는 대조적으로 그의 글은 지루해서 읽을 가치조차 없다는 평이었다.

군복을 벗고 웅변가가 되려 했던 히틀러를 받아준 곳은 국방부 산하에 있던 정보국이었다. 비밀정보원으로 채용되었지만 그는 자신을 '교육 담당 장교'로 외부 사람에게 소개했다. 물론 그와 같은 직책은 존재하지 않았다. 어찌 되었건, 이때부터 히틀러는 경제적인 차원에서뿐만 아니라 사회적으로도 나름대로의 기반을 다지게 된다. 병장 계급 정도에 불과했지만 그는 민간인들 사이를 자유롭게 활보할 수 있었고, 용돈 정도는 직접 벌 수도 있었다. 상관들조차 그를 '존경하는 히틀러 씨'라고 불렀기에 사회적으로도 체면이 섰던 것이다. 이 같은 특수한 직위를 이용해서 히틀러는 당시 군부에서 상당히 중요한 임무를 맡고 있던 에른스트 룀 중대장과 사귈 수 있었다. 룀은 국방부 사령부 소속 장교로, 특히 전투부대의 재정권을 쥐고 있었던 까닭에 부대 전체를 좌지우지할 수 있는 인물이었다.

1919년 9월 12일 저녁, 명령에 따라 아돌프 히틀러는 민간인 복장을 하고 슈테른에커브로이스 술집의 비밀 방으로 갔다. 그가 들어섰을 때 이미 '독일노동당'에 가입해 있던 수십 명의 회원들과 동지들이 그곳에 모여 있었다. 회의가 시작되면서 툴레단원으로 엔지니어였던 고트프리트 페더가 빌린 돈에 관해서 간략하게 보고를 한 데 이어 토론 진행자가 제국으로부터 바이에른이 탈퇴해야 한다는 발언을 했을 때였다. 그때까지 잠자코 듣고만 있던 히틀러가 나섰다. 그가 열변을 토하기 시작하자, 당원들은 입을 멍하니 벌린 채 유창하면서도 공격적인 말을 따라가기에 바빴다. 사실 이 소시민적인 단체는 늘 조용하고 밋밋한 분위기 속에서 회의를 진행했기 때문에 히틀러의 등장은 신선한 자극, 그 이상이었다. 아니나 다를까 히틀러가 말을 끝내고 방을 나가자, 노동당 당수는 황급히 그의 뒤를 쫓아갔다. 독일노동당 당수 안톤 드렉슬러는 공구 제작공으로 일하면서 정치적인 활동을 겸하고 있었다. 그는 막 술집을 나서려는 히틀러의 소매를 붙들고 『나의 정치적인 각성』이라는 소책자를 내밀었다.

이로부터 며칠이 지난 뒤 히틀러는 독일노동당의 위원회 모임에 초청을 받았다. '로마인 목욕탕'이라는 한 음식점에서 열릴 예정이었다. 당시 이 당에 가입한 당원은 54명이었고, 이 가운데 여섯 명이 위원이었다. 상관이었던 칼 마이어 중대장의 허락하에 히틀러는 이 작은 모임에 참석했다. 그 결과 555번이 찍혀 있는 당증을 받았고(회원이 많아 보이게 하려고 사람들은 당원증을 501번부터 시작했다), 더불어 노동당의 일곱 번째 위원으로 추대되었다. 그가 맡은 일은 선전 담당이었다.

정치적인 경력을 쌓기 위한 발판으로 히틀러는 왜 그토록 별볼일 없는 작은 당을 택했던 것일까? 자발적인 결정이었을까, 아니면 다른 목적이 있었던 것일까? 히틀러는 『나의 투쟁』에서 당시 상황을 다분히 빈정거리면서도 정당화시키는 글을 적고 있다: '몇몇 안 되는 당원을 가진 이 가소롭기 짝이 없는 단체에서 활동하는 것이 당시 나에게는 매력적이었다. 말하자면, 탄탄한 조직에 들어가서 경직되는 것보다 당원들 한 사람 한 사람에게 나의 능력을 십분 발휘할 수 있었다고나 할까.'

이와 관련하여 요아힘 페스트는 히틀러 전기에서 다음과 같은 이유를 제시하고 있다: '히틀러는 군복을 벗기 전에 매우 불안했던 것 같다. 그래서 어떻게 해서든 사회에 나가서 스트레스를 덜 받고 살 수 있는 방법에 대해서 골똘히 생각하지 않을 수 없었다. 이렇게 해서 나온 결론이 정치가가 되어야겠다는 결심이었다. 히틀러는 정치논리를 이해하고 있었고, 직업 없이 살 수 있는 직업으로 간주했던 것이다. 그러므로 1919년 가을, 독일노동당에 입당한 사건 또한 이 같은 맥락에서 이해할 수 있으며, 그가 과거에 했던 모든 결정과 마찬가지로 이 결정도 시민사회를 거부하고 사회적 규범의 엄격함과 공동체의식으로부터 빠져나가려는 의도에서 이루어졌다.'

하지만 페스트가 설명하고 있는 것은 히틀러의 입당 동기를 부분적으로 밝혀줄 뿐이다. 당시 정보국에 몸담고 있었던 히틀러는 다른 사람들이 감히 접할 수 없는 정보를 알고 있었다. 사실 독일노동당의 배후에는, 소위 단골손님들의 모임이라고 할 수 있는 이 단체의 배후에는 막강한 정치적·사회적·재정적인 후견인이 있었던 것이다. 비밀결사대 형태의 툴레단이 바로 그 주인공이었는데, 이 단체는 바이에른에서 가장 영향력 있는 조직이었다. 그러니까 겉보기에는 하찮은 군소 정당에 불과했지만, 이 당을 뒤에서 조종하는 단체가 어떤 인물로 구성되어 있는지 히틀러가 몰랐을 리 없다.

　툴레단이 조직된 과정은 이러하다. 1912년 몇몇 독일의 신비주의자들은 극단적인 반유태주의를 내세우며 불가사의한 비밀결사대를 결성하기로 의견을 모았다. 이 비밀결사대는 '게르만 족 결사대'라고 불렸으며, 반유태주의 신문을 만들었던 테오도르 프리취, 인종차별주의자 구이도 폰 리스트와 헤르만 폴의 제자였던 필립 슈타우프가 단체를 만든 주요 멤버였다. 헤르만 폴이 이 결사대의 리더 역할을 떠맡았지만 3년 뒤에 그만두고 독자적으로 '성배를 숭배하는 게르만 족 결사대'를 만들었다. 이 비밀결사대는 일종의 프리메이슨 운동이나 장미십자단과 비슷한 성격을 띠면서 온갖 종류의 비밀스러운 의식을 올리기도 했다. 이들은 프리메이슨 운동뿐 아니라 마르크스주의와도 투쟁했으며, 무엇보다 유태인들을 극단적으로 혐오했다. 따라서 이 결사대에 가입하기 위해서는 순수 아리안 혈통이라는 사실을 증명해야 할 정도였다.

　폴은 1915년 루돌프 글라우어라는 작자를 포섭했는데, 이 묘령의 남자는 슐레지엔 태생의 모험가로 터키 여권을 가지고 있었다. 터키식 명상법인 수피(Sufi)에 몰두했을 뿐 아니라 천문학에 능했던 이자는 병적으로 유태인을 싫어했던 란츠 폰 리벤펠스와 구이도 폰 리스트의 추종자이기도 했다. 글라우어는 오스트리아의 한 귀족에게 입양되면서 자신의 이름을 루돌프 프라이헤어 폰 제보텐도르프라고 개명했다. 제보텐도르프는 원래 부자들이 사는 마을 이름으로, 그 또한 상당한 재산을 소유하고 있었지만 정확하게 아는 사람은 아무도 없었다. 그는 곧 바이에른 비밀결사대의 우두머리가 되었으며, 1918년 폴의 양해를 얻어서 새로운 단체인 툴레단을 만들기에 이른다.

이 단체는 북쪽 지방에서 선사시대 때부터 전설처럼 내려오는 단어인 '툴레'에서 이름을 따왔고, 꽃다발과 칼로 장식된 갈고리 모양의 십자가(나치스의 갈고리 십자 휘장 모양)를 상징으로 삼았다. 뮌헨의 법인명부에는 툴레단이 아니라 남들이 보기에도 전혀 이상하지 않은 '게르만 민족의 고대 전설을 연구하는 법인'으로 올렸다. 그리하여 이 단체는 겉으로는 고대 독일의 역사와 관습을 연구하는 데 헌신하는 문학적인 서클처럼 행세했다.

대내외적으로 두 가지 이름을 가지고 있듯이 툴레단의 활동 또한 은밀한 것과 공식적인 것으로 명확히 구분되어 있었다. 은밀한 활동을 벌이는 주인공이었던 핵심 단원들은 상대적으로 아주 소수로 한정되었으며, 통과의례를 거친 연금술의 대가들만이 비의(秘義)를 접할 특권을 향유했다. 아울러 이들은 진지한 태도로 신비롭고 마술 같은 의식을 올리는 것은 물론, 그들 사이에서만 통용되는 기호와 상징, 그리고 신비롭고도 밀교적인 교단만이 가진 주술적인 문구도 사용했다. 영국의 교단인 '골든 돈'과 서로 왕래하고 있었는데, 주로 접신론자(接神論者)였던 블라바츠키 부인과 당대에 악명을 떨치고 있던 마술사이자 모험가인 알라이스터 크로울리와 소통을 가졌다.

툴레단과 관련해서 정치적인 흥미를 유발하는 점은 바로 이 단체가 벌이는 공식적인 활동에서 찾아볼 수 있다. 뮌헨 한 곳에만 해도 250명의 단원이 단체에 가입되어 있었고, 바이에른 전 지방을 통괄하면 단원 수는 수천 명에 달했다. 게다가 단원들은 소위 말하는 특수층에 속하는 사람들로서 변호사, 박사, 대학교수, 고위 경찰관, 비텔스바흐 하우스 동네에 사는 귀족, 의사, 돈 많은 사업가들이 대부분을 차지하고 있었다. 예를 들어, 뮌헨에서 유명했던 호텔 '사계절'의 소유주 발터슈필 형제도 일원이었는데, 이런 까닭이었는지 툴레단의 사무실과 회의실은 이 호텔에 있었다.

전쟁이 막바지에 접어든 시점에서도 이 툴레단은 강경하게 범게르만 운동을 펼쳤다. 구체적으로 말한다면, 이 단체는 게르만 민족이라는 인종적 우월감을 인식하는 데 그치지 않고 강력한 힘을 지닌 위대한 독일 국가를 지향했던 것이다.

혁명이 끝나자 툴레단은 혁명을 반대하는 지하 단체의 본거지가 되었고, 이 단체의 회의실은 혁명과 인민공화국을 반대하는 저항지로 변해버렸다. 이들은 아주 조직적이고 체계적으로 활동했는데, 예를 들어 스파이망을 갖추고 있었으며, 암거래를 통해 무기까지 소지하고 있을 정도였다. 그런가 하면 증명서를 위조해서 뮌헨에 있는 반혁명파들을 의용군으로 만들기도 했다. 단원들 가운데 특히 적극적으로 활약했던 인물은 루돌프 헤스로, 장교로 제대하여 당시 대학생이었던 그를 전쟁터 동지가 제보텐도르프에게 소개해주었던 게 인연이 되어 툴레 단원이 된 것이었다.

이들은 선전 캠페인을 통해서 정치적인 이슈를 대중에게 알리는 방법을 썼다. 이럴 때면 전단지와 팸플릿이 수십만 장씩 뿌려지곤 했다.

물론 공산주의와 유태인들을 강력하게 반대하는 내용을 담은 전단이었다. 툴레단은 다른 보수적이고 국수적인 단체와 비교할 때 한 가지 차이점이 있었다. 즉, 이들은 노동자들을 손아귀에 넣기 위해서 최선을 다했다는 점이다. 툴레단의 판단에 따르면, 노동자들이 공산주의나 국제주의와 같은 이데올로기에 더 이상 빠져서는 안 되며 국가의 품안으로 다시 끌어들여야 한다는 것이었다. 이 같은 이데올로기를 주창하는 자들은 또한 툴레단이 가장 싫어했던 바로 그 유태인들이었다. 그리하여 이 단체는 언론인이었던 칼 하레에게 정치적인 성격을 띤 "노동자 단체'를 결성하라는 지시를 내렸다. 만약 보수적인 특수층 툴레 단원이 이런 일을 하게 된다면 노동자들이 외면할 게 뻔했기에 무난한 인물인 하레를 선택한 것이었다. 이 과제를 떠맡은 하레는 또 다른 사람을 끌어들였다. 이번에는 그야말로 노동자 출신이어야 했다. 여러 사람들을 물색한 끝에 하레는 이미 알고 지내던 안톤 드렉슬러를 선택했다. 공구 제작공이었던 안톤 드렉슬러는 반유태주의자인데다, 광신적인 애국자로, 바로 그가 찾던 적절한 인물이었다. 마침내 하레는 드렉슬러와 나란히 1919년 1월 '독일노동당'을 창당하게 된다.

　독일노동당은 툴레단이 배후에서 조종하여 설립된 수많은 단체 가운데 하나에 불과하다. 몇 가지 예를 들어보면, 뉘른베르크의 초등학교 교사였고, 나중에 히틀러와 손을 잡게 되는 율리우스 슈트라이허가 세운 '독일사회당'의 모체 역시 툴레단이었다. 나아가 이들은 극우파 성격을 띤 '의용군 오버랜드'를 설립하고 재정적인 지원을 했으며, 『뮌헨의 눈』이라는 신문을 발간했다. 이 신문은 훗날 『민중의 눈』이라는 이름으로 바뀌게 된다.

뮌헨을 점령하기 며칠 전 공산주의자들은 백색군을 이끌고 호텔 '사계절'에 있는 툴레단의 사무실을 급습하여 일곱 명의 단원들을 체포했다. 이들 가운데 백작부인 하일라 폰 베스타르프와 퇴위한 영주 구스타프 폰 투른 운트 탁시스도 포함되어 있었다. 4월 30일 체포되었던 사람들은 재판 없이 곧바로 슈바빙의 루이트폴트 고등학교 운동장에서 총살을 당했다. 그들은 잔인한 인민공화국 독재 체제가 저질렀던 학살 행위로 희생된 사람들 가운데 유일하게 민간인이었다. 이어서 일어났던 '백색' 테러에서는 수백 명의 사람들이 총살당하고 맞아죽기도 했다.

뮌헨에 공산주의 인민공화국이 정권을 잡고 있던 내내 툴레단은 뛰어난 정보망을 갖춘 사보타주 집단으로 적극적인 활동을 펼치면서 혁명 진압에 기여했다. 이런 점에서 볼 때, 백색 의용군의 지휘자였던 에프가 인민공화국 군대를 진압하고 툴레단의 본거지였던 호텔 '사계절'에 본부를 설치한 것도 놀라운 일은 아니었다.

노동당에 입당한 히틀러는 두 사람, 즉 하레와 드렉슬러와 정면으로 부딪힘으로써 정치적인 역량을 시험했다고 해도 과언이 아니다. 노동당의 핵심 위원으로 멋지게 출발한 히틀러는 독일노동당을 대중을 의식하며 적극적으로 투쟁하는 당으로 만들고 싶었지만, 두 사람은 주저하고만 있었다. 툴레단이 재정적인 지원을 하고 있었으나 재정 상태가 말이 아니었던 탓도 있었다. 하지만 무엇보다 두 사람을 포함한 독일노동당 간부들은 음모를 꾸미는 데는 탁월한 재주가 있었으나, 대중적인 당을 만들기 위해서 필요한 지식이나 준비는 부족했던 것이다. 답답한 심정으로 히틀러는 수차례에 걸쳐 공공 집회도 열고 전단지와 포스터도 만들었지만 별 성과가 없었다.

하지만 이런 지지부진한 대외 선전 활동은 1919년 히틀러가 후원자 디트리히 에카르트를 만나면서부터 급진전하게 된다. 물론 많은 히틀러 전기 작가들이 에카르트가 히틀러에게 끼친 영향력을 지나치게 과소평가했던 것은 사실이다. 그러나 에카르트와의 만남은 히틀러의 삶에 있어서 그 어떤 사람과의 만남과 비교할 수 없을 정도로 결정적인 사건이었다. 왜냐하면 에카르트야말로 히틀러를 변화시킨 장본인이었기 때문이다.

서른 살의 히틀러가 작가 에카르트를 만났을 때, 그는 이미 오십대의 나이였다. 중간 키에 뚱뚱하고 대머리였으며, 말투는 거칠고 보헤미안 기질을 가진 바이에른 사람이었던 에카르트는 보기 드물 정도로 박식한 데다 재력가이기도 했다. 당시 그는 『멋진 독일어로』라는 반유태주의 신문의 편집장이자 발행인이었다. 워낙 다재다능했으므로 연극 작품도 썼을 뿐만 아니라 상당히 괜찮은 『페르 귄트』 번역을 했고, 그럭저럭 봐줄 만한 시도 썼다. 작품 경향은 표현주의 색채가 강했으며, 작품 내용은 국수주의 성향을 강하게 띠고 있었다. 에카르트는 슈바빙에서 유명인사로 알려져 있었는데, 특히 오캄 가(街)에 있던 '브렌네젤' 와인집에서는 단골손님으로 대우받았다. 그는 일단 와인을 마시기 시작하면 그 자리에서 몇 병을 마시고도 취하지 않을 정도로 대단한 술의 고수이기도 했다.

에카르트는 술을 좋아하고 잘 마셨을 뿐만 아니라 마약도 복용하고 있었다. 여러 가지를 복용했지만 그 가운데 메스칼린(멕시코 선인장으로 만든 마약의 일종 – 옮긴이 주)의 주성분이자, 남아메리카에서 생산했던 사이코델리쿰 페이오테를 선호했다. 페이오테는 알라이스터 크로울리가 예술가들과 신비주의자들 사이에 널리 유포시켰던 마약이었다. 에카르트는 젊은 시절 베를린에서 언론인으로 일한 적이 있었는데, 이때 마약중독으로 한동안 정신병원에 입원하기도 했었다. 그는 이곳에서조차 프랑스의 사드처럼 연극 작품을 상연한 괴짜이기도 했다.

에카르트는 너무나 특이해서 아무리 설명을 해도 어차피 피상적인 접근에 불과할 정도이다. 히틀러와의 관계를 고려해볼 때 무엇보다 그의 신비주의 사상을 언급하지 않을 수 없다. 한마디로 그는 마술을 믿는 골수 신비주의자였다. 까다로운 통과 절차를 거친 뒤 그는 정식으로 툴레단의 핵심 단원이 되었고, 그외에 다른 신비주의적 성향을 띤 단체에도 가입해 있었다. 처음에는 장미십자단과 프리메이슨 운동에 참여했으나, 나중에 인종주의자가 되면서 프리메이슨에서 탈퇴하고 말았다. 이 단체가 국제주의를 주창했기 때문이었다. 시간이 흐르면서 에카르트는 게르만 족의 우월성을 주장하는 단체야말로 자신의 성향에 가장 적합하다는 생각을 하게 되었다.

여기에서 툴레단의 핵심층이며 내부 조직이라 할 수 있는 사람들의 특징을 한번 요약해보기로 하겠다: 북쪽 지방에서 전설로 내려오던 섬 툴레는 아틀란티스처럼 수준 높은 문화를 꽃피웠다가 어느 날 사라져 버린 문명의 중심지라고 할 수 있다. 사라졌다고는 하지만 이 문명의 비밀이 전부 사라진 것은 아니었다. 옛날부터 소수의 현자들이 그들의 유산을 대대로 전하고 있었기 때문이다(소위 접신교나 '백색단'의 교주 또는 수장이 전수자 역할을 하고 있었다). 하지만 툴레단 가운데 은밀한 활동을 벌이는 핵심 단원들만이 마술과 신비로운 방법을 통해서 바로 이 같은 비밀을 접할 수 있었고, 이들 중 가장 출중한 인물인 수장이 태곳적부터 내려오는 힘과 에너지를 각각의 핵심 단원들에게 전수해줄 수 있다고 믿었다. 이렇게 전수받은 에너지로 툴레단의 핵심 단원들은 그들이 원하는 소위 '초인'을 창조하는 것이 최종 목표였다. 구체적으로 말한다면, 그들은 소수 인종을 모두 멸종시키고 순수한 아리안 족 혈통만을 이어받은 우수한 인간을 만들 계획에 사로잡혀 있었다.

언뜻 보기에도 이 '아리안 독트린'은 황당하기 짝이 없다. 그러니 툴레단이 행했던 의식은 두말할 나위가 없을 것이다.

의식을 이해하기 위해서는 우선 마술이라는 것의 정체부터 알 필요가 있다. 세간에서 널리 행해지던 '마술'이란 사람들에게 고작 마녀가 등장하는 어린 시절의 동화 정도로만 여겨졌다. 그런데 신비주의에서 벌이는 마술은 아주 색다른 의미가 있었다. 심리학자 칼 융은 "마술적이란 표현은 심리적이라는 말과 동일하다"라고 말했다. 따라서 마술 또는 마법이란 인간에게 잠재되어 있는 심리이며, 이를 의도적으로 활용하는 것이 마술이라는 뜻일 게다. 대부분의 사람들은 자신이 가지고 있는 에너지를 의식적으로 통제하면서 사용할 능력을 잃었고, 다만 무의식적으로 흥분하거나 반응함으로써 다소나마 체험할 따름이다. 그래서 특수한 방법을 동원하지 않는 이상 심리적 에너지를 인간의 의식으로 불러들일 수 없게 된다. 이처럼 잠재되어 있는 심리적 에너지를 의도적으로 이용할 수 있도록 하기 위해 마술이라는 것이 필요하게 된다. 이때 마술에서 사용하는 특수한 기술이 바로 의식(儀式)이다. 모든 마술적인 의식은 기본적으로 동일한 원칙을 바탕으로 하고 있다. 의식을 거행하는 이유는, 참여한 사람들의 감각—즉 보고, 듣고, 냄새맡고, 맛을 보고, 느끼는 감각—을 총동원시켜서 정신을 집중하는 데 있다. 간단하게 말하면, 마술적인 의식이 지향하는 바는 인간 의식의 확장이며, 이 같은 상태에서만이 사람들은 일반적인 한계를 뛰어넘게 된다. 소위 마술에서 대가라고 불리는 사람들이 심리적인 에너지의 원칙과 법칙을 이해하게 되면, 이 같은 에너지를 언제라도 불러들일 수 있게 되고, 반대로 원할 때 이 에너지를 상대방에게 투입하는 것도 가능하게 된다.

다른 신비주의자들과 마찬가지로, 툴레단의 내부 조직을 구성하는 단원들은 힌두교로부터 유래한 쿤달리니 에너지를 다루는 연습을 통해서 또는 집중력 훈련으로 원하는 상태에 도달할 수 있었다. 빛, 색채, 원, 삼각형, 상징, 향기가 등장하는 의식 행위는 모든 마술에서처럼 이 그룹에서도 집중을 돕기 위해 사용된 수단이었을 뿐이다(당시 부엌에서 하는 마술이 유행했는데, 이 의식은 순전히 장식적인 효과로 타락하고 말았다).

융의 말을 빌리면, 마술이란 원래 그 자체로써 신비한 요소를 포함하고 있는 것은 아니라고 한다. 그러므로 융은 마술을 인간 속에 내재한 에너지를 상승시키거나 의식을 확장하는 데 사용하는 특수한 심리적 기술로 이해했다. 마술이 좋은 것이냐 나쁜 것이냐, 다른 말로 하면 흰색이냐 검은색이냐, 라는 문제는 오로지 마술을 사용하는 목적에 달려 있다고 해도 과언이 아니다. 따라서 '좋은 마술'은 다른 사람을 해치지 않고 자아발견 또는 자기만족을 추구하는 마술이라고 할 수 있다. 반면, 다른 사람을 종속시키거나 물질적인 이득을 우선적으로 생각하면서 행하는 마술은 '나쁜 마술'이라 부를 수 있다. 이렇게 볼 때, 툴레단에서 벌인 마술은 검은 마술, 즉 '나쁜 마술'에 해당된다.

툴레 단원의 소개로 알게 된 에카르트를 통해서 히틀러는 신비주의에 입문하게 된다. 그는 엄청난 잠재력을 지닌 마술을 에카르트로 인해 처음으로 접하게 되었고, 이 힘을 형성해낼 수 있다는 사실도 발견하게 되었다. 에카르트로부터 모종의 기술을 터득한 이후로 히틀러는 대중들 앞에서 그야말로 놀라울 정도의 자질을 발휘하기 시작했다. 실패한 화가이자 제대한 병장이었고, 군부대의 상관들이 '부족한 지도력' 때문에 하사관으로조차도 진급시켜주지 않았던 그가 아니었던가? 이런 히틀러가 탁월한 조직가로, 선동가로 탈바꿈하게 되었던 것이다. 그는 술집 구석방에 죽치고 앉아 이런저런 토론으로 시간을 소비하는 사람들을 이끌어 대중 앞에 나서게 했다. 흥분해서 떠들어대기만 하던 연설가가 이제는 명실상부하게 청중을 사로잡는 웅변가로 변신하게 된 것이다.

히틀러가 최초로 대중 앞에서 연설한 내용은 흥미롭게도 당시 경찰 보고서에 기록되어 있는데, 그가 너무 흥분해서 연설하는 바람에 청중들은 무슨 말을 하는지 도무지 이해할 수 없었다고 적혀 있다. 이로부터 얼마 후, 뛰어난 웅변가로 변신한 히틀러는 청중들을 단번에 사로잡는 쾌거를 올렸다. 많은 청중들은 그의 연설을 듣노라면 강한 힘이 그들의 온몸을 뚫고 들어오는 느낌을 받았다는 말을 하기도 했고, 별다른 기대조차 하지 않고 연설장에 참석했던 교양 있고 침착한 지식인들조차도 연설을 듣고 난 뒤에는 입에 침이 마를 정도로 칭찬을 아끼지 않았다고 한다. 앨런 블록은 히틀러를 '최면술사의 마력'을 지녔다고까지 표현했는데, 이는 과장이 아니었던 것 같다. 심지어 히틀러를 적대시하던 사람들도 그의 연설을 듣고 나면 추종자로 변할 정도라고 했으니 말이다. 그러다보니 당에서 차지하는 그의 위치도 당연히 올라갈 수밖에 없었다. 마침내 히틀러는 하레를 물러나게 했으며, 공식적인 당수였던 드렉슬러를 주변 인물로 쫓아버렸다. 그런 다음 히틀러는 당의 요직을 툴레단이나 국방부 출신의 친구들로 채워나갔고, 1920년 여름에는 당의 이름도 바꾸어버렸다. 이름하여 '민족사회주의 독일노동당(NSDAP)'이었다. '독일노동당(DAP)'이라는 당명은 보수적인 국수주의자들에게 그렇게 어필하는 이름이 아니라고 당원들을 설득하는 데 성공했던 것이다. 이렇게 하여 히틀러는 당을 지지하는 층을 확대시키려고 했는데, 말하자면 프롤레타리아 층뿐 아니라 국수주의자들도 끌어들이려는 의도에서 취한 결정이었다.

당명을 바꾼 뒤 히틀러는 곧장 당기(黨旗)를 만들어야 한다는 제안을 했다. 즉, 대중의 마음을 사로잡기 위해서는 당을 돋보이게 할 멋들어진 상징이 필요하다는 얘기였다. 이에 따라 수많은 도안들이 제출되었고, 이 가운데 크론 박사가 제시한 툴레단의 깃발이 선택되었다. 빨간색 천은 사회주의를 상징했으며 중간의 흰 원은 민족주의를, 흰색 원

속에 그려진 검은색 갈고리 모양의 십자가는 아리안 족의 승리를 의미했다(여기서 주의해야 할 것은, 갈고리 모양의 십자가는 결코 인도게르만 어족을 상징하는 것이 아니라는 점이다. 티베트 같은 몽골족이나 북아프리카와 남아프리카의 인디언들도 이 모양을 사용했다는 증거가 있다).

크론 박사의 도안 가운데 예외적으로 히틀러가 변경한 부분이 한 군데 있다. 원래 크론이 도안한 갈고리 모양의 십자가는 오른쪽 방향으로 돌아가고 있었지만, 히틀러가 왼쪽 방향으로 돌리게 하자고 고집을 부려서 결국 방향이 바뀌게 되었다. 갈고리 모양의 십자가 방향은 대수롭지 않은 것 같지만, 사실 신비주의자들에게는 극단적인 두 세계를 의미했다. 오른쪽 방향은 빛, 좋은 마술, 창조력을 뜻했으며, 왼쪽 방향은 암흑, 나쁜 마술, 파괴를 상징했다. 히틀러의 선택은 바로 후자였다.

1923년 에카르트가 사망하기 직전 그는 한 친구에게 이런 편지를 보냈다: '히틀러를 따르게나! 그는 춤을 출 것일세. 물론 내가 만든 멜로디에 맞춰서 말이지. 우리는 그에게 방법을 전수했네. 내가 죽더라도 슬퍼하지 말게나. 나는 역사상 그 어떤 독일인들보다 역사에 막대한 영향을 끼친 인물이 될 테니.'

신비주의가 히틀러에게 끼친 영향력을 과소평가한다면 두말할 나위 없이 큰 실수를 범하는 것이다. 훗날 그는 프리메이슨 운동이나 신비주의 운동, 접신교와 인지학(人智學), 마틸다 루덴도르프가 벌인 바보 같은 짓을 비방하기는 했다. 그러나 이 같은 태도는 반감에서 비롯된 것이 아니라 오히려 방어막이라고 표현하는 게 맞을 것이다. 만약 자신이 신비주의에 관심을 갖고 있다는 사실이 대중에게 알려지면 정치적인 생명도 끝날 것이며, 비웃음까지 사게 되리라는 점을 히틀러는 누구보다 잘 알고 있었기 때문이었다. 헤르만 라우시닝은 한때 이렇게 말했다. "나치즘의 가장 깊은 뿌리는 비밀스러운 장소에 숨어 있다."

　나치즘이라는 이데올로기는 마르크스주의처럼 냉철한 경제적·사회적 분석에 기초를 둔 것이 아니라, 블라바츠키 부인, 휴스턴 스튜어트 챔벌레인, 구이도 폰 리스트, 란츠 폰 리벤펠스와 테오도르 프리취 같은 신비주의자들의 저서에서 풍기는 경향들을 토대로 하고 있다. 앞서 말했듯이, 비록 히틀러가 드러내놓고 신비주의자들을 조롱거리로 삼았던 것은 사실이지만, 자신에게 신비주의를 전수한 선생 에카르트에게 『나의 투쟁』을 헌정하고 있다는 사실을 주목해야 할 것이다. 그런가 하면 히틀러는 에카르트를 '세례자 요한'이라고 부른 적도 있었다. 에카르트 자신도 툴레단의 내부 조직에 속하는 단원들에게 이렇게 말했다고 한다. "히틀러는 바로 내가 예언했던 자이며, 나의 후계자이다."

6
돈이 굴러들어오기 시작하다

1920년 4월 1일 히틀러는 밀려 있던 봉급을 한꺼번에 받고 공식적으로 군에서 제대했다. 물론 처음에는 망설였다. 정보국에서 근무하면 그는 자유롭게 활동할 수 있는 데다 시간도 많았으며, 부대에서 무료 숙박 시설도 제공받았고, 그럭저럭 괜찮은 월급까지 받았기 때문이었다. 하지만 디트리히 에카르트가 지금이야말로 당에 혼신을 바쳐서 일해야 하는 시기라고 설득하자, 이에 히틀러도 동의했던 것이다.

제대를 한 뒤 히틀러는 주로 뮌헨의 소시민들이 거주하는 곳인 레엘 구역에 가구 딸린 방 하나를 얻었다. 티어쉬 가(街) 41번지에 있는 라이헤르트 부인의 집이었다.

에른스트 푸치 한프슈텡글은 당시 히틀러의 집을 매우 자세하게 묘사하고 있다: "방은 약간 작고 가구도 별로 없었지만 아주 깔끔했다. 바닥에는 카펫처럼 보이는 싸구려 리놀륨 장판이 깔려 있었고, 침대가 있던 맞은편 벽에는 의자와 책상, 그리고 판자로 만든 책장이 있었는데, 여기에는 물론 히틀러가 가장 좋아하는 책들이 꽂혀 있었다."

한프슈텡글은 무슨 책이 꽂혀 있었는지도 기억하고 있었다. 책장의 제일 위에는 비싼 견본용 책들이 차지하고 있었는데, 주로 역사와 전기였다고 한다. 다음으로 어떤 책이 있었는지 그의 글을 인용해보자: "책장 밑으로 내려갈수록 책들은 전투적인 주제에서 갑자기 사랑으로 테마가 옮겨진다. 히틀러의 내밀한 문학적 취향을 알고 싶으면 아래 칸에 꽂혀 있는 대중소설과 추리소설을 양쪽으로 젖히면 된다. 눈에 띄지 않게 잘 숨겨둔 책들은 다름이 아니라 재능 있는 유태인 작가 에두아르드 푹스의 작품들이다. 상당히 낡은 책들이었다.『아리아 인들의 감각을 독살시키기』,『에로틱 기술의 역사』, 그리고 다분히 시험적인 작품이면서 내용이 다양하고 풍부한『그림이 든 풍속사』가 있었다."

집주인 라이헤르트 부인의 눈에는 히틀러보다 더 좋은 세입자가 없었다. 그녀는 "히틀러 씨는 정말 멋진 사람이었어요. 집세도 정확하게 지불했으니까요. 우리 같은 집주인들이야 집세만 잘 준다면 괴팍하든 말든 별로 상관하지 않죠"라고 말했다.

당시 히틀러는 수수한 복장을 하고 다녔는데, 암갈색 양복에는 몇 군데 수프 자국이 있었고, 길고 검은색 외투에 테가 넓은 검은색 소프트 모자를 쓰고 다녔다. 그러나 항상 이런 복장을 하고 다닌 것은 아니었다. 히틀러는 자주 괴상한 복장을 하고 다니기도 했던 것 같다. 한 목격자에 따르면, 한 번은 보라색 와이셔츠에 파란색 양복을 입고, 거기에 갈색 조끼와 빨간색 넥타이를 매고 다녔다니 더 이상 할 말이 없다. 페퍼 폰 살로몬이 히틀러를 처음 만났을 때도 장난이 아니었다. 나중에 나치스 돌격대의 최고 지도자가 되는 살로몬 앞에 나타난 히틀러는 아주 낡은 모닝코트에 노란색 가죽장화를 신고 배낭을 짊어진 차림새였다. 이 모습을 본 페퍼는 너무 놀라서 통성명을 하는 것도 잊어버렸을 정도라고 한다.

히틀러는 대부분의 시간을 슈테른에커브로이스 술집 구석방에 마련된 당 회의실에서 보냈다. 그리고 저녁이 되면 당원들 가운데 핵심 간부와 빅투알리엔 시장 옆에 있던 노이마이어 커피숍에서 만나곤 했다.

다른 당 간부들과는 달리 히틀러는 당으로부터 월급을 받지 않았다. 아직 당수도 아니었고, 또한 월급을 받는 간부가 되면 어쩔 수 없이 당수의 지시에 따라야 되는데, 이것 또한 거추장스러운 일이었다. 히틀러는 물론 에카르트도 그와 같은 것을 허락하지 않았던 것이다.

그렇다면 히틀러는 어떻게 먹고 살았던 것일까? 우직한 당원들도 이 점이 궁금해서 쑥덕거리곤 했다. 히틀러가 경찰에 신고한 서류에는 직업란에 화가로 기록되어 있었지만, 그는 그림을 그리지도 않았으며 팔지도 않았다. 그럼에도 불구하고 그의 주머니에 항상 돈이 있었으니 사람들의 궁금증을 불러일으킬 만도 했다.

알고 보면 히틀러는 여러 형태의 수입원이 있었다. 우선 그는 퇴직할 때 군 정보국으로부터 퇴직금을 받았을 것이다. 당시 독일제국 국방부의 언론과 선전을 담당했던 룀 중대장이 일정한 금액은 아니었지만 총사령관의 비밀 구좌에서 수차에 걸쳐 히틀러에게 돈을 부쳐준 증거가 남아 있다. 그 다음으로는 연설을 통한 소득을 들 수 있다. 히틀러는 입장료와 헌금액의 수준에 따라서 사례금을 받았다. 물론, 몸담고 있던 민족사회주의 독일노동당을 제외한 단체로부터 의뢰를 받았을 경우에 해당되었다. 당시 독일사회당은 독자적인 당이었는데, 한 번은 뉘른베르크에서 열린 군중 집회에 히틀러를 초대한 적이 있었다. 연설을 마친 뒤 율리우스 슈트라이허가 예의상 건네주었던 돈 봉투를 받고 히틀러는 상당히 화를 냈다. 600마르크밖에 들어 있지 않았던 것이다. 두 사람은 언성을 높이며 싸움을 했고, 결국 1,000마르크에 낙착을 보게 되었다. 1920년 당시에는 전쟁 전에 비해서 마르크가 1/5의 가치밖에 없었지만, 그래도 1,000마르크라는 돈은 결코 푼돈이 아니었다.

이뿐만이 아니었다. 부자였던 디트리히 에카르트는 재정적으로 히틀러를 든든하게 받쳐주고 있었다. 사소하게는 매달 커피숍에서 히틀러가 마신 커피값을 지불해주는가 하면, 현금을 그의 주머니에 찔러주기도 했고, 저녁에는 호텔 '사계절'과 같은 비싼 레스토랑에 초대하여 식사를 같이 하곤 했다.

에카르트는 히틀러의 외모에도 세심하게 신경을 써주었다. 한 번은 히틀러가 검은색 외투를 입고 테가 넓은 검은색 소프트 모자를 쓰고 있자 유태인처럼 보인다고 핀잔을 주면서, 트렌치코트(아리안계 영국 장교들이 입는 전형적인 옷)와 비로드로 만든 회색 모자를 사주었다. 20년대 히틀러가 늘 지니고 다녔던 회초리 또한 에카르트의 아이디어였다. 툴레 단원이었으며 친하게 지냈던 젊은 루돌프 헤스도 히틀러의 복장에 관심이 많아서 높은 칼라가 있는 셔츠는 고풍스럽고 딱딱한 인상을 주는 탓에 미국식의 부드러운 셔츠를 입으라고 권하기도 했다.

이런 일들은 에카르트가 야망 있는 제자 히틀러에게 해주었던 일 가운데 사소한 배려에 불과했다. 무엇보다 에카르트는 히틀러를 노이마

이어 커피숍과 같은 곰팡이 냄새가 물씬 풍기는 곳에서부터 끌어내어
부유한 계층으로 인도한 사람이었다. 히틀러가 부유층의 세계로 첫발
을 내디딘 것은 병장으로 있으면서 마이어 중대장의 정보국에 근무하
던 시절이었으나 그때와는 차원이 달랐다.

1920년 3월 13일, 베를린에 있던 보수 세력이 쿠데타를 감행했다. 선
두에 선 사람은 동부 프로이센 지방의 총사령관이었던 칼 캅으로, 그는
제국의 수상에 추대되었다. 이 쿠데타를 군사적으로 지원한 것은 의용
해군여단을 이끄는 에르하르트였다. 쿠데타가 일어나자 제국 대통령이
었던 에베르트와 정부는 먼저 드레스덴으로 도망갔다가, 후에 슈투트
가르트로 도주했다. 하지만 쿠데타는 시민들로부터 호응을 얻지 못했
다. 심지어 사회민주당은 사회 전반에 걸쳐 이를 반대하는 스트라이크
를 외쳤다. 그러자 며칠 후 쿠데타를 이끈 군대는 해산되고 말았다.

뮌헨에서도 쿠데타의 조짐이 있었다. 비텔스바흐에 살고 있던 왕가
를 추종하는 보수 세력은 자체적으로 쿠데타를 일으키기 위해서 베를
린의 소용돌이를 십분 이용하였다. 요하네스 호프만이 이끌던 사회민
주당 정부는 퇴각하라는 최후통첩을 받은 상태였고, 보수적인 왕권주
의자 구스타프 폰 카르가 쿠데타 군을 지휘했다.

베를린의 쿠데타 군과 손을 잡기 위해서 뮌헨에서 두 사람이 베를린
으로 파견되었는데, 바로 에카르트와 히틀러였다. 히틀러의 지인이었
던 마이어와 룀이 그를 추천했던 것이다. 두 사람은 군에서 내어준 비
행기에 올라탔지만, 비행기는 악천우 속을 헤매면서 베를린으로부터
서남쪽으로 70킬로미터나 떨어진 위테르보크에 임시 착륙할 수밖에

없었다. 기차는 다니지 않았고, 베를린으로 가는 도로는 모두 노동자들이 막아놓은 상태였다. 두 명의 밀사들은 소규모 비행장이었던 위테르보크에서 당시 베를린 정부의 공무원으로부터 심문을 받게 되었다. 만일 이들이 솔직하게 털어놓았더라면 분명 그 자리에서 총살을 당했을 것이다. 에카르트는 자신을 뮌헨에 사는 상인이라고 소개하면서 급한 일이 있어 베를린에 왔으며, 히틀러는 회계원이라고 능수능란하게 거짓말을 했다. 베를린 공무원들은 장황하게 떠들고 난 뒤 두 사람을 다시 보내주었다. 에카르트와 히틀러는 정확하게 캅이 이끌던 쿠데타 정부가 쿠데타를 일으킨 지 5일 후, 즉 퇴각했을 때 베를린에 도착하게 되었다.

에카르트는 베를린에서도 거물급 인사들을 많이 알고 있었다. 그는 히틀러를 기관차를 생산하는 보르지히를 비롯해서 몇몇 대기업가들에게 소개를 했을 뿐 아니라, 에리히 폰 루덴도르프 장군을 사귀는 데도 다리 역할을 해주었다. 폰 루덴도르프는 세계대전시 두 번째 서열에 있던 장군으로, 당시에는 우파적 성격을 띤 애국주의 단체에서 주도적인 역할을 하던 사람이었다. 장군은 히틀러를 만나자 친절하게 악수를 한 뒤 대화를 나누었는데, 히틀러는 그야말로 존경심이 넘쳐흐를 지경이었다. 당시 히틀러는 개인적으로 사람을 만나면 서투르기 짝이 없었으며 비굴하게 굴기도 했다. 한 목격자에 따르면, 히틀러는 거의 한마디도 하지 않았고, 연방 허리를 굽신거리며 장군이 하는 말끝마다 "알아모시겠습니다, 각하, 그럼요, 각하의 말씀이 지당하십니다!"라며 엉덩이를 들썩거리기만 했다고 전해진다.

헬레네 베흐슈타인 부인과 알게 된 사연도 흥미롭다. 그녀는 피아노 공장을 하던 칼 베흐슈타인의 아내였다. 이 부부는 1870년대부터 내려오는 시내의 유서 깊은 집에 살고 있었다. 집 전체는 온갖 장식품으로 가득했고, 베흐슈타인 부인도 목과 팔을 앵두만한 크기의 다이아몬드로 장식하고 있었다. 히틀러는 부인을 만나자 최대한 사랑스러운 미소를 지으면서 부인의 손에 정중하게 키스를 했다. 이기적이라고 소문이 나 있던 베흐슈타인 부인이었지만 어쩐지 수줍어하는 서른 살의 청년 히틀러가 마음에 들었다.

대화가 시작되면서 정치에 관한 테마가 등장하자, 조용하게 앉아 있던 히틀러가 입을 열었다. 그는 더 이상 수줍어하지도, 말을 더듬거리지도 않았다. 히틀러의 유창한 언변에 완전히 반해버린 베흐슈타인 부인은 이때부터 히틀러를 가장 추종하는 인물이 되고 말았다. 베흐슈타인 부인이 열성적인 추종자가 됨으로써 히틀러는 앞으로 부유층과 교제를 하는 데 있어서 확실한 물꼬를 튼 셈이라고 할 수 있다.

이로부터 얼마 후 베흐슈타인 부부는 자주 뮌헨에 들렀고, 그때마다 '바이에른 호프' 호텔의 초호화 특실에 머무르곤 했다. 남편인 칼 베흐슈타인은 히틀러에게 어느 정도 거리를 두었으나, 아내 헬레네는 성공을 꿈꾸는 정치 지망생 히틀러에게 아낌없이 희생하고 싶은 어머니 같은 여자 친구였다. 한 번은 정말 어머니가 되려고 한 적도 있었다. 그녀는 부모가 없는 히틀러를 양자로 입양할 생각으로 남편과 의논해보았으나 남편의 반대로 포기할 수밖에 없었다. 남편은 지나칠 정도로 히틀러를 숭배하는 아내가 자못 못마땅했기 때문이었다.

그러자 헬레네는 재정적으로 막강한 지원을 하기 시작했는데, 히틀러가 몸담고 있던 정당뿐만 아니라 사적으로 필요한 돈까지 대주는 데 주저하지 않았다. 뮌헨의 쿠데타가 실패로 끝난 뒤 1924년 4월 히틀러의 재판이 열렸을 때, 그녀는 법정에서 이렇게 진술했다: "저의 남편은 '민족사회주의 독일노동당(NSDAP)'에 자금을 대주었고, 저도 히틀러 씨에게 상당한 금액을 지원했습니다. 물론 돈뿐만은 아니었어요. 말하자면 예술품을 건네주면서, 돈이 필요하면 팔아서 쓰라고 했습니다. 엄청나게 비싼 작품들이었죠."

베흐슈타인 부부는 뮌헨에 올 때마다 히틀러를 호텔의 초호화 특실에서 마련한 저녁 식사에 초대했다. 이때를 회상하며 히틀러는 나중에 에른스트 푸치 한프슈텡글에게 이런 얘기도 해주었다: "내가 평범한 파란색 양복을 입고 가면 정말 당황스러웠지. 그곳에는 하인들조차 제복 차림이었고, 우리는 식사 전에 샴페인을 마셨었지. 지금 생각해도 정말 으리으리했어. 욕실에 있는 수도꼭지조차 금으로 도금이 되어 있었고, 목욕물의 온도도 자동으로 조절할 수 있을 정도로 말이지." 하루는 베흐슈타인 부인이 히틀러의 옷을 못마땅하게 생각하고 돈봉투를 건네주며 스모킹 한 벌과 빳빳한 셔츠, 그리고 윤이 반질거리는 가죽구두를 사라고 당부했다. 부유층 인사들에게 좋은 인상을 심어줘야 할 만큼 그가 이제 중요한 정치가가 되었다는 뜻도 은근히 암시하면서 말이다. 에나멜 가죽구두를 구입한 히틀러는 외출할 때마다 그 신발을 신고 다녔는데, 이를 지켜본 에카르트는 그에게 주의를 주었다. 그런 신발은 파티장에 갈 때나 어울리지 군중집회나 가난한 노동자들을 만날 때는 전혀 어울리지 않는 신발이니까 조심하라는 얘기였다. 노동자당의 간부가 값비싼 신발을 신고 다녀서 위화감을 조성할 필요가 없다는 그의 지적은 일리있는 말이었다.

히틀러와 에카르트가 다시 뮌헨으로 돌아왔을 때, 에카르트는 사랑하는 제자 히틀러를 유명한 출판사 사장인 휴고 브루크만에게 데리고 갔다. 그의 출판사는 예술 관련 서적으로 유명했는데, 리하르트 바그너의 사위였던 파시스트 작가 휴스턴 스튜어트 챔벌레인의 작품을 출판하기도 했다. 브루크만 집에 들른 히틀러는 금세 여주인 엘자의 눈에 들었다. 그녀는 루마니아 출신 공주로, 막강한 재산가였던 만큼 나중에 히틀러에게 금전적으로 큰 도움을 주게 된다. 그녀는 소유욕과 질투심이 강한 여자로 소문이 나 있었다. 히틀러의 말을 빌려보자: "어느 날 나는 브루크만 씨 댁에서 약간 민망한 일을 겪었다. 한 번은 브루크만 부인이 나와 뮌헨에 살고 있는 한 아름다운 여자를 초대한 적이 있었다. 그런데 그녀가 나에게 호감을 가지고 있다는 걸 눈치챈 브루크만 부인은 그녀를 두 번 다시 초대하지 않았다."

곧 히틀러는 뮌헨의 재벌들이 들락거리는 살롱에서 유명인사가 되었다. 어느 정도 나이가 든 여자들은 예외 없이 브루크만 부인처럼 히틀러를 추종했다. 히틀러는 대부분 안주인들에게 커다란 꽃다발을 바치면서 그야말로 정중하게 허리를 굽혀 손에 키스를 하곤 했다. 게다가 여자와 얘기를 할 때면 목소리까지 변했다. 보통 때는 강한 인상을 풍기는 그의 어감은 이때가 되면 갑자기 멜로디가 풍부한 빈 사람의 말투가 되었던 것이다. 여자들과 얘기를 나눌 때면 오로지 그 여자에게만 정신을 집중하고 있는 듯한 느낌이 들게 만들었다. 그래서 히틀러가 상당히 거칠고 투박한 남자라는 선입관을 가지고 있던 여자들도 일단 그와 대화를 나누고 나면 정말 매혹적인 남자라고 생각하게 되었다. 브루크만 부인도 "그와 있으면 완전히 녹아들고 말죠. 아마 저는 그를 위해서라면 무엇이든 했을 겁니다"라고 고백할 정도였으니 다른 부인들도 이런 심정이었을 게 분명하다.

당시 뮌헨에서는 손님들을 야외로 초대하여 급진파 정치가를 소개하는 행사가 부유층 인사들 사이에 유행하고 있었다. 히틀러는 이 같은 경향을 십분 이용해서 의복에서부터 제스처와 말투에 이르기까지 아웃사이더 정치가의 이미지를 만들어갔다. 이 당시의 히틀러를 지켜보았던 역사학자 칼 알렉산더 폰 뮐러의 글을 인용해보자: '초인종이 울릴 때 우리는 살롱에 앉아 있었습니다. 문이 열리자 히틀러가 들어왔죠. 좁은 복도를 걸어오면서 그는 여주인에게 그야말로 친절하다못해 비굴하게 보일 정도로 인사를 하더군요. 그런 뒤 그는 회초리, 비로드 모자와 트렌치코트를 벗고, 마지막으로 권총을 찬 혁대를 풀어서 옷걸이에 걸었습니다. 그 모습은 참으로 특이해서 칼 메이가 기억나더군요. 당시 거기 앉아 있던 우리 모두는 히틀러의 복장과 태도가 원래 그러려니 했지 의도적이리라고는 꿈에도 생각 못 했답니다.'

때때로 히틀러가 다혈질적인 행동을 보여주기도 했는데, 이 또한 의도적이었던 것 같다. 한 번은—목격자의 말을 빌리자면—히틀러가 조용하게 얘기를 하고 있다가, 여주인이 유태인에 관해서 긍정적인 의견을 말했을 때였다고 한다: "히틀러는 주변 사람들은 아랑곳하지 않고 목에 힘줄이 보일 정도로 열변을 토하기 시작하더니 좀처럼 입을 다물 생각을 안 하더군요. 그런데 잠시 후 우리는 뜻하지 않은 그의 행동에 어안이 벙벙해졌어요. 그러니까, 히틀러가 갑자기 자리에서 벌떡 일어나더니 의자를 뒤로 밀치고는 그 자리에서 풀쩍풀쩍 뛰며 고함을 지르는 거예요. 정말 무시무시한 목소리였죠. 그러자 옆방에서 자고 있던 아이가 깨어나서 울기 시작했습니다. 순간 히틀러는 애 울음소리에 하던 말을 중단하고 여주인께 다가가서 용서를 빌더군요. 그리고는 그녀의 손에 입을 맞춘 뒤, 다른 손님들에게는 인사조차 하지 않고 쏜살같이 집을 나가버렸습니다."

당과 자신을 위해 돈을 끌어모으는 데 있어서 히틀러는 비상한 재주를 발휘했다. 그에게 현금을 건네주는 사람은 영수증도 요구하지 않았을 뿐더러 히틀러 또한 줄 생각도 하지 않았다. 한 번은 자금 제공자가 그런 뜻을 어렴풋이 비치자, 히틀러는 당에서 만든 책자를 한 권 건네주기만 했다. 말하자면, 당의 자금을 운영하는 일은 오로지 히틀러의 손에서 놀아나는 셈이었다. 가끔 당원이 생활비를 어떻게 마련하는지 물으면 히틀러는 드러내놓고 언짢은 표정을 짓곤 했다. 그는 특정한 직업 없이도 살아가는 몇 안 되는 당 간부 중 한 사람이었기 때문이었다. 당수 안톤 드렉슬러조차도 생계유지를 위해서 낮에는 철도청에 근무할 정도였고, 다른 간부들도 뭔가 일을 해야만 먹고 살 수 있었으니까 말이다. 월수입이 어느 정도 되느냐는 질문이 등장할 때마다 히틀러는 자신은 당을 위해서 건강까지 희생하고 있으며, 몇 주씩 사과로만 버티기도 하고, 그렇지 않으면 동네에서 구멍가게를 하는 여주인이 빵이나 잼을 가져와 그것으로 연명한다고 말하면서 상대방의 입을 막아버리곤 했다.

부자들만 히틀러에게 돈을 바친 것은 아니었다. 소시민에 속하는 열성 당원들도 당 자금으로 잘살고 있는 선전 책임자 히틀러를 성의껏 도와주었다. 한 예로, 일주일에 최소한 두 번 정도 히틀러는 호텔 '레기나' 근처에서 지물상을 하고 있던 디스틀 씨를 찾아가곤 했는데, 그는 매번 히틀러를 위해서 적은 돈이지만 내놓곤 했던 것이다.

1920년 가을이 되자 히틀러는 자동차를 구입할 생각이었다. 그래서 시간이 날 때마다 중고차를 구경하던 중, 노이마이어 커피숍에서 매주 월요일마다 열리는 당 정규 모임에 참석한 히틀러는 자동차의 필요성을 언급했다. 집회에 늦지 않고 도착하기 위해서도 그러려니와, 자동차는 그에게는 물론이고 당의 위신에도 긍정적인 작용을 할 것이며, 도보로 또는 전차를 타고 다니는 공산주의자들보다 훨씬 돋보이는 결과를 가져온다는 주장을 펼쳤다. 물론 이에 반대하는 당원들도 있었지만, 히틀러의 끈질긴 설득 작업 끝에 결국 당은 자동차를 구입하라는 명목으로 공적 자금에서 얼마를 떼어주었다.

그리하여 히틀러는 자동차를 구입하게 되었는데, 말이 자동차였지 지붕이 없는 마차와 마찬가지였다. 군에 근무를 하면서 익힌 운전 솜씨로 그는 손수 운전을 했는데, 문제는 자동차가 너무 낡아서 멈춰 서는 일이 종종 발생했던 것이다. 운전할 흥미조차 잃어버린 히틀러가 자동차를 그냥 세워두자 하는 수 없이 당은 케케묵은 자동차를 다시 반납해 버렸고, 히틀러는 자신의 돈으로 '젤베' 라는 자동차를 구입하게 되었다. 이 차의 겉모양은 첫번째 차와 별반 다를 게 없었지만 훨씬 잘 굴러 갔다. 이때부터 사람들은 히틀러가 버스나 전차를 타는 모습을 한 번도 구경할 수 없었다.

히틀러는 자신의 돈으로 자동차를 구입해서 결국 당 자금이 절약되지 않았느냐는 논지를 펼치며 그 대신에 당에서 운전사를 고용해 줄 것을 요구했다. 그렇게 되면 외부에 비치는 당에 대한 인상도 훨씬 좋을 것이라는 말도 잊지 않았다. 이번에도 승복을 한 당수 드렉슬러와 회계 담당원은 자동차 수리공이었던 당원 하우크에게 당 선전부장의 개인 운전사직을 맡으라는 명령을 공식적으로 하달했다.

에른스트 하우크에게 제니라는 여동생이 있었는데, 그녀는 다정다감 할 뿐만 아니라 미모가 뛰어난 여자였다. 히틀러를 만나자마자 그에게 호감을 갖게 된 그녀는 오빠를 대신해서 자주 차를 몰았다. 젊고 적극 적이었던 제니는 이 기회를 이용해서 히틀러에게 더욱 가까이 다가갔 다. 그녀는 가죽조끼에 권총을 차고, 말하자면 자청해서 히틀러의 경호 원 노릇을 했는데, 이들을 지켜본 사람들이 수군거리기 시작했다. 사람 들은 제니가 그녀의 우상을 부잣집 마나님들이 펼치는 플라토닉한 분 위기에서 바이에른식 사랑의 뜰로 끌어내렸다고들 했다.

떠도는 소문에 의하면, 보석상을 운영하던 퓌스라는 작자가 코르넬 리우스 가에 있던 자신의 점포 뒷방을 두 사람의 은밀한 랑데부 장소로 제공했다고 한다. 이는 물론 소문이었기에 진위를 가릴 수 없으나, 히 틀러를 성 불구자로 간주했던 푸치 한프슈텡글은 이런 소문을 한마디 로 일축해버렸다. 그에 따르면, 두 사람은 매일 저녁 커피숍과 술집을 드나들긴 했지만 결코 깊은 관계는 아니었으며, 주로 히틀러가 장황하게 떠드는 가운데 제니는 졸기까지 했다고 한다.

1920년 12월 히틀러가 신문사를 사들임으로써 마침내 당에 정치적인 힘을 실어줄 수 있는 발판을 마련했다. 1919년 『민중의 눈』으로 이름을 바꾸었던 바로 『뮌헨의 눈』이라는 신문이었다. 이 신문사는 1918년부터 툴레단의 기관지였는데, 바이에른 지역에서 우파적 성향을 띤 대표적인 반유태인 신문으로 알려져 있었다. 이 신문사의 주주 가운데 대표적인 인물은 제보텐도르프의 애인이었던 케테 비어바우머였다. 그 외에도 도라 쿤체, 제보텐도르프의 누이, 민족사회주의자였던 고트프리드 페더, 빌헬름 구트베를레트 박사와 제지 공장을 운영하던 테오도르 호이스였다(테오도르 호이스는 독일 최초 대통령이었던 호이스 씨와 아무런 관련이 없음을 밝혀둔다).

1920년 12월에 이 신문사는 거의 파산 상태에 있었고, 주주들은 프란츠 에어 출판사와 함께 신문사를 12만 마르크에 팔려고 내놓았던 것이다. 신문사를 손에 넣어야겠다고 마음먹은 디트리히 에카르트는 리터 폰 엡 장군을 통해서 국방부 계좌에 들어 있던 비밀 자금 가운데 6만 마르크를 빌리는 데 성공했다. 물론 이 돈은 자신이 개인적으로 빌리는 형태를 띠고 있었다. 이제 6만 마르크만 더 있으면 신문사를 구입할 수 있었지만, 당에서는 이 같은 용도로 자금을 내주려고 하지 않았다. 성품이 우직했던 당수 안톤 드렉슬러는 신문사를 사들이자는 히틀러의 제안을 쓸데없는 생각이라고 여겼던 것이다.

고민 끝에 히틀러는 아우크스부르크에 사는 고트프리드 그란델 박사

를 찾아갔다. 기업가였던 그는 뮌헨에서 열린 야회 연설 때 히틀러를
알게 되었고, 당을 위해서 몇 번 자금을 전달한 적도 있었다. 몇 시간에
걸친 설득 작업 끝에 마침내 그는 도와주겠다고 승낙을 했다. 그란델
박사와, 에카르트의 친인척이자 한자은행(Hansa Bank)의 간부였던
시몬 에카르트 두 사람이 보증을 서주게 되자 거래는 완벽하게 성사되
었다. 그런데 신문사의 대표 주주였던 케테 비어바우머와 도라 쿤체가
주식을 양도하면서 갑자기 현금을 요구했다. 이에 그란델 박사가 5만5
천 마르크를, 구트베를레트 박사가 나머지 5천 마르크를 지불해서 문
제가 수습되었다. 더구나 구트베를레트 박사는 자신이 양도받은 주식
중 반을 히틀러에게 선물하기까지 했다.

　일이 성사되자 히틀러는 신문사를 인수하는 데 반대하고 나섰던 당
에 복수하기로 결심했다. 당 자금을 도맡아서 끌어들였던 히틀러에게
이 일은 전혀 어렵지 않았다. 다음해, 그는 개별적으로 알고 지내던 후
원자들로부터 돈을 챙겨서 당에 바치는 대신 에카르트의 채무를 청산
해주고 그란델 박사에게 빌린 돈을 갚는 데 모두 써버렸다. 그리고 나
서 1921년 11월 16일, 히틀러는 뮌헨의 등록청에 나타나서 신문사『민
중의 눈』뿐만 아니라 출판사 프란츠 에어의 소유주라고 밝혔다.

　이렇게 하여 히틀러는 사람들이 존경해 마지않는 직업을 갖게 되었
다. 그는 명실공히 신문사의 사장이 된 것이다. 우선은 신문사가 그에
게 대단한 도움이 된 것은 아니었지만, 그럼에도 정치적인 입지를 확고
히 다지는 데 적잖은 기여를 했다. 말하자면 겉으로는 당을 위해서 신
문을 이용하는 척했지만, 기사의 내용과 편집이 모두 히틀러의 손에 달

려 있었기 때문에 자신을 잘 포장해서 부각시키는 것쯤은 식은 죽 먹기였다. 히틀러는 신문사의 발행인으로 에카르트를 지명했고, 스물한 살이었던 헤르만 에서를 편집장으로 앉혔다. 에서는 신문사에서 견습생으로 일한 적이 있었고, 짧은 기간이었지만 국방부 산하에 있는 보도국에서 룀을 상관으로 모셨던 인물이었다. 한마디로 이 젊은 친구는 닳을 대로 닳아버린 속물이었다. 그러니 평범한 시민들에게 가십거리가 될 수 있는 이야기나 사람들의 말초신경을 자극하는 사건에 도가 트인 사람이었다. 가령, 유태인과 돈 많은 암거래 상인들의 바람기는 물론 외설스러운 사건에 정통해 있었다. 때문에 당에 오랫동안 몸담고 있던 청교도적인 당원들은 당연히 에서를 싫어했다. 그는 이중 생활을 하는 인물의 본보기였고, 다른 사람의 스캔들에도 밝았지만 그 자신 또한 장안의 난봉꾼으로 소문이 자자했다. 행실 바르기로 소문난 루돌프 헤스는 히틀러에게 에서를 쫓아내라고 여러 차례 건의했지만 아무 소용이 없었다. 히틀러는 그럴 때마다 딱 잘라서 대답을 했다. "나도 에서가 형편없는 놈인 줄은 알지. 하지만 편집일은 누구보다도 잘하거든? 나는 그가 필요할 뿐이라네."

신문사를 넘겨받은 뒤 히틀러는 세력 확장에 더욱 박차를 가하기 시작했다. 우선 툴레단의 단원이었으며 에카르트와 잘 아는 사이였던 막스 아만에게 입당을 재촉했다. 아만은 짧은 목에 큰 머리를 가진, 땅딸막하고 체격이 좋은 사내였다. 언뜻 보면 유식한 것과 거리가 먼 사람처럼 보였으나, 사실 그는 법학을 공부한 뛰어난 행정가로 이즈음 바이에른의 담보 및 할인 은행에서 굵직한 자리를 차지하고 있었다.

히틀러의 강요에 못 이겨 아만은 은행을 그만두고 NSDAP당의 원내 총무직과 출판사 대표직을 동시에 떠맡게 되었다. 아만을 스카우트한 것은 그야말로 탁월한 선택이었다. 그는 탄탄한 운영 방식으로 당뿐 아니라 출판사도 자리를 잡게 했고, 훗날 지도자가 된 히틀러와 자신이 억만장자가 될 수 있는 여건을 마련한 장본인이었기 때문이다.

툴레단 내에서도 인맥이 뛰어났던 아만은 대출금의 기한을 연장하는 데도 능력을 발휘했다. 그래서 여러 번 신문사로 날아든 지불독촉장을 연기시키곤 했는데, 만약 그가 이런 일을 하지 않았더라면 신문사는 파산하고 말았을지도 모른다.

1921년 여름이 되자 당과 히틀러 사이에 심각한 분규가 발생하고 말았다. 문제의 발단은 이러했다. NSDAP당은 소위 경쟁 관계에 있던 당과의 합당 문제를 논의하고 있던 참이었다. 마침 민중의 이익을 대변하는 당들 중에서 율리우스 슈트라이허가 이끌던 독일사회당과의 협상을 진행하고 있었는데, 히틀러가 모든 협상안을 걸고넘어졌던 것이다. 히틀러는 두 당이 합당해서 부피만 커지는 것을 원치 않았고, 상대 당이 합병 형태로 들어오기를 원했다. 협력적인 차원에서 NSDAP당으로 흡수되는 것조차도 용납하지 않았다. 그는 독일사회당을 완전히 해체하고 당원 각자가 입당하라는 주장을 펼치며 한치도 양보하지 않았다.

이로 인해 당의 간부들은 히틀러를 못마땅하게 여기기 시작했다. 물론 그의 선전 활동이나 자금을 끌어모으는 재주를 높이 사기는 했지만, 점점 강해지는 그의 권력욕에 고개를 내저을 뿐이었다. 당 간부들은 협의를 한 끝에 다음과 같은 결론을 내렸다. 일단 합당을 통해 당의 활동범위를 넓히고, 히틀러를 선전 담당으로 뮌헨에서만 활동하도록 제한하겠다는 내용이었다. 이들과는 반대로 히틀러는 어떤 경우에 있어서도 NSDAP당이 중요 사안에 대한 결정권을 가져야 하며, 뮌헨이 당 전체를 지휘할 권한을 가져야 한다고 반박했다. 의견 차가 좁혀지지 않자, 창당 멤버들과 히틀러를 따르는 패거리 사이에 불신의 폭은 더욱 커지기만 했다. 당 간부들은 히틀러가 지나치게 권력욕에 사로잡혀 있으며, 부유층 인사들과 친분이 두터운 데다 사치스러운 생활을 한다는 비난을 했다. 급기야 1921년 초여름 히틀러는 당원이었던 하인리히 돌레로부터 다음과 같은 경고 편지를 받게 되었다: '당신은 디트리히 에카르트 씨와 플레더마우스 술집에 너무 자주 앉아 있습니다. 조심하는 게 신상에 좋을 겁니다!'

얼마 후 사태는 더욱 심각해졌고, 히틀러는 아만을 통해서 자신을 음해하는 세력이 온갖 모략을 일삼고 있다는 소식을 듣게 되었다. 이때야말로 적의 세력을 단번에 꺾어야만 할 시기라고 생각한 히틀러는 6월 말 6주 동안의 예정으로 베를린으로 여행을 떠났다. 자리를 비운 동안 수시로 에카르트, 에서, 아만과 전화상으로 뮌헨 사정을 듣고 있었는데, 히틀러가 없는 동안 당수 드렉슬러는 사회당과의 합당 서류에 서명하는 일이 벌어졌다.

베를린에 도착한 히틀러는 베흐슈타인 부부의 별장에 머물면서 오후가 되면 예외 없이 웅변 수업을 받았다. 더욱 힘찬 목소리를 내기 위해서, 또한 오스트리아 사투리 억양을 없애기 위해서였다. 물론 정치적인 행보도 게을리하지 않았다. 그는 유명한 보수 세력들과 회동을 가졌는데, 국수주의자들의 우두머리였던 폰 레벤트로브 백작, 의용군을 이끌던 발터 슈텐네(그는 나치스당에 합류하게 된다)와 몇몇 사람들이 있었다. 나이 든 귀부인들에게 인기만점이었던 히틀러는 베를린에서도 예외 없이 열성적인 추종자를 만들었다. 레벤트로브 백작부인은 프랑스의 달레몽 백작의 후손으로, 그를 만나자 '미래의 메시아'라고 칭송했다고 한다. 히틀러는 베를린 도시의 밤도 상당히 즐겼지만, 지나치게 즐겼던 탓이었는지 『나의 투쟁』에서 이 도시를 일컬어 '악덕과 후안무치의 원산지'라고 비난했다.

히틀러는 베를린에서 드렉슬러와 당 위원회의 독단적인 결정 소식을 접하자 곧장 뮌헨으로 돌아왔다. 그리고는 다짜고짜로 당 사무실로 쳐들어갔다. 어떤 일이 벌어졌는지 상상할 수 있을 것이다. 이 같은 행동에 앙심을 품은 당 위원회는 7월 11일 히틀러에게 재정 상태에 관한 정확한 보고서를 작성해서 공개하라는 요청을 했다. 화가 치밀어오른 히틀러는 즉석에서 탈당 의사를 발표해버렸다.

드렉슬러가 나서서 사태를 수습하려 했으나 당 위원회의 위원들은 히틀러의 이 같은 발표에 넋을 잃고만 있었다. 이로부터 사흘이 지난 뒤, 히틀러는 에카르트와 의논한 끝에 당에 몇 가지 조건을 제시했다. 즉, 당에서 자신을 잃고 싶지 않다면 이 조건들을 받아들여야 한다는 최후통첩이었다. 우선, 위원회를 구성하고 있는 위원들의 총사퇴, 자신에게 막강한 권한을 가진 당수직을 줄 것, 뮌헨이 NSDAP당의 중앙당으로서 중요 사안에 대한 모든 결정권을 가질 것, 차후에 또다른 당과의 합당은 있을 수 없으며 다만 귀속되는 형태의 영입만 허용한다는 조건이었다.

히틀러도 자신이 내건 조건들이 실제로 받아들여지리라고는 예상치 못했다. 그래서 그는 미리 당에 분당을 만들어 그 인원으로 새로운 당을 결성하려는 준비를 하고 있었다. 히틀러가 없다면, 다시 말해 그의 선전 활동이 없다면 케케묵은 당인 NSDAP는 머지않아 지리멸렬할 것이라는 사실을 자신도 잘 알고 있었지만 말이다. 그런데 이 조건을 제시한 다음날 오후에 당 위원회로부터 통지가 날아왔다: '당 위원회는 당신의 출중한 지식과 당을 위해 헌신한 노고, 그리고 추종을 불허하는 웅변술과 지도력을 인정하고 있는 바입니다. 따라서 당신이 당수를 맡아주신다면 더할 나위 없이 기쁘겠습니다. 드렉슬러 씨는 위원회의 위원직을 맡고, 당신이 반대하지 않으신다면 집단행동추진위원회의 위원직도 갖게 될 것입니다. 만일 당신이 드렉슬러를 당에서 완전히 축출하고자 한다면 내년 당 집회에서 결정하는 것으로 하겠습니다.'

예상외로 당 위원회는 히틀러에게 비굴할 정도의 태도를 취함으로써 그에게 굴복한 셈이었다. 히틀러에게 재정 보고서에 관한 요구도 더 이상 들먹이지 않았다.

기세가 등등해진 히틀러는 즉시 특별 회의 소집을 통고했는데, 이때만 해도 그는 아직 당에 복귀하지 않은 상태였다. 드렉슬러는 통지도 받지 못한 채 신문 『민중의 눈』에서 집회 소식을 알게 되었다. 입이 무겁고 공평무사했던 드렉슬러에게는 사실 너무 심한 대우였다. 7월 25일 마침내 자존심이 몹시 상한 드렉슬러는 정치 집회를 담당하고 있던 뮌헨의 경찰청 제6부에 나타났다. 그의 말에 따르면, 집회를 공고한 사

람들, 즉 히틀러와 에서(드렉슬러는 히틀러가 베를린에 머무는 동안 추잡한 사
생활을 이유로 그를 당에서 쫓아내었다)는 당원이 아니며, 그러므로 이들이
당의 이름으로 당원들을 소집하는 것은 합당하지 못하다는 것이었다.
그리고는 자신은 혼신을 바쳐 당을 합법적으로 이끌어가는 데 반해서
히틀러는 혁명과 폭력을 기도하고 있다는 보고서를 작성하고자 경찰서
에 들렀다고 말했다. 하지만 이 말을 들은 경찰 공무원들은 심드렁한
반응을 보였다. 그와 같은 문제는 당 내부에서 해결해야 할 문제이지
관청에서 나설 일이 아니라고 딱 잘라서 거절했던 것이다.

드렉슬러가 경찰청에 들른 그날, 뮌헨의 거리에는 히틀러를 반대하
는 당원들이 뿌린 전단지가 도처에서 발견되었다: '히틀러는 권력욕과
명예욕에 사로잡혀 우리 당을 분열시키고 유태인들의 사업을 방해했으
며, 자신을 도와주는 사람들의 뒤만 돌봐주고 있습니다. 그는 불온한
목적을 위해서 우리 당을 이용하고 있음에 분명합니다. 그의 배후에는
분명 조종자가 있을 것이며, 그렇지 않고서야 자신의 사생활과 출신을
애써 감출 이유가 없기 때문입니다. 검은 돈으로 사치스러운 생활을 하
는 까닭에 수입원에 관해서는 일체 입을 다물고 있습니다. 도덕과 양심
이 눈곱만치도 없는 그는 뭇 여성들과 문란한 교제를 일삼고 있고, 자
칭 "뮌헨의 왕"이라며 떠들고 다닙니다!' 이어지는 내용은 히틀러를
'병적으로 권력을 탐하는 광인'이라고 부르며, '폭군은 쓰러져야 합니
다!'라는 구호로 끝을 맺고 있었다.

당의 총체적인 분열을 막기 위해 마침내 에카르트가 나섰다. 그는 7
월 29일 전당대회를 소집했는데, 554명의 당원이 불참한 상태였다. 당

에서 축출되었던 헤르만 에서가 회의를 진행했으며, 한 명의 반대표(아마 드렉슬러의 표였을 것이다)를 제외한 모든 당원들이 히틀러를 '독재적인 전권을 위임받은' 당의 제1당수로 선출했다. 이제 안톤 드렉슬러는 힘이라고는 전혀 없는 명예의장직으로 물러나버렸다. 따라서 에서의 당원 상실은 그 자리에서 다시 회복되었고, 히틀러는 3680번의 당원 번호를 받으면서 공식적으로 당에 입당하게 된 것이다. 이로써 NSDAP는 완전히 히틀러의 손아귀에 들어가게 되었고, 당 위원회는 당칙 수정을 이유로 해산되고 말았다. 이제 히틀러는 누구에게도 변명할 필요가 없었다. 남은 일은 '지도자의 원칙'을 발표하는 것뿐이었다.

이때부터 히틀러는 '지도자'라는 지위에서 화려한 시대를 열게 된다. 이 호칭을 제일 먼저 사용한 사람은 헤르만 에서였다. 그가 최초로 히틀러를 '우리의 지도자'라고 부르기 시작했던 것이다. 더불어 에카르트는 신문 『민중의 눈』에서 히틀러를 '희생적이고 헌신적이며 충직한 사람'이라며 칭찬을 아끼지 않았다. 루돌프 헤스도 같은 신문에 거의 종교적인 열광에 가까운 표현으로 히틀러를 찬양하고 있다. 그는 히틀러를 '순수한 의지', '경탄할 만한 지식', '명철한 판단력'을 지닌 인물로 추켜세우는 데 앞장섰다. 그리고 맨 마지막을 이렇게 장식했다: '히틀러는 순수한 이성이 인간의 모습으로 나타난 경우이다.'

에카르트와 헤스가 앞장서서 이렇듯 히틀러를 신성화시켰음에도, 그리고 부유층으로부터 점점 확고한 지지 세력을 얻고 있었음에도 불구하고, 히틀러는 여전히 소시민과 노동자 출신이었던 당원들과 어울리는 것을 좋아했다. 이들은 그를 조목조목 따져가면서 비판하지도 않았고, 그의 말을 어렴풋이 이해하면서도 열심히 들어주었기 때문이었다. 말하자면 그가 빈 시절 남자 하숙집에서 경험했던 그런 동지애와 투박한 정을 느낄 수 있었던 것 같다.

이렇게 친하게 된 동료이자 친구들 가운데는 실직자인 시계공 에밀 모리스가 있었다. 그는 체격이 호리호리한 편이었으나 장안에서 싸움 잘하는 깡패로 소문이 나 있었다. 크리스티안 베버라는 자도 있었는데, 그는 한때 호텔에서 보이 노릇을 했었는데, 그 당시에는 술집에서 소란을 피우는 손님들을 쫓아내는 일을 하고 있었다. 그는 경마장을 자기 집처럼 드나들었고, 가끔씩 말을 거래하기도 했다. 울리히 그라프라는 작자도 끼어 있었다. 나중에 공식적으로 히틀러의 경호원이 되는 그는 도살장이 출신이었다. 예의범절이 바른 것으로 유명했던 루돌프 헤스는 밑바닥 생활을 하는 그 같은 패거리들과 거리를 두었지만, 에서와 아만은 히틀러처럼 허물없이 이 무리들과 어울렸다.

행사가 있는 날이면 저녁때쯤 이들 무리는 오스테리아 바바리아, 쉘링 살롱과 같은 음식점에 우르르 몰려가서 실컷 먹고 마시며 떠들어대었다. 머지않아 이들 무리 속에 또 한 사람, 즉 사진사 하인리히 호프만이 합류하게 된다. 그는 술을 좋아했을 뿐 아니라 재능이 뛰어났으며, 신체장애에도 불구하고 누구보다 유머가 풍부했다. 그는 신문사『민중의 눈』편집실 맞은편에서 사진관을 하고 있었는데, 나중에 히틀러의 전용 사진사가 된다. 무엇보다 히틀러 개인에게 있어서 그는 특별히 중요한 인물이었다. 바로 그가 아만과 마찬가지로 히틀러를 부자로 만든 주역이었기 때문이다.

히틀러는 수시로 커피숍 헤크에서 케이크와 먹을 것들을 주문했고, 이곳 주인은 그와 동료들을 위해서 단골손님용 지정 좌석까지 마련해 두었다. 이즈음 히틀러가 제일 좋아했던 취미 생활은 단연코 영화 감상 이었다. 당과 신문사 일을 제쳐놓고 영화를 연달아서 세 편 또는 네 편 씩 보는 날도 있었다. 그가 제일 좋아했던 영화는 찰리 채플린, 버스터 키튼, 메 웨스터나 더글러스 페어뱅크스가 나오는 영화였다. 영화를 볼 때면 히틀러는 엄청난 양의 초콜릿을 먹어치우는 습관이 있었다.

영화를 보고 싶은 날이면 히틀러는 흔히 루돌프 헤스를 동반하고 나 갔다. 엄격한 도덕군자였던 헤스는 지루한 사람이긴 했지만 히틀러가 그를 특별히 신뢰했기 때문이었다. 친한 친구들 사이에서도 예의바른 것으로 유명했던 그가 하루는 히틀러의 몸가짐을 보고 깜짝 놀란 적이 있었다. 히틀러는 집에서 손님을 맞이할 때면 집주인이었던 라이헤르 트 부인의 거실을 이용했는데, 혁대나 슬리퍼도 신지 않고 나가는 모습 을 보자 아연실색했던 것이다. 당장 헤스는 당수의 위엄에 손상이 간다 고 넌지시 말해주었고, 이때부터 히틀러도 주의를 하게 되었다.

사실 히틀러가 당수로서의 위엄을 망각한 경우는 한두 번이 아니었 다. 에카르트를 포함한 당원들은 히틀러가 다른 단체의 사람들과 몸싸 움까지 해서는 안 된다고 몇 번이나 당부를 하고 주의까지 주었다. 하 지만 이들의 경고에도 불구하고 이런 일이 있었다. 1921년 말이었다. 히틀러는 그라프와 모리스, 베버와 헤스가 포함된 깡패 집단을 이끌고 바이에른 지역의 분리주의자들이 집회를 열고 있는 장소로 쳐들어갔 다. 그리고는 그 자리에서 이 단체의 우두머리인 엔지니어 오토 발러슈

테트를 연단에서 끌어내려 두들겨팼던 것이다. 경찰청 고위 관직에 있던 툴레 단원들도 이 사건만은 두루뭉실하게 넘어갈 수 없었다. 결국 히틀러는 1922년 1월 12일 석 달간의 징역을 선고받는 망신을 당하게 되었다. 지방의회에서는 그 따위 외국인은 추방해야 한다고 논란이 일어났지만 곧 잠잠해졌다. 이렇게 하여 히틀러는 1922년 여름 내내 감방에 갇힌 신세가 되었다.

히틀러가 특별히 돈에 관심을 가졌던 것은 언제부터였을까? 막스 아만을 당의 총무와 출판사의 대표로 임명하기 전만 해도 그는 돈 욕심이 그다지 많지 않았다. 돈은 그저 편안하고 멋진 삶을 즐기는 수단쯤으로 생각했다. 예를 들면, 자동차를 굴리고 가끔씩 여행을 떠나기 위해서, 값비싼 커피숍이나 레스토랑에 부담 없이 가기 위해서 돈이 필요했을 정도였다. 물론 여자를 동반할 경우에는 더더욱 그랬겠지만. 당시 그가 살았던 조촐한 방은 나름대로 만족스러웠고, 저축이나 유가증권 따위에는 전혀 관심이 없었다.

이런 히틀러였으므로 부유층 인사들이 개인적으로 바친 성금을 그가 당 자금으로 사용했다는 말은 사실일 것이다. 다른 한편, 그는 당을 자신의 기업이라고 간주했으니 투자하는 것이 당연하다고 생각했다. 그는 당의 제1인자이긴 했지만 간부들처럼 월급을 받지 않았다. 당시에도 이런 소문이 퍼져 있었고, 지금도 부분적으로 믿고 있는 전설 같은 얘기가 있다. 즉, 히틀러가 그렇게 많은 실수를 범했지만 사적으로는 욕심이 없었고, 부를 축적하는 데 별로 관심이 없었던 청렴한 정치가라는 전설 말이다. 히틀러 측에서 보면 월급도 받지 않고 당에 봉사했으므로 자신의 수입에 대하여 얼버무리는 것도 쉬웠을 것이다. 1921년 여름에 있었던 사건 이후로는 이제 아무도 그에게 생활비에 대한 질문을 하지 않았다. 게다가 1919년부터 1925년까지 히틀러는 이상하게도 납세자로 등록되어 있지 않았다. 세무서가 그로부터 단 한푼의 세금도 거두지 않았던 까닭은 도저히 설명할 수 없는, 바이에른 국고만이 간직한 비밀이라고 볼 수밖에 없다.

히틀러에게 장기적으로 재정적인 기반을 다져준 최초의 사람은 바로 한때 은행원으로 일했던 막스 아만이었다. 이미 언급했듯이, 신문『민중의 눈』은 1920년 말에 이자 없이 빌린 12만 마르크로 히틀러의 손에 넘어왔다. 에카르트가 국방부에서 빌린 돈과 아우그스부르크에 살던 기업가 그란델 박사로부터 히틀러가 빌린 돈으로 인수한 바 있다.

당시 1 달러는―영국의 파운드를 제외하고 국제적으로 거래하던 화폐가 달러였다 ― 거의 20마르크에 달했다(전쟁 전에는 골드마르크에 해당된다). 반년 뒤에 거의 75퍼센트 정도의 인플레이션이 있었는데, 시간이 갈수록 빠른 속도로 증가하고 있었다. 1921년 11월이 되자 1달러는 180마르크가 되었으니 가히 인플레 속도가 어느 정도인지 짐작할 수 있을 것이다. 당시 법에 따르면 채무 계약에서 외화로 채무이행을 해야 한다는 특별한 규정을 하지 않은 경우 채무자는 액면가로 일시불 상환할 수 있었다. 말하자면 히틀러처럼 돈을 빌린 채무자들에게는 유리한 시기였다. 때를 놓칠세라 아만은 지금이야말로 신문사『민중의 눈』과 출판사를 독차지할 수 있는 절호의 기회라고 충고했다. 이는 간단하게 해결될 수 있었다. 히틀러를 후원하는 몇몇 부자들이 국방부과 그란델 박사에게 어느 정도 외화를 건네주면 끝나는 일이었기 때문이었다. 물론 에카르트도 승낙하였다. 여름에 있었던 사건 이후로 에카르트가 헤르만 에서의 뒤를 이어 신문사의 편집장을 맡고 있었는데, 에서가 편집장을 하면서 신문이 거의 선정적인 방향으로 흘러갔던 탓이었다. 편집장에서 물러난 에서는 스캔들과 외설 사건을 폭로하는 지방 소식란을 담당하고 있었다. 그 방면으로 타의 추종을 불허했던 그에게는 오히려 적당한 자리였다.

히틀러에게 외화를 선물한 주인공이 누구였는지는 알려져 있지 않다. 어쨌거나 단돈 666달러로 히틀러는 신문사 『민중의 눈』과 출판사를 단번에 손에 넣었다. 12만 마르크의 빚은 그 동안 이 정도의 가치밖에 없었던 것이다. 히틀러는 인플레이션과 아만의 덕을 톡톡히 본 셈이었다. 물론 그는 연설장에 서면 인플레이션을 신랄하게 비판하는 데 주저하지 않았지만.

1922년이 되자 인플레이션은 더욱 심각해져서, 11월에는 1달러에 4,450마르크까지 올라갔다. 이렇듯 독일 화폐의 가치가 급락한 원인은 베르사유 조약에서 확정된 배상금액 1,320억 골드마르크를 외화나 또는 금으로 지불해야 한다는 규정이 발표되면서부터였다. 그러자 제국은행은 보유하고 있던 화폐로 국제시장에서 서둘러 외화를 구입했고, 다른 한편으로 국내 수요를 위해서 점점 많은 돈을 찍어낼 수밖에 없었다. 이로 인해 화폐의 가치가 자연히 떨어지게 된 것이었다. 이러는 가운데 부익부 빈익빈 현상이 두드러지게 나타났다. 기업가들은 빚과 대출금을 가치도 없는 마르크 지폐로 상환하면서 수출로 외화를 벌어들여 대기업으로 급성장했던 반면에, 소액 예금자들은 가진 돈을 모두 잃어버렸다. 두 달 동안, 즉 1922년 11월부터 1923년 1월 사이에 달러의 가치는 거의 열 배가 되어 41,500마르크가 되어버렸다. 만일 히틀러와 아만이 이때까지 기다렸더라면 1923년 초에 신문사를 300달러 정도로 구입할 수 있었을 것이다.

1922년 11월에 히틀러는 192센티미터나 되는 거인 같은 에른스트 한프슈텡글을 알게 되었다. 막 미국에서 돌아온 한프슈텡글은—친구들은 그를 '푸치'라고 불렀다—아주 부유한 집안 출신이었다. 그의 아버지는 뮌헨에서 미술 서적을 출간하는 유명한 출판사의 사장이었다. 푸치는 하버드 대학을 마치고 뮌헨 대학 예술학과에서 박사 논문을 준비중이었다.

11월 22일 저녁, 푸치는 미국 대사관의 무관으로 있던 친구 트루만 스미스의 권유로 히틀러의 집회를 구경하러 갔다. 그리고 뜻하지 않게 이곳에서 그는 히틀러의 탁월한 웅변술에 그만 매료되고 말았다. 어머니가 미국 사람이었지만 그는 국수주의적인 성향이 아주 강했으며 공산주의에 대한 두려움이 많았다. 행사가 끝난 다음 그는 히틀러에게 자신을 소개했고, 이로부터 며칠 뒤에 NSDAP에 입당하게 되었다. 마찬가지로 히틀러 또한 재미있고 꾸밈없는 이 청년에게 매료당했다. 당에서 소위 지식인으로 알려졌던 에카르트, 로젠베르크나 헤스와는 달리 그는 완강하지도 않았으며, 게다가 두 사람은 미술과 음악에 관심이 많다는 공통점이 있었다. 특히, 푸치는 피아노로 바그너 음악을 멋들어지게 해석해내는 재주꾼이기도 했다. 그리하여 히틀러와 푸치는 금방 친해지게 되었고, 함께 보내는 시간이 많아졌다.

1922년 말로 접어든 어느 날, 히틀러는 자신의 신문사를 어떻게 해서든 멋지게 키우고 싶다는 뜻을 푸치에게 넌지시 얘기했다. "어떻게 하면 될지 모르겠군. 4페이지밖에 안 되는 우리 주간신문을 키울 수 있는 방법이 있을 텐데. 그렇게 되면 나도 목에 힘을 더 줄 수 있을 거란 말이야." 곧이어 히틀러는 안타까운 듯이 말했다. "『민중의 눈』이 일간신문이 된다면 우리는 훨씬 많은 것을 해낼 수 있을 텐데, 그 참. 윤전(輪轉)식 인쇄기만 있다면 말이지." 그리고는, 파산 상태에 있는 뮌헨의 한 인쇄소가 미국식 윤전인쇄기를 팔려고 하는데, 마르크가 아니라 외화를 원하고 있으며, 1천 달러 정도면 충분히 구입할 수 있을 것이라는 얘기도 했다.

한프슈텡글의 집안은 뉴욕에 갤러리를 가지고 있었는데, 그곳에서 그는 마침 배당금으로 1,500달러를 받았다. 사실 미국에서야 큰돈이 아니었지만 정작 독일에서는 엄청난 재산이었다. 나중에 이때를 기억하며 한프슈텡글이 이렇게 말했다. "다음날 저는 아만에게 갔어요. 그리고 그에게 달러를 내주었죠. 그랬더니 히틀러와 아만은 기뻐서 어쩔 줄 몰라 하더군요." 그의 말에 따르면 히틀러는 너무 좋아서, "한프슈텡글! 이렇게 고마울 수가! 이 은혜는 결코 잊지 않겠네!"라며 환성을 질렀다고 한다.

물론 푸치가 히틀러에게 이자도 받지 않고 돈을 빌려준 데는 나름대로 속셈이 있었다. 점점 허약해지고 있는 에카르트를 대신해서 자신이 신문사의 편집장이 되고 싶었던 것이다. 하지만 히틀러가 알프레드 로젠베르크에게 편집장 자리를 내어주자 푸치는 상처를 받았다. 만약 그가 편집장이 되었더라면 신문사에 훨씬 신선한 바람을 몰고 올 수 있었을 게 분명하지만.

편집장 자리 대신에 푸치는 무보수로 히틀러의 비서 역할을 떠맡았고, 주로 외국 기자와의 인터뷰를 성사시키는 일을 했다. 그 이후에도 두 사람은 여전히 가까운 사이였다. 한프슈텡글에게는 에르나라는 여동생이 있었는데, 한동안 히틀러의 마음을 사로잡은 주인공이기도 했던 그녀는 큰 키에 뛰어난 미모로 남자들이라면 누구나 탐을 내는 그런 여자였다. 어느 정도 조소를 담은 냉정한 표정으로 사람들 앞에 나타나는 바람에 거만한 여자라는 평이 자자했다. 이런 면이 오히려 히틀러에게는 더욱 매력 있는 요소로 보였던 것이다. 히틀러와 에르나는 자주 으리으리한 레스토랑에서 함께 식사를 했고, 사람들의 눈에 띄는 일이 잦아졌다. 그러면서 머지않아 그들의 약혼 발표가 있을 것이라고 기대하는 사람들도 있었다. 그러자 한편에서 이런저런 소문이 나돌았는데, 에르나의 외할머니가 정통 유태인이니까 그녀 또한 유태인 혈통이라는 얘기였다. 날이 갈수록 소문이 터무니없이 부풀려지자 『민중의 눈』에 히틀러는 이런 기사를 싣게 했다: '요즘 사람들 사이에서는 아돌프 히틀러와 유태인 출신 숙녀와의 약혼 소문이 나돌고 있다. 그러나 이 소문은 전혀 사실무근이며, 히틀러는 약혼하지 않았다. 또한 한프슈텡글 양도 결코 유태인이 아니라는 사실이 확인되었다.' 이 기사가 나간 뒤 사람들은 제멋대로 생각하게 되었지만, 정작 당사자였던 에르나는 갑자기 히틀러를 버리고 외과의사이자 교수였던 자우어브루허와 결혼을 하고 만다.

히틀러는 푸치의 여동생과는 이렇게 끝이 나고 말았지만 그의 미국인 아내 헬렌 또한 흠모하였다. 서툴고 수줍음이 많은 문학 지망생이 귀부인을 사모하는 형태와 비슷했다. 한 번은 이런 적도 있었다. 푸치가 거실에 들어갔을 때, 뜻밖에도 히틀러가 아내 앞에 무릎을 꿇고 있는 장면을 목격하게 되었다. 그 다음에 일어난 일은 충분히 상상하고도 남음이 있다. 결국 진지한 어투로 앞으로는 그녀와 일정한 거리를 유지하겠다고 히틀러가 맹세함으로써 사건이 일단락되긴 했다. 당사자였던 헬렌은 그냥 재미있게 넘겼다. 그런데 이로부터 몇 달 뒤에 그녀는 공교롭게도 히틀러의 목숨을 구해주는 장본인이 된다. 뮌헨 쿠데타가 실패했을 때였다. 히틀러는 겨우 도망쳐서 그녀의 집에 숨어 있었지만 경찰에게 발각되었다. 그가 마치 연극을 하듯 권총을 자신의 몸에 겨누며 자살하려던 순간, 한프슈텡글 부인이 노련한 유도 솜씨를 발휘해서 총을 잽싸게 빼앗는 바람에 자살을 막았던 것이다. 훗날 2차 세계대전이 발발하자 그녀는 다시 미국으로 돌아갔는데, 마침 남편은 하버드 대학 동료였던 루스벨트의 고문직을 맡고 있었다. 이때 그녀는 히틀러를 구해주었던 일을 몹시 후회했다고 한다.

푸치 한프슈텡글이 히틀러의 세계로 들어왔던 시기에 또 한 사람의 중요한 인물이 등장하게 된다. 그의 이름은 헤르만 괴링이었다. 그는 포상을 받은 적이 있는 뛰어난 추격기 비행사로서 추격기 편대 리히트호펜의 마지막 지휘관이기도 했다. 전쟁이 끝나자 시험 비행 조종사로

스웨덴에 갔다가 그곳에서 스웨덴 남작부인 카린 폰 칸초프와 결혼하게 되었다. 이 부부는 1922년 말 뮌헨으로 이주하여 귀족풍의 별장을 빌렸다. 원래 괴링은 부유한 집안 출신이긴 했지만 인플레이션으로 많은 재산을 날린 사람이었다. 하지만 많은 외화를 지닌 부자 아내 덕분에 넉넉한 생활을 하고 있었다.

괴링이 히틀러의 연설을 처음으로 들은 것은 1922년 11월이었다. 바로 그 다음날 그는 히틀러에게 찾아가서 그를 위해 일을 하고 싶다고 말했다. 물론 히틀러는 제 발로 굴러들어온 떡을 보고 좋아하지 않았을 리 없다. 괴링은 여전히 세간에 알려진 전쟁 영웅이었으며, 이런 사람이 당에 들어온다면 이득이 될 게 틀림없었으니까. 그뿐만 아니라 그는 귀족들과 어울렸으며, 높은 직위에 있는 군인들과도 친했고, 비텔스바흐와 호헨촐런 가(家)의 왕자들과도 잘 아는 사이였으니 환영받을 만했다. 히틀러는 당시 한 당원에게 이렇게 말했다고 한다. "괴링이라니! 끝내주는군! 우리 당을 위해서 엄청난 선전이 될 거야! 게다가 그는 돈도 많고, 내가 손해볼 건 하나도 없지, 그렇지 않나!"

아름답고 교양 있는 여주인으로 인해 더욱 돋보이던 괴링의 별장은 곧 히틀러와 나치스당 소속의 상류층 인사들이 드나드는 매력 있는 장소가 되었다. 히틀러는 특히 버릇이 나쁘고 거친 패거리들의 출입을 엄격하게 금지했고, 대신 에카르트, 에서, 한프슈텡글, 헤스와 같은 지식인들이나 교육을 잘 받은 당원들에게만 허용했다. 히틀러는 측근이었던 호프만조차도 별장에 오는 것을 좋아하지 않았는데, 보통 때는 점잖게 처신하는 그였지만 일단 술에 취하면 추잡하게 구는 경향이 다분했기 때문이었다. 괴링의 집에서 히틀러는 바이에른 황태자였던 루프레히트의 아들인 루덴도르프는 물론 프리츠 티센과 같은 대기업가를 알게 되었다. 훗날 티센은 그에게 정치자금을 제공하는 막강한 인물 가운데 한 사람이 된다.

프랑스 군대가 1923년 1월 미지급된 보상금 때문에 일종의 압력 수단으로 루르 지역을 점령했을 때 독일 화폐는 완전히 바닥으로 내려갔다. 수십만의 노동자들이 프랑스의 점령군에게 온건한 방식으로 저항을 하다가 결국 실직하게 되었고, 정부는 이 실직자들을 도와줘야만 했다. 그러나 엄청난 돈이 들어가는 바람에 또다시 정부는 돈을 찍어내야 하는 악순환에 빠져들었다.

마침내 1923년 2월 1일이 되자 1달러는 41,500마르크가 되었고, 중앙은행은 매일 750억 마르크라는 돈을 찍어야만 했다. 이 인쇄 작업을 위해서 독일에 있던 2,000개의 인쇄소와 300개가 넘는 제지 공장이 밤낮으로 일을 해야 할 정도였다. 사태는 여기에서 진정되지 않았다. 5월 22일, 1달러는 다시 57,000마르크가 되었고, 한 달 뒤에는 136,000마르크로 불어났다. 가령, 7월 8일 우유 1리터를 사기 위해서 지불한 돈은 4000마르크에 달했다. 7월 25일에는 급기야 달러가 60만 마르크로 치솟고 말았다. 이때부터 가격은 매시간 올라갔고, 노동자들은 월급이 아니라 일당을 받게 되었다. 식료품을 구입하기 위해서 주부들은 공장의 정문에서 기다리는가 하면, 이곳저곳에 있는 가게로 뛰어다니기 일쑤였다.

『포시쉐 신문』은 7월 18일 이런 기사를 실었다. 한 의사가 운영하던 종합병원의 문을 닫고 술집에 일자리를 얻었는데, 그는 이곳에서 노래를 부르게 될 것이며, 그의 조수는 피아노를 칠 것이라는 내용이었다. 반면 달러를 가진 사람들은 그야말로 황제도 부럽지 않게 살 수 있었다. 당시 유럽에서 기자로 일했던 어니스트 헤밍웨이는 독일의 고급 호텔에 머물렀던 며칠 동안의 일을 보도한 적이 있었다. 하루 숙박비가 수백만 마르크였는데, 달러로 지불하면 20센트였다는 것이다.

달러는 하늘 높은 줄 모르고 치솟기만 했다. 8월 1일이 되자 1달러에 백만 마르크를 넘어섰고, 8월 7일에는 330만 마르크, 9월 15일에는 5천만 마르크, 10월 19일은 1백 20억 마르크, 사흘 뒤에는 4백억 마르크가 되었다. 물가는 어땠을까? 1923년 11월 1일을 기준으로 살펴보면, 빵 한 파운드에 2천6백억 마르크, 설탕 한 파운드는 2천5백억 마르크, 고기 한 파운드에 3조2천억 마르크에 달했다. 공장에서 일하는 노동자들이 받는 일당은 5조 마르크였고, 뮌헨에서 쿠데타가 일어났던 바로 11월 9일에는 신문 『민중의 눈』 한 부를 사려면 80억 마르크를 지불해야만 했다.

당시 인플레이션이 얼마나 터무니없었는지는 충분히 알 수 있지만 한 가지 예를 더 들어보기로 하겠다. 전쟁 전 은행에 8만6천 마르크를 저축해두었던 한 의사는 9월 5일 은행으로부터 다음과 같은 편지를 받았다: '저희 은행에서는, 유감스럽게도 고객님의 예금액 8만6천 마르크를 더 이상 운영할 수 없게 되었음을 알려드립니다. 그리하여 저희들은 고객님의 돈을 돌려드리기로 결정을 보았고, 잔돈이 없는 관계로

백만 마르크를 드리기로 했습니다. 동봉 : 백만 마르크 지폐 한 장.' 더욱 말문이 막히는 사실은, 의사가 은행으로부터 받은 봉투에는 5백만 마르크짜리 우표가 붙어 있었던 것이다.

믿을 수 없는 일 같지만 이런 경우도 있었다. 당시 독일 지폐는 한쪽 면만 인쇄되어 있어서 사무실 같은 곳에서는 빈 면을 메모지로 사용하곤 했는데, 메모지를 사는 것보다 훨씬 싸게 먹혔기 때문이었다.

그러니 후원자들이 히틀러나 당에 독일 지폐로 헌금한다면 조롱거리밖에 되지 않았다. 사람들은 빚을 갚을 때만 독일 마르크를 사용했을 뿐, 이제 가치 있는 것은 금과 보석, 그리고 외화였다. 또다시 히틀러에게는 호기가 온 셈이었다. 그는 그 동안 베흐슈타인 부인과 다른 부유층 후원자들로부터 보석 선물을 받은 게 많았던 것이다. 여기에서 당시 히틀러와 베를린에 있던 코른-프랑크 회사의 사장 리하르트 프랑크 사이에 체결한 계약서를 살펴보면 자못 흥미롭다 : '6만 스위스 프랑을 빌리는 담보로 아돌프 히틀러 씨는 리하르트 프랑크에게 뮌헨에 보관해둔 보석과 귀중품을 맡긴다. 보석―백금이 있는 에메랄드 목걸이 하나, 백금과 다이아몬드가 섞인 목걸이 하나, 다이아몬드와 백금이 섞인 루비 반지 하나, 다이아몬드와 백금이 섞인 사파이어 반지 하나, 외알박이 다이아몬드 반지 하나, 은으로 싸여진 다이아몬드 14금 반지 하나, 6.5미터 길이에 11.5센티미터 폭을 지닌 베니스에서 만든 17세기산 부조, 금실 레이스가 달린 빨간색 비단 스페인식 피아노 덮개.' 이로부터 한참 후에 히틀러는 프랑크 씨가 없었다면 아마도 신문사를 유지할 수 없었을 것이라고 말했다.

인플레이션이 극심했던 1923년 히틀러 개인에게 또는 당에 외화나 보석을 선물한 부유한 후원자는 대부분 여자들이었다. 이 가운데 한 사람으로 비니프레드 바그너가 있었다. 그녀는 원래 영국 여자였으며 바그너의 아들이었던 지그프리드의 아내였다. 히틀러와 알게 된 것은 에카르트의 소개를 통해서였는데, 1920년 에카르트는 히틀러를 바이로이트에 데리고 갔고, 거기서 안면을 익히자마자 그녀는 당장 NSDAP당에 입당해버렸다. 이렇게 하여 그녀는 초기 당원 중에 한 명이 되었을 뿐 아니라 히틀러와 플라토닉한 사랑을 나눈 주인공이 되었으며, 또한 재정적으로도 그를 탄탄하게 밀어주었다. 그러자 브루크만 부인과 베흐슈타인 부인은 이에 뒤질세라 다투어 히틀러를 도왔다.

이렇게 여자들로부터 헌금과 선물을 받는 것 외에도 히틀러는 성금을 거두려는 목적으로 푸치 한프슈텡글을 데리고 길을 나서곤 했다. 퇴직한 총영사 살레가 바로 물주 가운데 한 사람이었는데, 그는 엄청난 부자로 알려져 있었고, 당시 슈타른베르크 호수가의 궁전 같은 집에서 살고 있었다. 정원에는 공작이 위풍당당하게 걸어다니고 있었고, 연못에는 백조들이 유유히 떠다니고 있을 정도였다. 집 앞에 주차되어 있던 롤스로이스를 보자 히틀러는 보닛 끝에 달려 있는 마스코트가 니켈이 아니라 금으로 된 것이라고 설명해주었다. 한프슈텡글의 눈에는 살레 집에 있는 모든 것들이 생소하고 부담스럽기만 했다. 살레의 부인은 생 루이에 있는 유명한 맥주 양조장 집의 딸로서, 한프슈텡글은 2차 세계대전이 벌어지고 있는 동안 미국인들과의 인터뷰에서 그녀에 관해 이렇게 묘사하고 있다: "그녀는 체격이 크고 뚱뚱한 여자였습니다. 손에는 온통 반지를 끼고 있어서 손가락을 움직일 수조차 없을 정도였죠. 히틀러는 이 집에 들를 때마다 늘 적지 않은 달러나 스위스 프랑을 얻어오곤 했지요."

당시 당과 신문사의 자금 상태는 형편없었다. 돈이 필요한 곳은 이곳뿐이 아니었다. 1921년 창설된 나치스 돌격대원을 유지하는 데도 돈이 들었고, 암거래를 통해 들여온 무기와 장비에 대한 대금을 치르기 위해서도 돈이 필요했다. 수천 명에 이르렀던 나치스 돌격대원들은 대부분 실직자나 대학생이었기 때문에 그들을 붙잡아두려면 최소한 용돈이라도 쥐어줘야만 했다. 게다가 『민중의 눈』도 일간지로 전환됨에 따라 편집부를 증원하고 인쇄비와 종이비도 늘어나는 바람에 비용이 훨씬 많이 들어갔다. 결과적으로 빚이 눈덩이처럼 불어나고 있었다. 자금 상태가 바닥을 헤매고 있을 때는 신문을 찍는 일이 그야말로 아슬아슬한 줄타기와 같을 때도 있었다. 인쇄소 사장 아돌프 뮐러가 인상을 찌푸리며 지불 기한을 연기해주는 경우도 있었지만, 현금을 주지 않으면 기계를 세워버리겠다고 으름장을 놓기도 했다.

1923년 5월에는 이런 일도 있었다. 푸치 한프슈텡글이 아들 에곤이 태어나자 무이자로 빌려주었던 1,000달러를 돌려달라고 히틀러에게 독촉했다. 푸치는 어차피 자신이 편집장이 되지도 못했으니까 특별히 미안한 느낌도 들지 않았다. 뜻하지 않게 빚 독촉을 받은 아만과 히틀러는 돈이 없어서 차용증을 건네줄 수밖에 없었다. 그런데 푸치는 정말 현금이 필요한 사정이었으므로, 크리스티안 베버에게 받은 손해를 보면서 차용증을 넘겨버렸다. 당시 베버는 말을 거래해서 돈을 벌었지만 경마장에서 번 돈도 꽤 많았다. 한 달 뒤 베버는 차용증을 신문사로 보냈고, 신문사는 당연히 지불할 능력이 없었다. 그러자 그는 집달리를 보냈고, 결국 당의 자금에서 돈이 빠져나갔다.

아만은 베버의 그 같은 행동을 '배신'이라고 하며 발을 동동 굴렀지만, 히틀러는 의외로 신경을 곤두세우지 않았다. 오히려 "그놈은 잔인한 놈이야. 하지만 어쨌거나 우리의 가장 오래되고 믿을 만한 동지지. 당을 위해서 한 일이 얼마나 많은가 말이야"라고 말하며 술 주정꾼을 쫓아내고 말을 거래하는 베버의 능력을 두둔하기까지 했다.

이러는 가운데서도 히틀러와 그의 총무 아만이 사적으로 손해 본 것은 전혀 없었다. 1달러만 환전하더라도 지금까지 히틀러가 생활해 왔던 대로 산다면 몇 주일 동안 거뜬히 살 수 있는 돈이 되었기 때문이었다. 굳이 목돈이 아니더라도 외국에 거주하던 동조자들이 보내주는 푼돈을 바꾸면 어마어마한 금액이 되었으니까 말이다. 체코슬로바키아에 살고 있던 추종자들은 체코의 크로네를 송금했고, 이탈리아에서도 히틀러로부터 지시를 받은 쿠르트 뤼데케가 파시스트 동지들로부터 외화를 얻어왔다. 물론, 파시스트들은 헌금을 하면서도 독일인들을 비웃었다. 1922년 나치스가 이탈리아의 파시스트들을 그대로 흉내내어 오른팔을 뻗어서 경례를 하자—소위 말해서 '로마식 인사'였다— 무솔리니는 히틀러를 두고 '티롤 모자를 쓴 시저'라고 비꼬았다.

그에 반해서 히틀러는 무솔리니를 경탄하며 그를 곧잘 따라했는데, 1923년 중반에는 무솔리니가 1922년에 내걸었던 모토 '로마로 행진'을 그대로 모방해서 '베를린으로 행진'을 계획하고 있었다. 이 행진은

11월에 뮌헨의 레지덴츠 가(街)에서 실제로 이루어졌으나 유혈 사태를 일으키며 결국 실패로 끝나고 만다.

여러 나라에서 성금이 들어오기는 했지만, 그 중에서도 가장 많은 자금이 들어오는 곳은 스위스였다. 베를린 사람으로 나치스에 동조하던 에밀 간서 박사가 이곳에서 뛰어난 활약을 한 덕분이었다. 히틀러가 간서 박사를 알게 된 것은 1921년 베를린에서였다. 당시 '지멘스 앤 할스케' 회사의 매니저였던 그는 히틀러를 우파 성향을 띤 장교와 대기업가들의 모임에 초대했다. 간서는 늘 빳빳한 깃이 달린 셔츠와 검은색 양복, 그리고 줄무늬 바지를 입고 다녔다. 그는 프로이센 지방의 신교파들 사이에서도 상당히 중요한 인물이었으며, 루터파와 칼뱅파 가운데 저명인사들과도 잘 아는 사이였다. 1923년에 스위스로 간 그는 칼뱅주의자들과 츠빙글리파 사람들을 만나서 이들에게 모종의 위험이 도사리고 있음을 전했다. 그러니까, 만약 남부 독일에서 종교적 분권주의 운동이 성공하게 된다면 프로테스탄트인 프로이센에서 이탈하여 '가톨릭을 신봉하는 훨씬 거대한 도나우 왕국'이 생겨날 수 있고, 이렇게 되면 프로테스탄트 국가인 스위스도 위험하지 않을 수 없을 것이라는 내용이었다. 간서는 이 말에 신빙성을 실어주기 위해서 프랑스까지 들먹였다. 즉, 이 같은 현상을 부추기고 있는 장본인은 가톨릭 신봉 국가 프랑스로, 만일 도나우 왕국이 독일제국으로부터 이탈하게 된다면 프랑스도 바이에른이 지불해야 할 배상금을 포기하겠다는 의사를 넌지시 비쳤다는 얘기도 덧붙였던 것이다. 이 말을 들은 스위스 사람들이 어느 정도 불안에 떨자, 간서는 이 기회를 놓치지 않았다. 이런 사태를 막기 위해 '뛰어난 노동자이며 탁월한 공화주의자 아돌프 히틀러가 프로테스탄트를 신봉하는 프로이센을 중심으로 하여 독일을 건설하려고 한다'라며 히틀러를 부각시켜서 그를 도와주어야 할 필요성을 강조했던 것이다.

이런 식으로 간서가 기초를 잘 닦아둔 스위스에 히틀러는 여러 번 방문했다. 순전히 성금을 거두기 위한 여행이었다. 한 번은 한프슈텡글을 동반하고 갔으며, 또 한 번은 아렌베르크 왕자가 직접 운전하는 오래된 벤츠 자동차로 뮌헨에서부터 린다우를 거쳐 취리히까지 가기도 했다. 아렌베르크 왕자는 코부르크 공작 부처와 나란히 나치스에 동조했던 몇 안 되는 귀족 가운데 한 사람으로 괴링의 소개를 통해 NSDAP당에 입당했다. 코부르크 공작은 아렌베르크 왕자의 친구였고, 에딘버그 공작과 러시아의 여황제였던 메인 사이에 태어난 아들이었다. 동시에 영국 빅토리아 여왕의 손자이기도 했다.

히틀러와 아렌베르크 왕자는 취리히의 '보르 오 라크' 호텔에 묵으면서 열두 가지 코스가 나오는 식사를 느긋하게 즐기곤 했다. 식사를 마치고 나면 그들에게 스위스 돈이 가득 들어 있는 가방이 전해졌다. 돈뿐 아니라 추천서까지 들어 있는 가방을 들고 히틀러는 며칠 후에 취리히 호수의 왼편 강둑과—소위 '황금 해변'으로 불려졌다—반호프가(街)에 있던 은행가들, 비단 공장을 하는 사장들을 찾아갔다. 수금이 끝나는 즉시 히틀러와 아렌베르크 왕자는 스위스 프랑과 달러로 가득 찬 가방을 들고 독일로 돌아왔다. 히틀러는 기부자들에게 영수증 같은 것은 당연히 주지 않았고, 심지어 돈을 세어볼 생각도 안 하고 아만에게 돈 가방을 던져주었다. 아만은 사적으로 히틀러의 돈을 관리하고 있어서 손해를 입지 않도록 각별히 신경을 썼다.

자금 조달에 있어서 히틀러를 도와주었던 사람들 가운데 중요한 역할을 한 사람이 또 있다. 그는 에르빈 폰 쇼이브너 리히터라는 자인데, 발트제국 사람으로 히틀러보다는 다섯 살 위였고, 1905년 혁명 당시 카자흐 부대 소속 젊은 장교로서 폭동군에 대항해서 싸운 적이 있었다. 제대한 뒤 뮌헨에서 공대를 다녔고, 그런 뒤에 바이에른 통치하에 들어가서 독일 시민이 되었다. 베를린에서 캅이 쿠데타를 일으켰을 때 그는 캅의 언론보좌관으로 일하다가 쿠데타가 실패로 끝나자 뮌헨으로 거주지를 옮겨버렸다.

쇼이브너 리히터는 뮌헨에서 옛 친구 알프레드 로젠베르크를 다시 만나게 되었다. 로젠베르크는 상트 페테르부르크와 모스크바에서 건축을 공부하고 툴레 단원이 되면서 히틀러와 함께 일하고 있었다. 뮌헨에 살고 있던 러시아 인들 사이에서 중요한 인물로 간주되었던 로젠베르크는 쇼이브너 리히터를 러시아 이주자 그룹으로 끌어들였을 뿐 아니라 히틀러에게도 소개시켜 주었다. 쇼이브너 리히터는 히틀러의 매력에 완전히 반해서 그를 '새로운 독일의 예언자'라고까지 불렀다고 한다. 그래서 1920년 말에 그는 아내 마틸데와 함께 NSDAP당에 입당하게 되었다.

쇼이브너 리히터는 거의 모든 단체를 잘 알고 있었는데, 바이에른의 귀족과 사교계, 은행가들은 물론이고, 로이쉬나 티센과 같은 대기업의 총수들과도 돈독한 관계를 유지하고 있었다. 또한 루덴도르프와도 친했다. 바이에른 정부에서 기록한 '히틀러의 쿠데타 관련 기록부'를 살펴보면, 그가 엄청난 금액을 당에 끌어들였다고 적혀 있다. 그는 사방팔방으로 쫓아다니면서 자금을 구할 필요도 없었다. 아내가 상당한 재산을 가지고 있었고, 더욱이 자신도 석유상이었기에 돈을 모으는 것이 큰 부담이 아니었던 것이다. 11월 쿠데타로 그가 사망하자, 히틀러는 "그를 대신할 사람은 아무도 없다"라고 말하긴 했지만, 다른 희생자들에 대한 애도의 표현에 비하면 좀 미미한 태도였다.

히틀러의 미적지근한 대우와는 달리 쇼이브너 리히터는 당 자금 마련을 위해 성심성의를 다했다. 러시아 이민자들 가운데, 특히 카우카수스 지방에서 원유업을 하는 기업가들로부터 자금과 물자를 공급받는데 게을리하지 않았다. 쇼이브너 리히터가 기록해둔 기부자들의 명단을 읽어보면 너무 쟁쟁한 사람들이 많아서 놀라움을 금치 못하게 된다. 구카소프, 쾨펜 남작과 폰 로이텐베르크 공작을 위시해서 부유한 러시아 출신의 귀족은 물론이고 노벨과 같은 사람의 이름도 들어 있으니까.

러시아 이민자들 가운데 가장 중요한 인물은 단연코 장군 바실리 비스쿠프스키를 들 수 있다. 그는 거의 무조건적으로 히틀러를 지원했으며 헨리 디터딩 경(卿)과 쉘 석유회사 재벌을 재정적인 후원자들로 끌어들이는 데도 성공했다. 비스쿠프스키 또한 쇼이브너 리히터처럼 히틀러를 보고 단번에 반해버렸던 사람이었다. 비스쿠프스키는 광적인 러시아 반공산주의자로 히틀러에게서 군중들과 공산주의자들을 떼어놓는 진정한 지도자의 모습을 발견한 셈이었다. 비스쿠프스키의 목적은 독일의 국수주의 세력과 보수적인 러시아 이민자들의 세력을 연합하여 러시아에 있는 볼셰비키 정권을 타도하는 것이었다. 그는 거의 모든 러시아 이민자들처럼 극단적인 반유태주의자이기도 했다.

비스쿠프스키가 NSDAP당에 끼친 가장 큰 공로는, 바로 1922년 로마노프 왕조의 바람대로 키릴 블라디미로비치에게 차르 왕관이 돌아가게 한 것과 키릴을 히틀러의 편으로 만든 데 있었다. 당시 파리에 머물고 있던 많은 러시아 군주주의자들이 황제의 사촌 니콜라이 니콜라예비치를 지지하고 있었지만, 총살당한 러시아 황제 니콜라우스 2세의 조카였던 키릴 역시 왕좌를 이어받을 권리가 있었다. 비스쿠프스키는 니콜라이의 즉위를 적극적으로 반대해서 싸웠는데, 절대왕권의 부활을 외쳤던 그는 니콜라이야말로 민주주의와 입헌주의를 가져온 주인공이며 프랑스의 꼭두각시라고 비난했다.

키릴은 독일어를 유창하게 구사하기도 했다. 그의 어머니 마리아 파블로브나는 북독일 해안에 위치한 메클렌부르크 주(州)의 대공부인이었다. 어린 시절에 독일 출신의 하녀와 가정교사로 둘러싸여 있었으므로 독일어는 그에게 매우 친숙한 언어였던 것이다. 또한 그의 친척 아주머니였던 대공부인 알릭스는 그와 늘 독일어로 대화를 나누곤 했다. 혁명이 끝난 뒤에 키릴은 우선 남프랑스에 갔다가, 1922년이 되자 아내 빅토리아 대공부인과 함께 코부르크로 이주했다. 이곳은 아내의 친남매 코부르크 공작이 살고 있는, 이른바 아내의 고향이었다. 그녀는 키릴이 즉위할 수 있도록 적극적으로 도와주었으며 정열적인 민족주의자이기도 했다. 그녀는 남편이 정치적인 힘을 가지는 데 필요한 성금모금을 위해서 외국을 자기 집처럼 드나들었고, 나치스당도 덩달아 챙겨주었다. 어찌나 적극적으로 활약을 했던지 사람들은 흔히 남편보다 그녀가 나치스를 더 많이 도와주었다고 할 정도였다. 자신이 소지하고 있던 보석까지 히틀러에게 아낌없이 바치다보니 자연히 키릴과 빅토리아는 쇼이브너 리히터 부부와 아주 친한 사이가 되었다.

러시아의 왕위 계승자, 대공, 장군들이 앞다투어 히틀러의 일을 도와주는 모습은 독일 상류층의 눈에 히틀러라는 인물을 더욱 돋보이게 만드는 결과를 가져왔다.

그러는 사이, 히틀러가 청소년 때부터 꿈꾸어왔던 삶, 즉 힘들게 노동을 해서 살아가는 삶이 아니라 드라마틱하고 화려하며 박수갈채를 받는 삶이 마침내 이루어진 것처럼 보였다. 그는 이제 여러 대의 자동차를 갖게 되었고, 모임의 중심 인물이었으며, 집에서는 왕자들과 기업가 그리고 지방 명사들로 둘러싸여 있었다. 한 번은 이런 적도 있었다. 베흐슈타인 부인은 만일 히틀러가 자신의 딸과 결혼하게 된다면 정말 좋을 것이라는 뜻을 은근히 내비쳤고, 히틀러 또한 그럴 의향이 없지 않다는 것을 시사했다. 신문 『민중의 눈』의 사장으로 생을 마치고 싶다고 말하면서.

물론 히틀러는 서민적이고 편안한 삶을 위해서 정치적인 야망을 포기할 인물이 아니었다. 그는 무솔리니와 자신을 비교하면서 '베를린으로 행진'을 감행할 적당한 시기를 곰곰이 생각하던 중이었다. 1923년이 되자 마침내 이 계획을 실현할 절호의 기회가 찾아왔다.

히틀러는 나치스 돌격대가 아무리 철저하게 무장을 하더라도 쿠데타를 성공시키기에는 역부족이라는 사실을 너무나도 잘 알고 있었다. 누군가의 도움이 필요했다. 고민 끝에 에른스트 룀이 나서서 무장한 극우파 편대 4대대를 나치스 돌격대에 끌어들이는 데 성공했다. 끝으로 히틀러는 국가적인 영웅이었던 루덴도르프 장군을 '베를린으로 행진' 이라는 기치를 내건 쿠데타의 간판 인물로 내세웠다.

1923년 가을이 되자 사태가 급격히 진행되었다. 우선 물가는 상상을 초월할 정도로 치솟았다. 그러니까, 9월부터 11월까지 버터 1킬로그램의 가격이 1억 마르크에서 6조 마르크로 올랐고, 셔츠 한 장은 4억 마르크에서 8조5천억 마르크가 되었다. 정치적인 상황도 마찬가지로 위험천만한 상태였다. 9월 26일 새로 임명된 제국의 수상 슈트레제만이 독일 측에서 배상금 지불을 다시 이행할 것이라는 소식을 발표하자 사회 전반에 동요가 일어났다. 하는 수 없이 제국의 대통령 에버르트는 비상사태를 선포하면서 국방부장관 게슬러와 군사령부 총사령관 젝트 장군에게 제국 전체에 대한 행정권을 이양해버렸다.

하지만 바이에른은 제국의 행정권에 순순히 따르지 않았다. 바이에른 내각의 총리는 국가 비상사태를 공포함과 동시에 왕권주의자였던 구스타프 리터 폰 카르를 국가 총사령관으로 임명하면서 그에게 전권을 넘겨주고 말았다. 그러자 카르는 바이에른 제국의 국방부 총사령관 오토 폰 로소브와 바이에른 경찰청장 한스 리터 폰 자이서와 연대를 결성하였다.

카르가 전권을 잡고 한 첫번째 일은, 에버르트 대통령이 발표한 비상사태는 바이에른 지방에는 전혀 유효하지 않다는 사실을 공포한 것이었다. 다시 말해, 그는 베를린으로부터 어떠한 명령도 받아들이지 않겠다는 의사를 표시했던 것이다. 이른바 명령 불복종인 셈이었다. 젝트는 하는 수 없이 바이에른에 있던 부하 로소브에게 신문 『민중의 눈』을 금지하고 룀의 군단에서 뛰어난 활약을 하던 세 명을 체포하라는 명령을 내렸다. 물론 그는 로소브가 이미 바이에른 편이 되었다는 사실을 모르고 있었다. 로소브가 주춤거리고 있자 젝트는 자신의 명령을 취소해버렸고, 곧이어 카르는 로소브가 바이에른의 지휘관이므로 베를린으로부터 어떠한 명령도 받지 않는다고 알렸다. 심지어 장교들과 군인들도 바이에른 헌법을 걸고 충성서약을 해야만 했다. 국경이 폐쇄되면서 있을지도 모를 프로이센으로부터의 공격을 대비해서 튀링겐으로 가는 국경에는 바이에른의 군인들이 지키고 있었다. 또한 뷔르템베르크와의 국경에도 보초병들이 지키고 있었다.

이렇게 하여 베를린과의 대립은 백일하에 드러났고, 남은 것은 바이에른이 제국으로부터 이탈하는 시기만 남아 있었다. 히틀러는 드디어 기회가 왔다고 생각하고 카르와 로소브에게 베를린이 먼저 공격하기 전에 베를린으로 행진하자고 제안했다. 하지만 뜻밖에도 두 사람은 이를 거절하면서 만일 히틀러가 쿠데타를 일으킨다면 자신들이 진압하겠다고 못을 박았다.

히틀러는 자신의 추종자들을 실망시키고 싶지 않았기에 두 사람의 경고에도 불구하고 물러서지 않았다. 그는 11월 10일에서 11일 사이에 뮌헨에 있는 나치스 돌격대와 연합군대들로 하여금 행진하도록 하면서 '국가적인 혁명'을 외칠 작정이었다.

11월 8일 저녁이었다. 카르가 뷔르거브로이 술집에서 새로 출범하게 될 바이에른 정부의 프로그램에 관해서 설명회가 있게 될 것이라는 소식이 전해졌다. 자이서, 로소브와 몇몇 다른 지휘관들이 참석할 예정이라는 소문이었다.

히틀러가 두려워했던 것은 무엇보다 이 모임에서 카르가 바이에른의 독립을 외치며 황태자 루프레히트를 왕으로 추대할 가능성이었다. 다시 왕권으로 복귀하는 사태는 어떻게든 막아야만 했다.

모임이 있던 날 밤 8시경 히틀러와 몇몇 나치스 간부들은 카르가 지루한 연설을 하고 있던 술집에서 만났다. 이들은 홀 안으로 몰려갔고, 푸치 한프슈텡글은 한 잔에 50억 마르크나 하는 맥주를 동료들에게 돌렸다. 그러는 동안 600명이나 되는 나치스 돌격대원들이 잽싸게 건물을 에워쌌고, 8시 반이 되자 헤르만 괴링이 스물다섯 명의 나치스 돌격대를 대동하여 술집을 점거하고 입구에 무장한 사람을 배치시켰다. 이제 히틀러가 나설 차례였다. 그는 모닝코트 차림으로 식탁 위로 올라가서 총을 몇 발 쏜 뒤에 외쳤다: "국가적인 혁명이 일어났다! 이 건물은 중무장을 한 사람들에 의해서 포위되었고, 여기 있는 어느 누구도 이 장소를 떠나서는 안 된다!"

술집에 앉아 있던 사람들이 영문을 몰라 웅성대기는 했지만 소동은 일어나지 않았다. "브라보!"라고 외치는 사람이 있는가 하면, "남아메리카!" 또는 "삼류 희극이야!"라고 고함을 지르는 사람이 있기는 했다.

식탁에서 내려온 히틀러는 카르와 로소브 그리고 자이서를 권총으로 위협해서 술집의 구석방으로 몰고 갔다. 물론 협상을 하기 위해서였다.

이들은 처음에는 히틀러의 제안을 완강하게 거절하면서 오히려 약속을 깬 히틀러를 비난했다. 하지만 루덴도르프가 나서서 설득을 하자 바이마르공화국에 대항하는 히틀러의 쿠데타에 합류하겠다고 약속했다. 이들의 동의를 얻어낸 히틀러는 개선장군처럼 술집의 홀로 다시 돌아가서 연설을 했고, 사람들로부터 우레와 같은 박수를 받았다.

연설이 끝나자 새로운 소식이 들려왔다. 나치스 돌격대와 국방부 사이에 충돌이 일어났다는 보고였다. 히틀러는 루덴도르프에게 모든 것을 일임하고 술집을 떠났다. 루덴도르프는 카르, 로소브와 자이서에게 충성서약을 하면 보내주겠다고 말했지만, 그들은 대답 대신에 코웃음 치며 그 자리를 떠났다. 이들은 사무실에 도착하자 쿠데타를 진압하기 위한 대책을 마련하기 위해 머리를 짜내기 시작했다.

그 다음날 새벽, 히틀러는 인쇄소에 있는 모든 종이돈을 몰수해서 뷔르거브로이 술집의 지하실로 가져오라고 나치스 돌격대원들에게 명령했다. 이 당시의 일을 기억하며 한프슈텡글은 이렇게 말했다. "창고는 담배와 시가 연기로 가득했습니다. 그 안에는 작은 연단이 있었는데, 여기에 대략 1.5미터 되는 돈더미가 쌓여 있었어요. 금방 찍어낸 수천 장의 10억 마르크짜리 뭉치였지요."

이러는 와중에 히틀러는 세 사람, 즉 카르와 로소브 그리고 자이서가 그를 배반했다는 소식을 듣게 되었다. 이제 루덴도르프와 그는 쿠데타를 성공시킬 수 있는 방법을 생각해내야만 했다. 두 사람은 궁리 끝에 당시 루트비히 가(街)에 위치한 국방부 건물에 진을 치고 있던 룀 군대와 합류하기 위해서 뮌헨 시가지를 행진하기로 결정했다.

히틀러가 이끈 무리들은 뷔르거브로이 창고에서 출발하여 이자르 강을 지나 마리안 광장과 비좁은 레지덴츠 가(街)를 통과해서 오데온 광장으로 행진했다. 루덴도르프, 쇼이브너 리히터, 히틀러가 제일 앞줄에서 행진했다. 11시 반에 쿠데타 군은 레지덴츠 가를 지나 오데온 광장에 이르렀는데, 여기에서 경찰들과 부딪히게 되었다. 맨 먼저 쿠데타 군에서 총 한 발이 발사되자 경찰이 총알을 난사하기 시작했다. 쇼이브너 리히터를 포함하여 16명의 나치스들이 총에 맞았고, 쇼이브너 리히터가 히틀러를 붙잡고 바닥에 쓰러지는 바람에 히틀러는 어깨를 삐었다. 괴링은 중상을 입었으나 한 유태인 가게에 피신하여 목숨을 건졌다. 나중에 그는 아내와 함께 다른 사람의 이름으로 여행을 떠났다. 젊은 나치스 돌격대 소속 의사였던 발터 슐츠가 히틀러를 재빨리 근처에 세워두었던 차에 태워서 뮌헨의 남쪽으로 도망쳤다. 푸치 한프슈텡글은 오스트리아로 갔고, 히틀러는 우핑에 있던 한프슈텡글의 집으로 도망가서 그곳에 있던 헬레네로부터 치료를 받았다. 한프슈텡글의 아내 헬레네는 히틀러를 다락방에 숨겨주기까지 했다. 하지만 이틀 뒤에 그는 경찰에 체포되어 구류를 살게 되었다. 이렇게 하여 히틀러의 정치경력의 제1단계가 막을 내렸다.

11월 말에 인플레이션도 오랜만에 제자리걸음을 했다. 11월 20일 달러는 4조2천억 종이 마르크로 고정되었고, 1조 마르크 종이돈은 1렌텐 마르크로 교환되었다. 통화량도 240억 렌텐 마르크 이상을 넘지 않도록 하는 규정이 만들어졌으며, 동시에 새로 나온 렌텐 마르크가 서서히 안정되기 시작했다. 그러면서 한동안 1렌텐 마르크를 바꾸기 위해서 필요했던 1조 종이 마르크는 시장에서 점점 모습을 감추게 되었고, 인 플레이션 또한 사라졌다. 다시금 사람들은 희망을 가지게 되었다. 심지 어 1924년에서 1929년까지 바이마르공화국은 소규모이긴 하지만 '경 제기적'을 이뤄내기까지 했다.

란츠베르크 감옥에서 구류를 살고 있던 히틀러는 1924년 2월에 뮌헨 에서 열리게 될 재판을 준비하고 있었다. 이즈음 그는 자신이 너무 빨 리 정치적인 협상을 벌였다는 사실을 통감했고, 앞으로 권력을 잡기 위 해서는 국회주의의 원칙을 따르는 게 유리하다는 점을 깨닫게 되었다. 정치적인 권력을 잡는 것에 머물지 않고 부자가 되어야겠다는 결심을 하게 된 시점도 바로 이때였다.

7
부와 권력으로 가는 길

1925년 11월 24일 하노버 지역 지구장이자 교사였던 베른하르트 루스트의 집에서 북서독 지역 나치스당 지구장 회의가 열렸다. 토론이 시작되자 스물여덟 살로 이미 철학 박사였던 요셉 괴벨스가 입을 열었다. 그는 당시 실패한 극작가이자 연극비평가였으며, 얼마 전까지만 해도 뒤셀도르프 증권거래소에서 근무한 경력이 있었다. 이때는 그레고르 슈트라서의 비서로 활동하면서 사회주의 혁명 색채가 물씬 풍기는 월간 잡지의 발행인이기도 했다. 그는 라인 지방의 억양이 담겨 있는 낭랑한 목소리로 이렇게 말했다: "저는 소(少)부르주아인 아돌프 히틀러를 당에서 축출해야 한다고 강력히 주장하는 바입니다!"

당시 세간을 떠들썩하게 했던 11월 쿠데타가 일어난 뒤 2년 동안 무슨 일이 일어났기에 쿠데타의 주동자이자 혁명가였던 아돌프 히틀러가 북쪽에 있는 그의 동지들의 눈에 바이에른의 부르주아로 낙인찍히게 된 것일까? 1923년 11월 11일 히틀러가 푸치 한프슈텡글의 별장에서 체포되었을 당시만 해도 비교적 단기간에 이루어냈던 그의 정치적 성공은 막을 내리는 것처럼 보였다. 반역죄라는 죄명을 쓴 히틀러는 구류 기간 동안 상당히 우울한 상태에 빠져 있었다고 전해진다. 어떤 죄명으로 얼마나 오랫동안 감옥에 갇혀 있을지 전혀 알 수 없었기에 그의 불안이 증폭되었던 것이다. 히틀러가 갇혀 있던 감옥에는 작가 에른스트 톨러도 있었다. 그는 뮌헨의 인민공화국 설립에 참여하여 히틀러처럼 반역죄로 겨우 사형을 면한 채 무기징역을 선고받았다. 그러니 히틀러는 심리적으로 불안정했으며 게다가 육체적으로도 최악이었다. 쿠데타가 일어났던 날 다친 어깨뼈는 다시 끼워놓은 뒤에도 참을 수 없을 정도로 아팠다. 끔찍한 고통 때문에 히틀러는 모르핀 주사를 맞기는 했지만 괴링만큼 심각하지는 않았다. 괴링은 총상을 입은 채 이탈리아로 도주를 했다가 고통이 너무 심한 나머지 그만 모르핀 주사에 중독되고 말았기 때문이다. 한때 히틀러는 자신이 처해 있는 상황에 대한 반항으로 감방에서 단식투쟁을 벌이기도 했다. 하지만 옛 동료였던 안톤 드렉슬러가 찾아와서 그런 연극으로 자신의 건강을 해치는 일은 어리석다며 중지하라고 간곡히 부탁을 해서 금방 그만두었다.

드디어 1924년 2월에 히틀러에 대한 특별 재판이 뮌헨의 블루텐부르크 가(街)에서 열렸다. 건물은 과거에 히틀러가 군에 지원하면서 훈련을 받았던 보병학교였다. 피고인들은 히틀러 외에도 많았다. 루덴도르프 장군, 에른스트 푀너, 퇴직한 뮌헨 경찰청장, 빌헬름 프리크 박사, 뮌헨 경찰청에서 근무하던 고급 공무원, 수의과 의사 프리드리히 베버 박사, '오버란트 연맹'의 지도자, 퇴역한 대위 에른스트 룀, 퇴역한 중위 빌헬름 브뤼크너, 퇴역한 소위 로베르트 바그너, 퇴역한 중위 헤르만 크리벨과 하인츠 페르네트, 퇴역한 중령이자 쿠데타에서 하찮은 심부름꾼 노릇을 했던 루덴도르프의 양아들이 있었다.

재판은 그야말로 우스꽝스러울 정도로 시시하게 끝이 났다. 피고인들은 하나같이 좋은 대우를 받았으며, 누가 보더라도 판사와 배석판사 그리고 검사가 쿠데타를 일으킨 사람들에게 최대한 선처를 베풀고 있다는 것을 느낄 수 있었다. 4월 1일 내려진 판결은 다음과 같다: '루덴도르프 무죄. 브뤼크너, 룀, 바그너, 프리크와 페르네트 1년 3개월 금고에 각각 100마르크 벌금. 형벌은 즉시 집행유예로 처함. 히틀러, 베버, 크리벨과 푀너 5년 금고에 각각 200마르크의 벌금.' 이들은 6개월간의 징역이 끝나면 나머지 기간은 집행유예로 풀어줄 가능성이 있다.

형을 마치면 히틀러 같은 성가신 외국인은 추방해버리자는 검사의 제안은 기각되고 말았다. 재판정은 히틀러의 '탁월한 용기'를 고려해서 그런 결정을 거부했던 것이다. 판결이 내려지자 방청석에서는 우레와 같은 박수 소리가 터져나왔다고 재판 기록부에 적혀 있었다.

이어지는 재판에서 다른 쿠데타 참여자들 또한 가벼운 벌을 받는 데 그쳤다. 다만 루돌프 헤스와 40명의 히틀러 돌격대원들은 형기를 마쳐야만 했다. 슈트라이허, 아만과 슈트라서는 즉시 풀려났고, 괴링과 에서는 외국에 머물고 있었기 때문에 머지않아 사면장이 날아갈 예정이었다.

재판이 끝나자 히틀러는 우울했던 기분을 훌훌 벗어던졌다. 법원에서 내려진 가벼운 형벌로 기운을 회복한 히틀러는 무엇보다 형무소 담 너머에 있는 당을 포기해서는 안 된다는 생각부터 떠올랐다. 바이에른 형 집행부는 국가를 반역한 죄인이 반역 행위를 계속하는 것을 금지시킬 의도는 전혀 없는 듯했다. 이런 상황이었으니 히틀러는 마음대로 활개를 칠 수 있었다. 그리하여 그는 감옥에서도 마치 당 사무실에 있는 것처럼 파견단을 맞이하는가 하면, 회의를 그만두게 한다거나 시위를 알리기도 했다. 물론 여행만은 할 수 없었지만.

당 지도자로서의 활동을 마음껏 펼치던 히틀러는 감옥에서도 산더미 같은 선물 공세를 받았다. 꽃, 초콜릿, 과자와 책도 있었고, 물론 외화도 들어왔다. 덕분에 히틀러와 동료들은 감방에서도 호텔처럼 호화로운 생활을 즐기는 데 아무런 문제가 없었다. 콘라드 하이덴은 나중에 히틀러의 감방 생활을 다음과 같이 묘사했다: "2층에 커다란 창이 두 개나 있는 방이었어요. 음……, 물론 전망이 상당히 좋았죠. 게다가 침대, 의자, 옷장은 물론 널따란 책상까지 있었답니다. 바로 이런 방에서 아돌프 히틀러는 징역을 살았던 거죠."

이번에는 당시 면회를 다녀왔던 푸치 한프슈텡글의 말을 인용해보자: "그러니까 그 방은 마치 진수성찬을 진열해놓은 가게 같았죠. 쌓여 있던 물건들로 꽃가게나 과일 가게 또는 와인 가게도 열 수 있을 지경이었으니까요. 독일의 전 지역에서 선물이 속속 도착했습니다. 언뜻 봐도 히틀러는 살이 많이 쪘더군요." 주로 선물 세례를 퍼붓는 주인공들은 히틀러를 숭배하는 여자들이었는데, 이들은 감옥을 제집처럼 드나들었다. 이들 가운데 베흐슈타인 부인, 브루크만 부인과 비니프레드 바그너가 가장 부지런했다. 심지어 베흐슈타인 부인은 히틀러를 좀더 자주 방문하기 위해서 자신이 히틀러의 양어머니라고 사칭할 정도였다.

그녀는 선물을 주는 것으로 그치지 않았다. 히틀러의 장래를 위해서 남편에게 한 가지 부탁을 했던 것이다. 히틀러가 뮌헨에 있는 독일 한자 은행(Hansa Bank)에서 4만5천 마르크 상당의 대부를 받는 데 보증을 서 달라고 요청했다. 그렇게 해야 감옥에서 나온 뒤에도 무일푼 신세를 면할 수 있다며 떼를 썼다. 베흐슈타인은 아내 몰래 한숨을 쉬면서 보증인이 되긴 했지만 결국 돈을 갚는 것은 본인의 몫으로 돌아갔다. 히틀러는 형을 마치고 나오자 대부금의 이자만 물었지 원금은 결코 갚지 않았기 때문이다.

형무소에서는 아침 6시가 되면 기상하고 밤 10시면 잠자리에 드는 게 원칙이었지만, 히틀러와 헤스, 베버, 크리벨은 아침에도 잘 수 있었고 밤이 되더라도 불을 켠 채 독서를 하든 뭘 하든 마음대로 할 수 있었다. 감방에서의 자유로운 생활은 여기에서 그치지 않았다. 히틀러는 형무소로부터 작업실 겸 면회실로 사용하라며 넓은 방까지 얻게 되었다. 그는 이 방에서 짧은 가죽바지에 브루크만 부인으로부터 선물받은 자수가 놓여진 녹색 멜빵을 하고 넥타이까지 매고서 독서를 하기도 했다. 책상 위에는 커피잔과 설탕 그릇이 놓여 있었고, 뒷벽에는 그를 추종하는 사람들이 수를 놓아서 보낸 월계관이 걸려 있었다. 더욱이 서른다섯 살 생일날에는 꽃과 소포 꾸러미가 어찌나 많이 왔는지 방 몇 개를 가득 채울 정도였다.

형무소 안과는 달리 바깥의 정치적인 분위기는 히틀러에게 그다지 우호적이지 않았다. 그는 대리인으로 알프레드 로젠베르크를 지명해둔 상태였다. NSDAP당이 금지되었기에 로젠베르크는 '대독일 민중단체'

라는 조직을 새로이 창립했으나 당시만 하더라도 전혀 알려지지 않았다. 더군다나 로젠베르크라는 인물에게도 문제가 많았다. 권위도 없었을뿐더러 냉정한 성격 때문에 사람들로부터 반감을 불러일으켰다. 이어서 히틀러는 푀너를 다시 지명했지만, 그는 자신의 형을 연기하는 데만 골몰했다. 게다가 형무소 담 밖의 당원들은 이구동성으로 그의 무능을 들고일어났다. 당 내부의 분열도 심각했지만, 우후죽순처럼 다른 당이 생겨나는 바람에 정치적인 상황은 어수선하기만 했다. NSDAP당이 사라지자 이를 대신하려는 수많은 조직이 탄생했는데, 그 가운데 가장 성공적인 당은 북독일 지방에서 창당한 '독일민중자유당'이었다. 급속한 성장으로 1924년 5월 4일에 이 당은 제국의 의석 가운데 32석을 차지할 정도의 힘을 발휘하고 있었다. 이 당에서 눈에 띄게 활약한 사람은 쿠데타를 함께 일으킨 장본인 루덴도르프였다. 히틀러를 경멸한 그는, 11월 9일 혁명 당시 도망친 히틀러를 한껏 비방하는 소리를 높였다. 설상가상으로 바이에른에서는 당원끼리 심각한 반목 현상이 일어나고 있었다. 로젠베르크는 슈트라이허와 에서를 반대했고, 슈트라이허는 슈트라서를, 드렉슬러는 에서를 반대했다. 이 소식을 접한 히틀러는 "모두들 나를 속이고 마치 내가 쓸모없는 장비라도 되는 듯이 구석에 처박아두고 있어!"라고 소리치며 불같이 화를 냈다. 분노에 떨며 히틀러는 마침내 자신은 더 이상 당을 이끌지 않을 생각이며 감옥에 있는 동안 어떠한 정치적인 활동도 하지 않을 것이라는 편지를 써서 신문사로 보냈다. 지금까지 그가 수행해왔던 모든 정치적인 전권을 돌려줄 것이며, 더 이상 자신에게 직책을 떠맡기지 말아달라는 부탁도 했다. 마지막으로, 앞으로는 개인적인 이유에서건 정치적인 사안 때문이건 자신을 면회하러 오지 말라고 썼다.

이러는 와중에 루덴도르프는 '자유당'의 당수가 되었고, '자유당'의 이름을 '민족사회주의자유당'으로 바꿨다. 이제 히틀러는 권좌에서 밀려나버린 셈이었다.

히틀러가 당에서 손을 떼겠다는 통첩을 한 뒤에 아무런 활동을 하지 않은 것은 아니었다. 그는 1924년 7월부터 책을 쓰기 시작했다. 정치적인 이론뿐 아니라 자서전의 성격을 띤 책이었다. 처음에는 손가락 두 개로 형무소장에게서 빌린 타자기를 사용했으나, 나중에는 동지였던 에리히 모리스가 받아썼다. 모리스는 속기는 물론이고 타자 실력도 아주 괜찮은 편이라 이 일을 하다보니 어느새 감옥에서 히틀러의 '하인'으로 알려지게 되었다. 동료 죄수였던 루돌프 헤스는 히틀러의 글 쓰는 작업에 매료되어 자청해서 도와주었다.

흔히 헤스는 히틀러가 불러주는 내용을 그대로 받아적거나 타이핑을 했을 뿐이라고 주장하는 사람들이 많으나 사실 그렇지가 않다. 물론 책 가운데 몇몇 장은 타이핑만 한 것이 사실이지만, 그는 그것보다 훨씬 많은 일을 했다. 히틀러의 생각을 정리하는가 하면, 충고도 했고, 편집을 하고 자신의 생각도 포함시켰던 것이다. 말하자면 헤스가 공동 저자라고 해도 결코 과언이 아니다. 만일 그가 이런 작업을 하지 않았더라면, 무미건조하고 애매한 히틀러의 사고를 독자들이 이해하기란 훨씬 힘들었을 게 분명하다. 헤스의 아들이었던 볼프 뤼디거의 말에 의하면, 헤스는 히틀러와 대화할 때마다 기록을 해두었다고 한다. 아마 시간이

날 때마다 적어둔 이 기록이 책이 나오는 데 훌륭한 자료가 되었을 것
이다. 책이 출판된 이후 히틀러가 이를 통해서 벌어들인 수백만 마르크
가운데 헤스가 받은 것은 한푼도 없다. 공동 저자들이 원래 누릴 수 있
는 권리임에도 불구하고 말이다.

열성 추종자인 부인네들을 제외하고 히틀러를 가장 많이 방문한 사
람은 루돌프 헤스가 스승으로 받들었던 퇴역한 장군 칼 하우스호퍼였
다. 그는 당시 대학교수이자 뮌헨 지리정치학 연구소 소장을 맡고 있었
다. 세 사람, 즉 하우스호퍼, 히틀러, 헤스는 자주 길고 긴 대화를 나누
곤 했는데, 이때마다 헤스는 기록하는 것을 잊지 않았다. 동구의 슬라
브 민족을 희생시키더라도 독일의 땅을 넓혀야만 한다는 히틀러의 터
무니없는 주장은 알고 보면 지리정치학에 밝은 하우스호퍼 교수의 이
론적 뒷받침으로 학문적인 모습을 갖추게 된 셈이었다. 하우스호퍼는
유명한 지리정치학자였을 뿐만 아니라, 비교(秘敎)에도 심취해 있었
다. 일본에서 대사관 부속 무관으로 근무하던 시절에 그는 선(禪)불교
를 공부한 적이 있었다. 티베트에서 라마의 가르침을 받았다고 주장하
기도 했는데, 어쨌든 그는 디트리히 에카르트 다음으로 히틀러에게 비
교를 가르친 스승이 되었다. 하우스호퍼는 베를린에서 비밀결사 단체
를 만들었다. 힌두교의 쿤달리니 에너지에서 이름을 따온 '브릴(Vril)
단'은 아리안 인종의 근원을 연구하고 신비적인 에너지인 '브릴'을 불
러내기 위한 집중법을 알아내는 것을 목표로 삼았다. 그는 러시아의 마
술사이며 비교도였던 그레고르 이바노비치 구르드예프의 제자로, 이
두 사람 모두 티베트의 비밀 단체와 소통하여 '초인'의 비밀을 알고 있

다는 주장을 펼쳤다. 그런데 사실은, 영국의 작가이자 비교주의자였던 불워 라이턴이 미래에 도래할 인종에 대한 글을 쓰면서 초인이라는 단어를 사용했고, 두 사람은 이것을 그대로 인용했을 뿐이었다.

히틀러가 비교주의자였던 하우스호퍼로부터 어느 정도 영향을 받았는지는 확실하지 않다. 헤스 역시 교수의 열렬한 추종자였고 히틀러에게—적어도 전쟁이 발발하기까지—주목할 만한 영향을 주었다. 최소한 1933년 정권을 잡을 때까지 히틀러는 신비스러운 심령훈련에 많은 시간을 투자했음에 틀림없다. 마침내 헤르만 라우쉬닝과 비니프레드 바그너가 그에게 경고를 했다. "남에게 해를 끼치는 마술을 멀리하세요. 마술에는 남을 해롭게 하는 것과 그렇지 않은 것이 있죠. 당신이 한번 나쁜 마술에 빠져들면, 이것이 당신의 운명을 좌우하게 될 테니까, 정말 조심하세요." 브릴단 회원이었다가 1933년 이민을 가버린 로켓 연구가 빌리 레이의 말을 믿어도 된다면, 그 비밀결사대에는 알프레드 로젠베르크와 힘믈러, 그리고 괴링이 속해 있었을 뿐 아니라, 나중에 히틀러의 담당 의사였던 모렐 박사와 공포물 작가였던 하인츠 에버스 외에도 히틀러가 포함되어 있었다고 한다. 이를 뒷받침해주는 몇 가지 사건도 있다. 세간에서 평은 나빴지만 그래도 유명했던 마술사 얼라이스트 크로울리와 구르드예프가 히틀러를 만나려고 했다는 사실은 이미 알려진 이야기이다. 또한 그가 지은 '목신에게 부치는 찬가'는 히틀러의 묘비명으로 지었다고들 한다.

히틀러를 연구하는 사람들 가운데 그가 심리적으로 탁월한 암시력을 사용할 수 있다는 점에 이의를 제기하는 사람은 없다. 이는, 만약 히틀러가 대부분의 비밀결사대들처럼 모종의 심리적인 테크닉을 배웠다고 가정한다면 충분히 가능한 일이었으리라고 짐작할 수 있다. 하우스호퍼는 구르드예프로부터 전수받은 테크닉을 히틀러에게 가르쳐주었는데, 구르드예프는 이슬람의 신비교파인 수피교와 티베트의 라마로부터 이 기술을 배웠다. '청룡'을 숭배하던 일본 사회의 선(禪)사상을 히틀러에게 전해주었던 인물도 하우스호퍼였다. 이 모든 교리들의 공통점은 특수한 집중력 훈련을 통해서 인간의 내부에 잠재해 있는 에너지 — 소위 '차크라(Chakras)'라 불리는데 — 를 깨울 수 있는 기술을 전수했다는 데 있다.

글을 쓰는 데 재미를 느낀 히틀러는 자주 밤이 깊도록 일을 했다. 한 번은 에어 출판사의 경영자 막스 아만이 방문했을 때 그는 집필중인 책의 제목을 자랑스럽게 얘기해주었다. '거짓, 어리석음과 비겁함에 대항해서 싸운 4년 반 동안의 투쟁'이라는 제목을 듣자 아만은 한동안 히틀러를 멍하니 바라보다가, 그런 제목으로는 어떤 출판사도 책을 팔 수 없을 것이라며 냉정하게 대답했다. 아만의 무뚝뚝한 반응에 기분이 상하기는 했으나 참고할 만한 사항이었다. 왜냐하면 히틀러에게도 판매 부수가 중요한 문제였기 때문이다. 감옥을 나가서 어떻게든 생계비를 벌어야 하는데, 책이 팔리지 않는다면? 히틀러뿐 아니라 아만도 역시 돈을 벌고 싶었다. 신문 『민중의 눈』은 금지되어버렸고 출판사를 유지해나가려면 뭔가 히트를 칠 수 있는 책이 필요했던 것이다. 한참을 생각한 아만은 그렇게 긴 제목이 아니라 차라리 '나의 투쟁'이 어떻겠냐고 제안했고, 히틀러는 흔쾌히 동의했다. 1924년 12월 20일 석방이 되자 히틀러는 제1권의 원고를 거의 완성한 상태였다. 나중에 히틀러는 이 원고 원본을 오랫동안 자신을 도와주었던 베흐슈타인 부인에게 선물하였다.

히틀러가 석방되던 날, 『민중의 눈』을 인쇄했던 인쇄소 사장 아돌프 뮐러가 벤츠를 몰고 사진사 하인리히 호프만을 동행한 채 히틀러를 데리러 왔다. 호프만은 형무소가 있던 란츠베르크 시의 성문 앞에 잠시 세워둔 뮐러의 자동차 옆에서 뻐딱한 포즈를 취하고 있던 히틀러의 사진을 찍어준 뒤에 뜻밖에도 상당히 많은 돈을 받았다. 이때를 두고 히틀러는 나중에 이렇게 말했다: "란츠베르크에서 가지고 있던 234마르크 모두를 나의 동지에게 줘버렸다. 그리하여 돈 한푼 없는 빈털터리로 뮌헨으로 돌아왔다." 물론 여기에서 그는 한자은행으로부터 받은 대부금 4만5천 마르크에 관해서는 입을 꾹 다물고 있었다.

뮌헨으로 돌아온 히틀러는 사람들의 눈에 별로 띄지 않는 평범한 생활을 해나갔다. 우선 슈트라이허와 에서가 그를 환영하러 나왔고, 여주인도 꽃으로 그의 방을 꾸며놓고 기다리고 있었다. 예전처럼 '오스테리아'에 가서 식사를 했고, 크리스마스 때는 푸치 한프슈텡글의 별장에서 편안하게 보냈다. 히틀러는 〈트리스탄과 이졸데〉 가운데 '사랑의 죽음'을 피아노로 연주해딜라고 한프슈텡글에게 부탁을 하기도 했다. 연주가 시작되자 그는 감정을 잔뜩 넣어서 애절하게 노래를 부르기 시작했다: "나의 헤셀, 그는 세상에서 가장 믿을 수 있는 남자. 그러나 사람들은 왜 그를 풀어주지 않았지요?"

크리스마스를 보낸 뒤에 히틀러는 푀너를 찾아갔다. 그는 5년형을 받았으나 3개월만 형을 살면 되었다. 원래 그는 형 전체를 면제받고자 원했지만 그렇게 호의적이었던 검사조차도 3개월 이하로 형을 내려주지는 않았던 것이다. 그래서 푀너는 면회온 히틀러에게 바이에른 국민당 당수였던 헬트를 찾아가서 협상을 벌여보라고 간절히 부탁했다.

히틀러는 푀너의 석방을 부탁하기 위해서 머리를 숙일 준비를 하고 헬트를 만났다. 그런데 대화는 동료의 석방 문제에 한정되지 않았다. 히틀러는 우선 충성을 맹세하고 법을 준수하겠다는 확언을 하였고, 쿠데타는 그야말로 큰 실수였음을 자신도 알게 되었다고 고백하기까지 했다. 덧붙여, 앞으로는 정치적으로 함께 일할 생각도 있다는 의사를 비쳤다. 그러자 헬트는 루덴도르프와 몇몇 사람들이 극단적인 반가톨릭운동을 펼치고 있는 이즈음에 어떤 식으로 함께 일할 것인지 물었다. 이에 히틀러는, 자신은 루덴도르프와 완전히 관계를 끊었으며, 루덴도르프가 내걸고 있는 '로마와의 전쟁'을 주저하지 않고 신랄하게 비판했다. 자신은 여전히 가톨릭을 신봉하는 충실한 아들이며, 자신의 투쟁은 마르크스주의를 표적으로 삼을 뿐이라고 말했다. 그리고는, 만약 바이에른의 수상이 마르크스주의와 투쟁할 의사가 있다면 자신도 그에게 충성을 바치겠으며, 앞으로는 바이에른의 국민당에 대항해서 결코 싸우지 않을 것이라고 맹세했다. 히틀러의 말을 신중하게 듣고 난 뒤 헬트는, 신문 『민중의 눈』과 NSDAP당의 금지령을 해제할 뜻을 넌지시 비치면서, 1923년 11월 9일 전과 같은 상황은 절대 용납하지 않을 것이라는 의사도 밝혔다.

다음날 히틀러는 바이에른 정부에 분골쇄신의 의지를 담은 자료들을 제출한 뒤, 주의회 원내 교섭단체에 나타나서 하마 가죽으로 만든 채찍을 들고 있는 그를 보고 대경실색한 의원들에게 위협적으로 경고했다. 정치할 생각은 하지 않고 쓸데없이 가톨릭 국민당과 다른 서민적인 당과 투쟁하기만 한다고 비난을 퍼부었던 것이다. 히틀러는 제2의 정치적인 성공을 이뤄내기 위해서는 기득권세력에 반항하는 게 아니라 그들의 도움으로 이룰 수 있다는 사실을 너무나 잘 알고 있었다.

베를린에서 루덴도르프가 이끌던 '국가사회주의 자유운동' 단체는 히틀러의 그 같은 행동에 독설을 품고 대응했다. 한 신문기사에서 그들은 헬트를 방문한 히틀러를 '교권주의의 포로'라고 불렀다. 그러자 히틀러는 자유운동 단체의 지도자들을 두고 정치적인 꼭두각시, 과대망상증에 사로잡힌 민중, 미치광이 광명회단체, 엘베 강 동부 지방 출신의 속물, 건달 같은 불량 집단이라고 욕을 마구 퍼부어대었다.

자유운동의 지도자였던 루덴도르프와 레벤트로브 백작을 신나게 질타하는 히틀러를 보자 뮌헨의 수상 헬트는 얼씨구나 하며 좋아했다. 그의 감사 표시는 곧 나타났다. 신문 『민중의 눈』과 NSDAP당에 내려졌던 금지령은 해제되었고, 단 한 가지 히틀러의 연설만은 금지된 상태 그대로였다. 물론 당 집회에서는 예외였고, 일반 대중들이 그의 연설을 들을 수 없을 뿐이었다.

신문 『민중의 눈』은 1925년 2월 26일 다시 세상에 나왔다. 신문에는 다음날 NSDAP당을 새로이 창당한다는 소식이 실려 있었다. 장소는 실패한 쿠데타의 본거지였던 뷔르거브로이 술집 지하실이었다. 입장료는 1마르크였고, 막스 아만이 의장직을 맡았다. 드렉슬러는 명예회장직을 거절했는데, 율리우스 슈트라이허와 헤르만 에서와 같은 추잡한 인간들이 보기 싫다는 이유에서였다. 로젠베르크, 슈트라서와 룀 또한 보이지 않았다. 술집의 분위기는 그야말로 긴장감만이 맴돌았는데, 4,000명이나 되는 지지자들이 참석했지만, 그들 대부분은 서로 반목을 일삼으며 상대를 쓰러뜨리기 위해 온갖 신경전을 벌이고만 있었다.

이처럼 살얼음판 같은 분위기가 팽배한 가운데 히틀러가 연단에 올랐다. 우선 청중들과 서로 충성 맹세를 하였고, 곧이어 연설이 시작되었다. 열정적인 표현을 사용하면서 당내의 일치단결을 외치는 연설이 끝나자, 갑자기 기적이라도 일어난 듯 분위기가 돌변하고 말았다. 언제 서로를 미워했냐는 듯 참석자들은 식탁 위로 뛰어올라가서 고함을 지르는가 하면, 술잔을 흔들기도 했고, 어깨동무를 하기도 했다. 아만은 이때를 놓치지 않았다. 천둥 같은 목소리로 "이제 싸움은 끝이 났다. 히틀러를 위하여!"라고 고함을 지르자, 사람들은 다투어 연단으로 올라가서 적대시하던 상대방과 악수를 나누는 정경이 펼쳐졌다. 얼마 전까지만 해도 히틀러의 채찍으로 협박을 받았던 주의회 의원 부트만은 이때의 심정을 자신도 믿을 수 없다는 듯 토로했다. "정말 신기한 일이었습니다. 지도자가 연설을 하자, 그때까지 제가 가지고 있었던 모든 의심들이 눈 녹듯이 사라졌으니까요."

이날부터 히틀러의 명칭은 '지도자'로 바뀌었다. 얼마 후, 이날 불참했던 로젠베르크와 슈트라서도 합세하였고, 에른스트 룀 또한 들어왔다. 하지만 룀은 곧 히틀러와 다투게 되어 몇 년 동안 볼리비아 군대의 군교관이자 육군대령의 직분으로 남아메리카로 떠나버렸다.

땅딸막한 약사 출신의 그레고르 슈트라서는 당으로부터 독일 북부 지역에 지구당을 조직하라는 명령을 하달받았다. 흥미롭게도 그는 지도자를 우상처럼 떠받드는 당원들의 태도에 코웃음을 친 몇 안 되는 나치스 당원 중 한 사람이었다. 그 같은 지도자 숭배는 비잔틴 시대에나 있을 법한 풍습이라고 보았기에 그에게 있어서 히틀러는 결코 '지도자'가 아니라, 자신이 필요하다면 언제라도 도와줄 수 있는 미스터 히틀러에 불과했다.

그레고르 슈트라서에게는 오토라는 동생이 있었는데, 그는 아주 재능이 풍부한 언론인으로 한때는 독립사회민주당(USPD)의 당원이기도 했다. 오토는 민족사회주의 독일노동자당(NSDAP) 이름이 '사회주의'라는 의미도 포함하고 있으므로 위급한 경우에는 공산주의자들과 연합하여 보수파들에 대항할 수도 있다고 생각하는 사람이었다. 어쨌든, 좌파 성향을 띤 그레고르 슈트라서에게 북부 지역에 당 조직을 만들라는 지시는 나름대로 이유가 있었다. 사실 그는 독일 북부 지역에서는 히틀러보다 더 인기가 있었고, 그곳에서 벌어지고 있던 운동은 좌익 성향이 뚜렷했던 것이다. 한 예로, 슈트라서의 비서였던 요셉 괴벨스는 극단적인 사회혁명가로서, 그가 쓴 글들은 공산당 신문에 실릴 정도였다.

히틀러는 북부 지방에서 일어나고 있는 운동에 대하여 그다지 걱정하지 않았다. 오히려 뮌헨에서 확고한 기반을 다지는 데 더 많은 신경을 쓰고 있었다. 은행으로부터 받은 융자금 4만5천 마르크에 후원자들이 내는 기부금까지 합하면 재정적으로 매우 풍족했지만 거처하던 조촐한 방을 떠날 생각은 없었다. 그 대신 그는 몇몇 사람들을 고용하느

라 돈을 지출했다 : 개인 비서 루돌프 헤스에게 월급 300마르크, 한때 에어 출판사에서 발송업을 맡아보던 율리우스 샤움을 경호원으로 기용하여 200마르크의 월급을 주었고, 율리우스 슈렉을 운전사로 채용하면서 100마르크의 보수를 지불하였다. 이 당시 히틀러는 슈투트가르트에 본사가 있는 벤츠 공장의 뮌헨 지사장 야콥 베어린과 왕래가 잦았다.

인쇄소 사장이었던 아돌프 뮐러는 신형 자동차를 운전하는 방법을 히틀러에게 가르쳐주었다. 그러다 운전면허 시험도 쳤지만 히틀러가 직접 차를 모는 경우는 거의 없었다. 자동차에 관해서 이론적으로는 모르는 게 없는 히틀러였지만 이상하게도 차를 잘 몰지는 못했다고 한다. 1925년 베어린은 히틀러에게 당시 가격으로 2만 마르크 이상을 호가했던 메르세데스 컴프레서 자동차를 팔았다. 그러자 세무서에서는 그렇게 비싼 자동차를 무슨 돈으로 구입했는지 문의해왔고, 히틀러는 은행에서 융자를 받았다고 보고했다.

당시 부족한 게 없을 정도로 풍족하게 살았던 히틀러는 많은 시간을 베르히테스가르덴 근처에 있는 오버잘츠베르크에서 보냈다. 이곳은 디트리히 에카르트가 1921년에 그를 한 번 데려갔었는데, 이미 에카르트나 에서, 아만과 한프슈텡글은 여러 차례 모리츠 여관이나 플라터호프 호텔에서 주말을 보냈던 곳이었다. 히틀러는 이곳에서 그의 책 『나의 투쟁』 제1권을 완성해서, 1925년 에어 출판사에 넘겼다. 400페이지나 되는 두꺼운 책은 '보복'이라는 부제목이 붙어 있었고, 가격은 12마르크였다. 책이 나오자 처음에는 반응이 신통치 않았다. 책이 어떤 비밀을 폭로할 것이라고 기대했던 독자들은 지루하기 짝이 없는 책을 읽고

실망만 잔뜩 하고 말았다. 어쨌거나 책을 찍어냈던 아만은 연말까지 1
만 부를 파는 데 성공했다. 인세 때문에 히틀러는 아만과 힘든 줄다리
기를 벌였고, 결국 터무니없을 정도로 높은 인세, 즉 15퍼센트를 받아
내었다. 이렇게 하여 1925년 한 해 1만 8천 마르크라는 인세가 히틀러
의 수중에 들어갔다.

『나의 투쟁』1권이 출판되자 히틀러는 곧 제2권의 집필을 계획하고
시간이 날 때마다 오버잘츠베르크로 갔다. 이곳 플라터호프 호텔 근처
에는 북스테후데 출신의 기업가가 '바헨 펠트'라는 별장을 한 채 가지
고 있었다. 1년 임대료가 1,000마르크나 하는 이 별장을 히틀러가 놓칠
리 만무했다. 나중에 '베르크호프'라는 이름을 갖게 되는 이 별장은
1925년 당시 소박한 가구들로 꾸며진 아늑한 목조 집이었다. 알베르트
슈페어가 묘사한 별장도 바로 그러하다: "가구들이 베르티코 스타일이
었기에, 뭐라고 할까요, 집안 전체가 아늑한 소시민적인 분위기였어요.
새장에는 카나리아가 있었습니다. 선인장과 고무나무가 있어서 더욱
소시민적인 분위기를 느낄 수 있었죠."

히틀러가 별장을 빌리자 그를 추종하는 여자들이 가만히 보고 있을
리 없었다. 베흐슈타인 부인이 가구를 들여놓았고, 비니프레드 바그너
부인은 도자기와 식탁 그리고 침대보를 비롯하여 필요한 것들을 가지
고 왔다. 나중에 그녀는 '로엔그린' 오리지널 악보 가운데 한 페이지를
보내주기도 했다. 당장 필요한 게 또 있었다. 별장을 관리할 사람이었
는데, 이때 언뜻 린츠에 살고 있는 과부가 된 누나가 떠올랐다. 히틀러
는 연락을 취해서 별장으로 들어와 살림을 살아달라는 청을 했고, 이에

누나는 당시 열일곱 살 된 딸 안겔리카를 데리고 들어왔다. 보통 친척들이나 친구들이 '겔리'라고 불렀던 안겔리카는 그 동안 유명해진 삼촌을 보자 10대들이 그렇듯 금방 애정이 불타올랐다. 히틀러는 이 같은 호감을 불편해하면서 어디까지나 아버지 같은, 삼촌 같은 애정을 주었을 뿐이었다. 물론 이때 히틀러에게는 여자 친구가 있었다. 마리아 미치 라이터라는 통통한 체격의 바이에른 출신 소녀였다. 그녀의 아버지는 베르히테스가덴 지역에서 SPD당을 창당했던 인물이었다. 이로부터 한참 뒤에, 히틀러가 질녀였던 겔리를 진정으로 사랑하게 되자, 마리아 미치는 자살을 기도하게 된다. 앞으로 알게 되겠지만, 유독 그녀만이 히틀러 때문에 자살을 시도했던 — 그 자살이 성공했던 실패했던 간에 — 여자는 아니었다.

1925년에 히틀러는 당수로서 그리 적극적으로 활동하지는 않았다. 심지어 관심조차 없는 것처럼 보이기도 했다. 가끔 별장에서 뮌헨으로 가기는 했지만, 정치적인 일 때문이 아니라 겔리를 오페라나 커피숍 또는 티하우스에 데려가기 위해서였으니 말이다. 그리고 뮌헨을 들를 때마다 당사무실보다는 오히려 아만의 출판사로 가는 경우가 더 많았다. 정치적인 소용돌이도 거의 없었던 탓에 히틀러는 믿을 만한 회계 책임자만 당에 앉혀두면 되었다. 이에 유능한 프란츠 크사버 슈바르츠가 발탁되었다. 하지만 슈바르츠는 아만이 관리하던 출판사에는 터치를 할 수 없었다. 심지어 출판사조차 구경하지 못할 정도로 히틀러는 당과 출판사 일에 분명하게 선을 그어놓았던 것이다. 즉, 아만은 출판사와 관련해서는 당이 아니라 히틀러에게만 책임을 지면 그만이었다.

훗날 당의 경제 전문가로 활동하게 되는 오토 바게너가 한 번은 슈바르츠에게 히틀러의 수입원에 대해 물어본 적이 있었다. 슈바르츠는 처음에는 대답을 회피하다가 얼마 지난 뒤에 히틀러도 자신과 이 문제에 관해서 말하는 것을 아주 불쾌하게 여기면서 피한다고 솔직하게 털어놓았다. 매달 당의 자금에서 정해진 금액을 받든지 아니면 당수로서의 월급을 받는 게 어떠냐고 슈바르츠가 건의했지만 히틀러는 그 자리에서 거절을 했다고 전했다. 당의 지도자로서 가난하고, 심지어 실직한 당원들이 먹을 것을 아껴가며 절약한 돈으로 내는 당비를 한푼이라도 축내고 싶지 않다는 것이었다. 그가 버는 돈은 『나의 투쟁』에서 받는 인세가 전부이며, 이는 출판사 측, 즉 아만이 알아서 부쳐준다는 얘기였다.

그래도 이해가 되지 않는 듯, 바게너는 그처럼 호화스럽게 생활하기에는 그 돈으로 턱없이 부족하지 않겠느냐고 물었다. 그러자 슈바르츠는, 자기가 알기로는 신문 『민중의 눈』에 싣는 기사에 대해서도 돈을 받을 것이라고 대답했다. 당시 신문은 히틀러 개인의 것이 아니라 당에 속해 있었기 때문이었다. 그렇지만 신문사의 재정에도 자신은 아무런 영향력을 행사할 수 없는 상태라고 불만스럽게 말했다. 신문사를 운영하는 사람은 아만이고, 신문사 감시단의 의장이 히틀러였으니 이 두 사람이 모든 결정권을 행사하는 실정이었다. "세무서는 우리 장부를 의심하고 있지요. 그 때문에 지도자는 장부를 절대 보여주려고 하지 않죠"라며 슈바르츠는 더 이상 언급을 하지 않았다.

히틀러가 회계장부를 보여주지 않자 세무서는 『나의 투쟁』으로 받는 인세를 조사했다. 히틀러도 이것만은 어쩔 수가 없었다. 앞에서 슈바르츠가 바게너에게 말하지 않고 감춘 부분이 있었다. 실제로 히틀러는 소위 말하는 품위 있는 삶을 살아가기 위해서 당 자금을 마음대로 빼내서 유용했던 것이다. 슈바르츠는 수천 마르크나 되는 금액을 내어주면서도 장부에는 '선전 목적을 위한 특별비' 라고 기록하는 수밖에 없었다. 히틀러가 자신의 이름을 장부에 기록해서는 절대 안 된다고 경고했기 때문이었다. 가난하고 실직한 당원들의 돈은 이런 식으로 히틀러의 손에 들어가서 영원히 돌아오지 않았다.

1925년 말이 되자 당원들은 히틀러에 대해서 이러쿵저러쿵 말을 하기 시작했다. 그가 뮌헨을 자주 비울 뿐 아니라, 지나치게 사치스러운 생활을 한다는 비난이 쏟아졌다. 오페라 구경은 물론이고, 멋있는 당원들의 부인을 동행한 채 파티에 참석하는 일들을 이들은 곱게 바라볼 수 없었던 것이다. 특히 북부 지역의 좌익 성향이 있는 당원들은 히틀러를 '뮌헨의 교황' 이라고 빈정거렸다. 무엇보다 안개에 가려진 히틀러의 재정 상태로 인해 의심의 폭이 더 커졌다. 사람들은 과연 한 당의 당수라고 부를 수 있을지, 게다가 평범한 당이 아니라 '사회주의' 적인 당의 당수로서 히틀러가 적합한 인물인가에 대하여 회의를 갖기 시작했다.

뮌헨 당 지도부를 가장 신랄하게 비판한 사람들은 북부 지역의 당원들이었다. 괴벨스는 뮌헨의 지도부를 '노쇠한 보스들' 이라 불렀으며, 중앙당의 '무질서한 경제와 방종', 그리고 '에서와 슈트라이허의 허풍' 에 관해서 언급을 했다. 그레고르 슈트라서는 여러 차례 신문『민중의 눈』이 '끔찍하게 수준이 낮다' 는 비난을 퍼붓기도 했다.

그러는 사이에 센세이션을 불러일으키는 사건이 발생했다. 마침 국회는 독일 왕족들의 재산을 강제로 몰수해야 할 것인지, 그렇지 않으면 1918년에 압수한 재산을 다시 돌려줘야 할 것인지를 논의하던 중이었다. 국회의사당에 앉아 있던 슈트라서는 사회민주당, 공산당과 합세하여 보상 없는 재산 몰수에 찬성을 했다. 기조연설을 하는 자리에서 그는 '독일 국민들의 반자본주의적인 향수'에 대하여 언급하기까지 했다. 히틀러는 신문에 실린 슈트라서의 연설을 못마땅한 표정으로 읽어 내려갔다. 솔직히 말해, 히틀러에게 있어서 당 이름에 들어 있는 '사회주의'라는 단어는 일종의 장식에 불과했기 때문이었다.

당의 반대파였던 슈트라서는 외교 문제에 있어서도 견해가 너무 달라서 히틀러를 곤혹스럽게 만들었다. 예를 들어, 히틀러는 소련을 정복해야 할 국가로 보았고, 로젠베르크는 '유태인의 식민지'라고 묘사했다. 이들과는 달리 괴벨스는 '국가사회주의 월간잡지'에 러시아의 '유토피아를 건설하려는 의지'를 높이 찬양했는가 하면, 슈트라서는 모스크바와의 연합을 옹호하면서 프랑스의 군국주의와 영국의 식민지주의, 월스트리트의 자본주의를 강력하게 반대하고 나섰던 것이다. 그러니 『나의 투쟁』에서 정반대의 논리를 펼쳤던 히틀러에게 있어 괴벨스와 슈트라서의 주장들은 그야말로 정면에서 그를 한 방 먹이는 결과였다. 그럼에도 불구하고 히틀러는 오버잘츠베르크에 머물면서 침묵을 지키고 있었다.

슈트라서의 추종자들은 히틀러가 아무런 대응도 않자 공격의 활을 더욱 팽팽히 당겼다. 괴벨스는 일기장에 '아무도 뮌헨을 더 이상 믿지 않는다'라고 썼다. 그런가 하면, 슈트라서는 히틀러가 펼치는 '두려움에 기가 잔뜩 죽은 합법적인 정치' 대신 '쿠데타, 폭탄, 스트라이크와 시가전'을 감행하는 파멸적인 정치를 해야 한다고 요구했다. 두 사람이 이렇듯 강경하게 나왔으나 어찌 된 셈인지 히틀러는 아무 말도 하지 않았다. 마치 그의 메시아적 광채가 빛을 잃은 것처럼.

슈트라서는 비방을 멈추기는커녕 좀더 충격적인 일을 벌였다. 뮌헨의 중앙당으로부터 승낙도 받지 않고 동생 오토와 함께 신문사를 하나 차렸는데, 히틀러가 가지고 있던 에어 출판사와 경쟁을 하면서 거의 대기업 수준으로까지 훌쩍 성장해버렸다. 슈트라서의 신문 『국가 사회주의자』는 이따금씩 『민중의 눈』의 판매 부수를 능가했는데, 이는 신문 관련업에 있어서 타의 추종을 불허하는 전문가 오토 덕분이었다.

이즈음 히틀러라는 별은 사멸하는 것처럼 보였다. 그는 자신의 별장 베르크하우스에 안주하면서 그에게 내려진 연설 금지조차 마음껏 향유하고 있었다. 물론 아무런 문제가 없었던 것은 아니었다. 우선 드렉슬러의 보복이 이어졌다. 원래 NSDAP당을 창당했던 안톤 드렉슬러는 이미 당을 탈퇴해서 몇몇 동지들과 어울려 아주 작은 단체를 만들었다. 이뿐 아니라 히틀러 때문에 명예훼손을 당했다고 생각한 그는 히틀러를 상대로 법적 투쟁을 벌이고 있었다. 괴벨스 또한 가만히 있지 않았다. 그는 하노버에서 당 회의를 소집하여 '프티 부르주아 아돌프 히틀러'를 당에서 축출하자고 제안했던 것이다.

이번에는 히틀러가 반격을 가할 시기였다. 그는 란츠베르크 감옥에서 나왔을 때처럼 신속하고 강력한 조처를 취했다. 1926년 2월 14일이었다. 히틀러는 전당대회를 열어서 모든 지구장들을 밤베르크에 불러 모았다. 밤베르크는 그에게 복종하는 율리우스 슈트라이허가 담당하는 중심 지역 가운데 하나였다. 이 자리에 슈트라서를 추종하는 모든 좌익 인사들도 참여했다: 괴벨스, 슐레스비히 홀스타인 지구장 하인리히 로제, 폼메른 지구장 테오도르 발렌과 하노버 지구장 베른하르트 루스트가 눈에 띄었다. 이들 앞에서 히틀러는 장장 다섯 시간 동안이나 연설을 했다. 그는 왕족의 재산을 몰수하는 데 찬성하는 사람들을 반역자라고 불렀는데, 만일 그렇게 되면 결국 유태인 출신의 은행가와 증권업자들을 도와주는 결과밖에 안 된다는 논리였다. 또한 러시아에 대한 언급은 하지 않았으나, 영국과 이탈리아는 의심할 바 없이 독일의 동지라고 잘라서 말했다. 어쨌든, 히틀러는 조목조목 따져서 슈트라서 무리들이 주장하는 바를 단번에 꺾어버리고 말았던 것이다. 사람의 심리를 교묘하게 파고드는 히틀러의 유창한 연설을 듣고 있던 당내의 좌파들은 마침내 무릎을 꿇었다. 북부 지역에서 활동하던 지구장들의 단결은 이렇게 하여 해체되고 말았다. 당연히 왕족들의 재산 몰수는 없던 일이 되어버렸다. 그런데 좌파들 가운데 유일하게 히틀러의 논리에 승복하지 않은 사람이 있었는데, 그가 바로 요셉 괴벨스였다. 2월 14일 전당대회가 끝나자 그는 이런 내용의 일기를 썼다.

'나는 패배자다! 도대체 히틀러라는 작자는 어떤 인물인가? 혁명가? …… 그의 연설을 들으면서 페더도 고개를 끄덕였고, 에서와 레이도 마찬가지였다. 당신네들을 다시 만나면 정말 가슴이 아플 거야!

연설이 끝나고 짤막한 토론이 있었다. 슈트라서가 말을 했지만 그는 더듬거렸고, 떨고 있었어! 얼마나 서투른지! 그토록 정직하고 훌륭한 슈트라서였건만, 아, 신이시여, 우리들은 히틀러에 비해 얼마나 보잘것없었던지……. 정작 나도 한마디 하지 못했어. 그야말로 얼굴을 한 방 얻어맞은 듯한 느낌이었다!'

이로부터 몇 주가 지나자 괴벨스도 서서히 히틀러의 매력에 빠져들기 시작했다. 히틀러는 그를 뮌헨 뷔르거브로이 지하실에서 열린 행사에 주 연사로 초대했고, 행사가 끝난 뒤 괴벨스는 '그는 우리에게 너무 잘해주었다'라고 적고 있다. 7월이 되자 '그는 천재가 분명하다! ……. 멋진 남자 …… 나를 마치 어린애처럼 다루는 재주를 가졌고, 훌륭한 친구이자 선생이다!'라고 일기장에 쓴 것을 보면 알 수 있듯이 애초에 가졌던 평가와는 완전히 상반된 입장을 보여준다. 일기장에는 슈트라서에 관해서도 적혀 있다. '그는 판단력이 있는 사람은 결코 아니지만 따뜻한 사람이다. 난 그를 너무 사랑한다!'

괴벨스는 이때부터 비참한 최후를 맞이할 때까지 히틀러의 가장 충실한 노예이자 부하가 된다. 1926년 히틀러는 그를 베를린 지구장으로 임명했고, 이곳에서 괴벨스는 공산주의자들뿐 아니라 한때 친구였던 슈트라서의 형제들과 치열한 공방전을 벌였다. 효과는 금방 나타났다. 괴벨스의 활약 덕분에 좌파 나치스들의 세력이 북독일에서 점점 약화되었다. 또한 괴벨스는 『공격』이라는 대중신문을 발행하여 슈트라서 형제들과 경쟁을 벌였는데, 이 신문에서 그는 슈트라서 형제들은 유태인이며 대자본가들에게 몸을 팔아먹은 비열한 인간들이라는 말을 펴뜨렸다. 비난의 강도가 너무 지나치자 히틀러도 나서서 괴벨스를 진정시켜야 할 정도였다. 어찌 되었든 간에 히틀러는 나치스당에서 꼬치꼬치 따지기를 가장 잘하고 재능이 뛰어난 선동가를 자기 편으로 만드는 데 성공한 셈이었다. 아니, 히틀러가 자신을 가장 반대하는 사람을 가장 충실히 따르는 사람으로 만들었다고 표현하는 게 더 정확할 것이다. 이렇게 돌변한 괴벨스를 보는 슈트라서의 마음이 편할 리 없었다. 그래서 "세상에서 나처럼 바보 같은 인간은 눈 씻고 찾아봐도 없을 것이다"라며 배신감에 빠져 있다가 결국 좌파 노선에서 한 걸음 물러나고 말았다. 이후로 슈트라서는 온갖 무시와 모욕을 당하면서도 히틀러를 배반하지 않고 '조직부장'이라는 직함으로 만족해야만 했다.

슈트라서와 그를 따르는 무리들을 제압한 뒤 히틀러는 법적인 규정을 통해서 자신의 권력을 확고하게 다질 계획을 세웠다. 1926년 5월 22일 뮌헨에서 개최된 전당대회에서 그는 당규에 새로운 규정을 넣도록 하였다. 뮌헨의 당이 NSDAP당을 대표하며 뮌헨에서 제1당수를 선출하는 항목이었다. 이렇게 하여 히틀러는 자신이 이끄는 뮌헨 당원들만이 당수 선거단이 되도록 만들었던 것이다. 자신에게 충성 맹세를 한 뮌헨 당원들만이 당수를 문책할 수 있다는 항목도 덧붙였다. 이 같은 방식으로 히틀러는 당에 대하여 무조건적인 권력을 행사할 수 있는 기반을 마련했다. 새로 규정된 당칙에 따르면, 그를 구속하는 다수의결이라는 제도도 없어졌고, 지구장들은 지금까지와는 달리 지역 당회의에서 선출되는 것이 아니라 제1당수인 '지도자'가 지명을 하게 되었다.

고 있던 베흐슈타인 부인이, "볼프, 당신은 세상에서 가장 아름다운 차를 가지고 있어요. 물론 당신은 그럴 만한 자격이 있죠" 라고 말했을 정도란 말이야.'

이렇게 자동차를 좋아하다보니 아는 것도 많았고, 그래서 메르세데스 벤츠사 측이 새 차를 출시할 때마다 차의 타입이라든가 미적인 부분에 이르기까지 히틀러로부터 많은 조언을 받았다고 한다. 같은 날 밤에 히틀러는 이런 말도 했다. "벤츠사가 차를 잘 만드는 이유는 말이야, 내 요구 사항을 들어주느라 노력했던 까닭이지. 음……, 그렇고말고! 내가 얼마나 오랜 세월을 설계와 도안을 하면서 보냈는지 모를걸. 나 같은 사람이 좋아하는 차니까 당연히 완벽한 차가 나올 수밖에." 벤츠 자동차의 본사가 있던 슈투트가르트의 차 설계자들은 히틀러의 이 말에 어떤 반응을 했는지 모른다. 다만 분명한 것은, 히틀러는 20년대부터 벤츠사의 최고 고객이었을 뿐 아니라, 벤츠를 가장 잘 광고해준 장본인이었다는 점이다. 참고로 벤츠 자동차의 대표이자 히틀러의 친구였던 야콥 베어린은 나중에 기업의 총수 자리에 앉게 된다.

제임스 폴과 그의 아내 수잔은 공동으로 쓴 『히틀러가 권좌에 앉도록 도와준 사람들』에서 주장하기를, 히틀러는 1925년에서 1928년까지 매달 1,500마르크를 이혼한 폰 작센 안할트 공작부인으로부터 받았다고 한다. 물론 이 금액은 히틀러의 수입 가운데 상당 부분을 차지했다. 이 같은 주장은 증거 자료를 제시하지 않았기 때문에 확인할 수는 없지만, 어쨌든 이들 부부의 주장이 맞다면 히틀러는 이 돈을 세무서에 신고하지 않았을 것이다.

세무서에 신고하지 않는 수입이 많았으므로 란츠베르크에 있는 감옥에서 나온 뒤부터 히틀러는 뮌헨 세무서와 거의 전쟁을 치르다시피 했다. 특히 벤츠를 몰고 다닌 이후부터 그는 세무서의 따가운 시선을 피하기가 쉽지 않았다.

드디어 1925년 5월 1일 히틀러는 세무서로부터 1924년과 1925년 일사분기에 해당되는 세금 신고를 하라는 경고장을 받았다. 19일 그는 이렇게 대답했다: "본인은 1924년에 수입이라고는 없었습니다. 1925년 일사분기도 마찬가지입니다. 저는 생계비를 은행에서 받은 융자금으로 해결하고 있습니다."

자동차를 구입하자 세무서에서 "당신이 자동차를 무슨 돈으로 구입하게 되었는지에 관한 해명서를 조속히 보내주십시오"라는 연락을 해왔는데, 히틀러는 자동차를 사기 위해서 은행으로부터 융자를 더 받았노라고 짤막한 대답을 하는 데 그쳤다.

히틀러는 1925년 일사분기에 해당되는 소득신고서를 제출하지 않고 미적거리다가 10마르크의 벌금 통지를 받았다. 마침내 그는 1925년 사사분기에 해당되는 소득을 이렇게 신고했다: 소득 - 11,231마르크, 직업상 세액 공제 대상액 6,540마르크, 은행 이자 2,245마르크, 세금 대상 순 수입 2,446마르크.

히틀러는 소득신고서와 함께 세액 공제액의 정당성에 관해 시시콜콜토를 단 소견서도 첨부했다. 그가 은행에서 돈을 융자받은 것은 재판 비용이 너무 많아서 어쩔 수 없었으며, 게다가 책을 쓰기 위해서 그렇게 할 수밖에 없었다고 토로했다. 그리고 여행 비용, 개인 비서, 경호원

들어오는 모든 소득은 증거가 없으므로 세무서에 언급할 필요가 없었던 것이다.

1928년 히틀러는 그 동안 별장으로 임대했던 '바헨펠드 하우스' 를 3만 마르크에 사들인다. 자동차를 구입할 때처럼 세무서로부터 성가신 추적을 받지 않으려고 그는 누나 안겔라를 소유주로 신고했다. 그리고 자신은 다만 누나의 손님으로 일년에 며칠 정도 이곳에 머무를 뿐이라고 세무서에 변명했다.

1929년 10월 1일 히틀러는 주로 부유층이 살았던 프린츠레겐텐 광장 16번지에 있는 한 건물 3층의 방이 아홉 개나 되는 멋진 집으로 이사를 했다. 우선 가정부가 필요했던 그는 임시로 바로 전까지 세들어 살던 집주인 라이헤르트 부인을 고용했다가, 나중에는 안니 빈터 부인을 들이게 된다. 이때부터 히틀러는 셋방살이에 종지부를 찍었다. 그의 나이 마흔 살이었고, 가정부와 개인 비서, 운전사까지 고용한 편안한 삶이었다. 하지만 여전히 당으로부터 월급은 받지 않았고, 관공서 기록부에는 자신을 '화가와 작가' 라고 신고했다. 그는 죽을 때까지 이 집에서 살았다.

품위 있는 이 건물의 주인은 상인이었던 휴고 슐레였고, 히틀러는 그와 임대 계약을 체결했다. 1년 동안 임대 비용은 4,176마르크였는데, 당시 이 금액의 구매력을 지금과 비교해보면 월세 4,000마르크에 해당된다.

1929년부터 히틀러의 재정 상태가 확연히 좋아진 게 눈에 띈다. 갑자기 재벌이라도 된 듯 그는 값비싼 가구를 집에 들여놓았고, 그림을 사모았으며, 온갖 멋진 물건들을 모으느라 돈을 물 쓰듯 했다. 물론 이 수집품들은 나중에 세계에서 가장 큰 규모를 자랑하게 되지만. 1929년 히틀러가 공식적으로 신고한 그의 소득은 15,448마르크였다. 신고한 이 소득과는 별개로 그가 무궁무진 돈을 쓸 수 있었던 것은 돈줄이 따로 있었기 때문이었다. 히틀러는 독일에서 최고로 부자였던 사람들 가운데 한 사람으로부터 돈을 받았는데, 그의 이름은 바로 프리츠 티센이었다.

프리츠 티센은 나치스당뿐 아니라 히틀러 개인에게도 돈을 주었던 것이다. 다른 어떤 사람보다 더 많은 돈을 히틀러에게 건네주었던 인물인 티센의 아버지 아우구스트는 소위 자수성가를 한 사람이었다. 시골에서 성장하여 대기업 제국을 이뤄냈을 정도로 대단한 사람이었던 그가 1926년 사망했을 당시 여든네 살이었다. 그의 아들 프리츠는 당시 쉰세 살이었다. 살아 생전 아버지는 프리츠에게 기업 경영을 가르쳐주기보다는, 아들이 교양 있는 플레이보이 삶을 마음껏 향유할 수 있도록 배려해주었다. 아버지와는 달리 프리츠 티센은 내성적인 성격을 지녔고, 종교적이고 세계관적인 의문에 관심이 많았다. 물론 부지런하게 일을 했고, 매일 아침이면 정각에 사무실에 출근했지만, 솔직히 회사 일에는 관심이 없었다. 아우구스트는 죽던 그해 거대한 제철 공장을 세웠고, 그가 죽은 뒤에 아들 프리츠가 대기업의 총수로 선출되었다.

티센은 주변 사람들로부터 특이할 정도로 정신 세계가 풍부한 사람으로 간주되었고, 좋은 음식과 정선된 와인을 즐겼으며, 자주 멋진 만찬을 들면서 몇 시간을 보내곤 했다.

도 없었습니다. 번쩍번쩍 빛나는 게 말이죠, 굉장했어요"라고 말했다.

1936년 히틀러와 결별한 뒤 티센이 주장하기를, 나치스당은 은행에서 받은 융자금 가운데 15만 마르크만 돌려주어서 나머지는 자신이 갚아야만 했다고 한다.

헤스는 은행에서 융자금을 주겠다는 연락을 받자 티센과 히틀러가 뮌헨에서 서로 회동할 수 있게끔 약속을 잡았다. 두 사람이 서로 대면했을 때 티센은 금방 사람의 심리를 조종하는 당수의 매력에 빠져버렸다. 비록 경제적·사회적인 면을 고려해서 입당은 하지 않았지만, 교양 있는 미식가이며 예술에 관심이 많았던 대기업의 총수 티센은 이때부터 히틀러를 가장 열정적으로 추종하는 사람 가운데 한 사람이 되고 말았다. 두 사람의 회동이 있은 뒤 히틀러는 주말이면 라인란트에 있는 티센의 성에 초대받았고, 티센이 뮌헨을 들를 때면 당시 뮌헨에서 훌륭한 요리로 소문이 자자했던 사계절 호텔의 레스토랑에 히틀러를 초대했다. 티센은 히틀러와 정치적인 문제에 관해 토론하는 것도 좋아했지만, 음악과 미술, 그리고 건축에 관해서 대화를 나누는 것도 좋아했다. 온갖 미술품이 가득 차 있었던 티센의 성에 들를 때면 히틀러는 언젠가 자신도 그런 작품을 수집할 수 있게 되기를 꿈꾸었다. 특히 히틀러는 카날레토, 렘브란트와 엘 그레코의 작품을 좋아했다.

두 사람 사이에 왕래가 잦아지면서 티센은 어느 날 히틀러의 소개로 헤르만 괴링을 알게 되었다. 그는 괴링을 만나자 금방 호감을 가지게 되었다. 괴링은 이탈리아와 스웨덴에서 망명 생활을 하다가 1927년에 돌아와서 베를린에 거처를 정했고, 이곳에서 스웨덴 비행기 공장의 대표로 일하고 있었다. 나중에 티센은 그에 관해서 이런 기록을 해두었다: '괴링은 당시 아주 작은 집에서 살았는데, 남들에게 체면이 서지 않는다며 집을 좀 늘리려고 노심초사하고 있었다. 물론 내가 그 비용을 대주었다.'

티센은 헤르만 괴링이 살던 베를린에 자주 들렀고, 미식가였던 두 남자는 소문난 레스토랑에서 음식을 즐기곤 했다. 이렇게 몇 번 만난 뒤 티센은 용돈으로 쓰라며 괴링에게 현금을 건네주었다. 티센에 따르면 당시 세 차례 돈을 주었는데, 매번 5만 마르크를 선물했다고 한다. 하지만 괴링은 자신에게 준 용돈뿐만 아니라 티센이 당에 기부한 돈까지 챙기는 뻔뻔함을 보였다. 한 번은 이런 일이 있었다. 나치스 돌격대의 대장을 잠시 맡아보다가 나중에 당의 경제 전문가로 일했던 오토 바게너가 NSDAP당을 위해서 라인란트에 있는 신문사를 구입하려고 했을 때였다. 티센은 이 비용으로 사용하라며 5만 마르크를 괴링에게 전달했다. 이 사실을 듣고 바게너가 괴링이 살던 집에 들러서 돈을 달라고 하자, 그는 절대로 그럴 수 없다고 버텼다. 이미 돈을 개인적인 용도로 지출해버렸던 것이다.

괴링이 이처럼 돈을 횡령한 것과 티센이 그에게 현금을 선물한 사실이 히틀러의 귀에 들어왔다. 그런데 그는 괴링을 문책하기는커녕 자신도 손을 내밀 궁리를 했다. 얼마 후 티센이 히틀러를 방문했을 때였다. 히틀러는 집이 너무 누추해서 손님을 초대하지도 못할 정도이니 한 당의 당수로서 영 말이 아니라며 볼멘소리를 해대었다. 게다가 은행에 너무 많은 빚을 지고 있어서 큰일이며, 당에서 받는 돈이 전혀 없기 때문

사이비 지식인이라 보았는데, 시간 날 때마다 오데온 커피숍에서 책을 읽고 글을 쓰는 로젠베르크가 그는 정말 싫었다. 한 번은 커피숍에 앉아 있는 로젠베르크를 보고 이렇게 말했다. "또 저기 있구먼. 시를 쓰나 보네? 신문에 실으면 잘도 팔리겠어, 허허!"

1930년 『나의 투쟁』이 54,086부 팔리자 막스 아만은 출판사를 운영한 이래 최초로 이윤을 남기면서 히틀러에게 4만6천 마르크의 인세를 선뜻 내주었다.

1927년부터 당원들은 히틀러가 늘 예쁘장하게 생긴 검은 머리 소녀를 데리고 다니는 것을 보았다. 천사 같은 미인이라기보다 오히려 야성적인 미인이었다. 갈색 피부에 슬라브 인들 같은 턱뼈를 보면 시골에서 자란 티가 역력했다. 1908년에 태어난 그녀는 당시 히틀러보다 열아홉 살 아래였는데, 안겔리카 또는 줄여서 겔리라고 불렀다. 그녀는 오버잘츠베르크에서 살림을 맡아하던 히틀러의 이복 누나 안겔라 라우발의 딸이었다.

겔리는 엄마와 함께 살았던 히틀러의 별장을 떠나 뮌헨에 2년째 살고 있었다. 상당히 뛰어난 목소리를 타고난 그녀를 히틀러는 뮌헨에서 교육을 시킬 작정이었다. 아직 성악을 배우지는 않았지만 그녀를 쳐다볼 때면 히틀러는 이미 오페라하우스에서 이졸데 역을 하고 있는 모습이 상상되곤 했다. 그리고 언젠가는 바이로이스에 가서 노래를 하리라 믿었다.

처음에 히틀러는 질녀를 잉글리쉬 가든 곁에 있는 하숙집 클라인에 데려가서 그곳에 거처를 마련해주었다. 루돌프 헤스도 전쟁이 끝난 뒤이 하숙집에 머문 적이 있었고, 그의 아내인 일제를 사귀게 된 곳이기도 했다. 얼마 후, 히틀러는 겔리에게 바로 자신이 살고 있던 옆집에 방을 하나 얻어주고는 매일 시간을 함께 보냈다. 이때부터 사람들은 어디에서나 두 사람이 함께 있는 것을 보게 되었다.

곧이어 사람들은 삼촌과 질녀 사이가 예사롭지 않다는 사실을 알게 되었다. 항간에서는 히틀러가 어린 질녀와 결혼할 것이라는 소문이 나돌았는데, 사실 친척간의 결혼은 히틀러 가족사에서 보면 특이한 일도 아니었다. 히틀러의 아버지는 질녀와 결혼하기 위해 로마 교황청까지 달려가서 허락서를 받아왔으니까. 하지만 히틀러의 경우에는 그런 소문이 나돌게 된 책임이 순전히 그에게 있었다. 말하자면 스토커 수준의 일방적인 애정이라고 할 수 있겠다.

히틀러는 그야말로 질려버릴 정도로 겔리에게 선물 세례를 퍼부었다. 모피 코트와 보석은 물론이고, 그녀가 원하는 것은 무엇이든 즉시 사주었던 것이다. 그러나 단 한 가지 소원만은 절대 들어주지 않았는데, 바로 자유였다. 겔리는 가끔씩 같은 나이 또래와 어울리고 싶어했지만 히틀러는 결코 허용하지 않았다. 질투심으로 눈이 멀어버린 그는 겔리가 가는 곳이면 어디든 따라갔다. 물론 겔리도 처음에는 유명한 정치가였던 삼촌을 동반하는 게 좋았을 것이다. 그렇지만 시간이 지날수록 갑갑증을 느낄 수밖에 없었다. 히틀러는 사람들에게 자신은 삼촌이지 애인은 아니라고 했지만, 혹시라도 젊은 남자가 겔리에게 관심을 가지고 접근할 때면 불같이 화를 내면서 남자를 쫓아버리곤 했다.

1929년 말에 히틀러는 프린츠레겐텐 광장 16번지에 있는 호화스러운 집으로 이사를 갔다. 이번에는 겔리도 함께 들어갔다. 이제 그녀는 이전보다 더 옴짝달싹 못하는 처지가 되어버렸다. 한 집에 같이 사는 것도 그러려니와 히틀러가 가정부였던 애니 빈터로 하여금 그녀의 일거수일투족을 감시하도록 시켰기 때문이었다. 거의 스무 살이나 더 많은 그가 질투심으로 내린 조처였다. 질녀 겔리는 매우 활달한 소녀라는 사실을 잘 알고 있었음에도 불구하고 감시하라는 지시를 내렸으니 당연히 겔리의 신경을 건드릴 수밖에 없었다. 마침내 히틀러의 질투심이 폭발하는 사건이 터졌다. 어느 날, 히틀러가 집에 돌아와서 겔리의 방에 들어가자 에밀 모리스가 있었던 것이다. 그는 시계공으로 예전에 히틀러의 경호원을 지냈으며, 당이 세워지던 초기에는 절친한 사이였다. 두 사람, 즉 모리스와 겔리는 재미있게 얘기를 나누며 서로 담배를 피운 것밖에는 없었으나 히틀러는 다짜고짜 화를 냈다. 그리고는 모리스에게 '불량배' 라느니 '난봉꾼' 이라며 고함을 지르면서, 심지어 회초리로 그를 때리려고 덤벼들자 모리스는 겨우 도망을 쳤다. 이 일이 있은 뒤에도 히틀러의 분노는 가라앉기는커녕 '자신의 명예를 훼손당했다는' 이유로 모리스에게 결투를 신청했다. 그러나 루돌프 헤스와 그레고르 슈트라서가 중간에서 말리는 바람에 모리스는 위기를 모면할 수 있었다. 나중에 히틀러는 자신의 행동이 조금 심했다는 생각도 들은 데다, 헤스가 충고하는 바람에 모리스에게 사과를 했다. 그렇지만 그에게 내린 방문 금지는 여전히 취소하지 않았다.

모리스가 도망을 간 뒤 가정부 빈터 부인은 큰소리로 두 사람이 싸우는 소리를 들었는데, 결국 끝에 가서는 둘 다 울었다고 한다. 만일 두 사람이 연인 관계가 아니었다면 빈터 부인은 이날이 며칠이었는지 정확한 날짜를 기억해냈을 것이다. 다시 말해, 두 사람은 흔히 이런 사랑 싸움을 벌였던 탓에 가정부도 대수롭지 않게 넘어갔다고 볼 수 있다.

히틀러와 겔리의 관계를 살펴보면, 여러 가지 면에서 그다지 평범한 관계는 아니었던 것 같다. 겔리에 대한 히틀러의 끊임없는 질투극뿐 아니라, 삼촌이 벌였던 모종의 기괴한 섹스 행위는 분명 자연스럽게 성장한 소녀가 감당하기에는 충격적이었을지 모른다.

1931년 히틀러와 결별한 이후 그의 집요한 적이 되었던 오토 슈트라서 박사는 사망하기 전에 저자와 만난 자리에서 당시 겔리와 히틀러의 관계에 대해 말해주었다.

"나는 그 소녀를 정말 좋아했습니다. 히틀러의 질투심 때문에 얼마나 힘들어하는지 느낄 수 있었죠. 활달하고 명랑한 소녀였기에 뮌헨에서 열리는 사육제를 구경하고 싶어했지요. 그런데 히틀러는 질투가 나서 그랬건 어쨌건 이 평범한 소원도 들어주지 않았습니다. 1931년 사육제 때였습니다. 어찌 된 일인지 히틀러가 나에게 이런 부탁을 하더군요. 겔리를 사육제 무도회에 좀 데려가달라고 말이죠. 당연히 그렇게 하겠다고 말하고, 막 그녀를 데리러 갈 참이었는데 형 그레고르가 말했습니다. 방금 히틀러가 전화를 해서 그 부탁을 취소한다는 말을 했다는 것이었죠. 순간 힘이 쭉 빠졌습니다만, 겔리는 오죽할까 싶어서 무작정 히틀러의 집으로 찾아갔어요. 그랬더니 겔리는 힘없이 축 늘어져 있더군요. 울었는지 눈이 퉁퉁 부어 있었고 말이죠. 나는 밖에 대기시킨 택시를 타기 위해서 서둘러 겔리를 데리고 집 밖으로 나갔죠. 히틀러는 아무 말도 안 하고 문에서 냉정하게 우리를 쳐다보기만 했습니다. 그날, 우리는 정말 아름답고 즐거운 저녁을 보냈습니다. 겔리는 히틀러의 감시에서 벗어나 그런지 날아갈 듯이 좋아했습니다. 사육제가 열렸던 슈바빙에서 집으로 돌아오는 길에 잉글리쉬 가든을 산책했습니다. 겔리는 중국 탑 위에 있는 벤치에 앉더니 애처롭게 울기 시작하더군요. 어느 정도 진정이 되자 그녀는 이렇게 말했습니다. 히틀러를 정말 사랑하지만 더 이상 견딜 수가 없다고요. 그의 질투심 때문이 아니라 그녀에게 끔찍한 것을 요구한다고 하더군요. 세상에 그런 것이 있는지 몰랐을 정도로 더럽고 구토를 일으킬 것 같은 일 말이죠. 그래서 내가 물었습니다. 그게 뭐냐고요. 그랬더니 그녀가 얘기를 해주었는데, 그건 내가 대학 시절에 읽었던 크라프트 에빙의 책 『정신병적 섹스』의 내용과 비슷했어요."

좀더 자세히 말해달라고 부탁하자 슈트라서 박사는 거절했다. 히틀러를 생각해서가 아니라 겔리를 위해서라면서. 그리고 이렇게만 말했다. "그는 사디스트이자 동시에 마조히스트였어요."

성적인 정신질환을 연구하는 사람들은 잘 알겠지만, 사디즘과 마조히즘은 동일한 성격 장애가 표면적으로 나타나는 두 가지 다양한 표현 방식이고, 흔히 동일인에게서 번갈아가며 나타난다. 히틀러의 사디즘적인 성향에 관해서는 아주 많은 간접 증거들이 있다. 예를 들어, 1944

년 7월 20일 암살 사건이 발생한 뒤 그는 모반자들이 처형되는 장면을 하나도 빠짐없이 촬영하라는 명령을 내렸다. 그런 뒤 그는 이 필름을 한 번도 아니고 여러 번 자신이 머물고 있던 사령부에서 상영시켰다. 게다가 이 당시 사형 집행인은 특별히 비행기까지 타고 사령부에 와서 히틀러의 주문대로 가능하면 끔찍하게 사형을 실시했다. 유죄 판결을 받은 사람들은 목이 부러져 죽는 게 보통이었으나 이때는 좀더 잔인한 방법이 동원되었다. 우선 사형 집행인이 죄수들의 목을 밧줄로 묶고 높이 올렸다. 그러면 아주 천천히 목이 졸려서 죽게 된다. 그들이 고통스럽게 죽고 나자 바지를 벗기라는 명령이 내려졌고, 사람들은 그들의 성기를 볼 수 있었다. 성적으로 비정상적인 사람이 아니라면 과연 누가 그 같은 장면을 반복해서 보며 즐거워할 수 있겠는가.

2차 세계대전 동안 미국의 비밀 정보 기관이었던 OSS(전략담당부 : Office of Strategic Services)는 히틀러와 친하게 지냈던 일련의 사람들을 불러서 심문했다. 정보원들은 할리우드 감독 차이슬러와도 얘기를 했는데, 그는 30년대 초반 베를린의 한 영화사인 UFA에서 일을 한 적이 있었다. 차이슬러가 한 말 전부를 진실로 받아들이기는 문제가 있다 하더라도, 히틀러의 성생활에 대하여 어느 정도는 짐작할 수 있었다. 그에 따르면, 히틀러는 베를린에서 권력을 장악한 이후부터 언제나 아름답고 늘씬한 여배우들로 둘러싸여 있는 것을 좋아했다는 것이다. 여기에서 말하는 아름답고 늘씬한 여배우들이란, 권투선수 슈멜링의 아내였던 애니 온드라뿐 아니라 UFA영화사에서 만든 영화에 자주 출연한 스타 제니 유고도 속한다. 차이슬러는 당시 함께 일을 하며 친하게 지냈던 여배우 러나테 뮐러의 경우를 예로 들었다.

 러나테 뮐러는 당시 히틀러가 가장 좋아했던 여배우 중 한 사람이 었죠. 그녀는 히틀러와 잠자리하는 것을 그다지 싫어하지 않았습니다. 나에게 말해준 바에 따르면, 히틀러가 제일 좋아하는 얘깃거리는 중세 시대의 고문 기술에 관한 것이라고 했죠. 히틀러가 그녀를 수상 관저에 초대하자 그녀는 기꺼이 수락을 했고, 두 사람만의 멋지고 정열적인 밤을 보내기로 약속했답니다. 그런데 두 사람 모두 옷을 벗고 나자 아주 뜻밖의 일이 벌어졌다고 합니다. 그러니까, 히틀러는 러나테와 침실로 가는 대신 바닥에 꿇어앉더니 자신을 때리고 발로 마구 밟아달라고 부탁했다는 것입니다. 너무나 놀란 그녀는 당연히 거절했지만, 히틀러는 고집스럽게 자신을 위해서 제발 그렇게 해달라고 애원했다는군요. 히틀러는 그녀의 노예이며 그녀와 같은 방에 있을 가치도 없는 인간이라고 자신을 비하시키면서 신음 소리를 내며 흥분하기 시작했다고 합니다. 마침내 그녀가 요청하는 대로 히틀러를 짓밟고 채찍으로 때리며 음란한 욕설을 퍼부었다네요. 그러자 히틀러는 더욱 흥분하며 자위행위를 하기 시작하더랍니다. 오르가슴을 느낀 뒤 그는 나지막한 목소리로 둘 다 옷을 입는 게 어떠냐고 말했고요. 그들은 옷을 입었고, 그리고 나서 와인을 한 잔씩 마시고는 정말 사소한 일에 관해서 대화를 나눴다고 합니다. 잠시 후에 히틀러가 자리에서 일어나더니 그녀의 손에 키스를 하면서 쾌적한 밤을 보낼 수 있게 해주어서 고맙다고 말했답니다. 그러더니 하인을 불러 그녀를 바깥으로 안내해주라고 명령을 내렸고요. 러나테 뮐러는 저에게 늘 솔직했으므로 이런 이야기를 꾸며낼 사람은 절대 아닙니다.

러나테 뮐러는 몇 년 뒤에 자살하고 말았다. 물론 그녀는 히스테리컬한 성격을 지닌 배우였으니 마음대로 얘기를 꾸며내어 차이슬러에게 전했을 가능성도 있다. 이런 방법으로도 사람의 관심을 끌 수 있으니까 말이다. 하지만 히틀러를 잘 알고 가깝게 지냈던 많은 사람들이 — 이 가운데 푸치 한프슈텡글도 포함되는데 — 이구동성으로 말하는 것은, 히틀러가 성적으로 비정상이라는 점이다. 심지어 한프슈텡글은 히틀러가 정상적인 성관계를 전혀 가질 수 없다고 주장하기도 했다. 하지만 이와 정반대의 사실을 에바 브라운의 일기장에서 여러 번 찾아볼 수 있다. 예를 들어, 에바 브라운은 히틀러의 담당 의사였던 모렐에게 원기를 보강할 수 있는 약을 히틀러에게 지어달라고 부탁했다고 한다. 과도한 업무로 인해 히틀러의 성 기능이 너무 약해졌다는 이유에서였다.

그들의 불행한 연애는 1931년까지 질질 끌었다. 히틀러는 자주 여행을 가야 했고, 그 동안 겔리는 가정부와 함께 감옥과 같은 집에 갇혀 있어야 했다. 외출이라도 하게 되면, 대부분 히틀러의 측근이었던 호프만, 헤스나 아만의 아내들이 동행을 했다.

1931년 9월 18일, 드디어 파국의 날이 왔다. 히틀러는 차를 타고 뉘른베르크와 바이마르를 거쳐 함부르크로 여행을 떠날 예정이었다. 운전사가 밖에서 벤츠를 대기시키고 있을 때였다. 겔리는 용기를 내어 히틀러에게 다가갔다. 그리고는 성악 공부를 계속하기 위해서 빈으로 가려 한다고 말했다. 그러나 사실 이것은 핑계에 불과했고, 그녀는 믿을 만한 사람으로부터 히틀러가 사진사 하인리히 호프만의 작업실에서 일하는 금발의 젊은 여자 친구를 사귀고 있다는 얘기를 들었던 탓이었다. (1929년 10월에 히틀러는 호프만의 작업실에서 수도원학교를 나온 에바 브라운이라는 열일곱 살의 소녀를 알게 된다. 그녀는 호프만에게서 사진을 배우고 있었다. 이때부터 히틀러는 브라운의 부모님들이 싫어하는 가운데 그녀를 몰래 만나고 있었다.) 겔리는 이 두 사람의 관계를 방해하고 싶지 않았다.

이 말을 들은 히틀러는 미친 듯이 날뛰었다. 격한 말싸움이 두 사람 사이에서 오갔고, 잠시 후 마음을 진정시킨 히틀러는 지금은 시간이 없으니까 돌아와서 조용히 대화를 나누자고 제안했다. 그가 떠난 뒤, 겔리는 그녀의 방으로 돌아갔다. 혼자 있고 싶다고 말하며 점심도 거절했다. 그로부터 세 시간이 지났을 때 가정부 빈터 부인은 겔리의 방에서 난 총소리를 듣고 곧장 뛰어갔다. 아무리 문을 흔들어도 문은 열리지 않았다. 그녀가 문밖에서 겔리의 이름을 몇 번이나 불렀지만 대답이 없었다. 눈앞이 깜깜해진 빈터 부인은 경찰을 불러야 할지 어떻게 해야 할지 결정을 내릴 수가 없었다. 경찰이 오면 스캔들이 일어날 게 분명할 텐데. 이때 갑자기 히틀러에게 비서가 있다는 사실이 그녀의 뇌리를 스쳐 지나갔고, 그래서 루돌프 헤스에게 전화를 했다. 연락을 받은 헤스는 자신이 금방 갈 테니 그때까지 꼼짝하지 말고 그대로 있으라고 부탁했다. 잠시 후, 그는 그레고르 슈트라서와 함께 도착했고, 두 사람은 겔리의 방문을 부수고 들어갔다. 스물세 살의 겔리는 피투성이가 된 채 이미 죽어 있었다. 그녀는 히틀러의 권총으로 자신의 심장 한가운데를 쏘았던 것이다.

마침 뉘른베르크에 있던 히틀러에게 헤스가 연락을 취했다. 사건의 전모를 얘기하자 히틀러는 미친 듯이 빠른 속도로 다시 뮌헨으로 되돌아오고 있었다. 그러는 가운데 헤스와 슈트라서는 무슨 일을 해야 할지 서로 의논을 하고 있었다. 슈트라서는 서둘러 경찰을 불러야 한다고 했지만, 헤스는 반대했다. 그는 스캔들이 두려웠던 것이다. 하지만 슈트라서는 만일 경찰을 부르지 않고 사건을 숨기려든다면 더 큰 스캔들이 일어나고 말 것이라며 헤스를 설득했다. 결국 경찰이 왔고, 시체를 검사한 의사는 명백히 권총 자살이 분명하다고 결론을 내렸다. 빈터 부인의 진술을 기록한 경찰은 더 이상 조사를 하지 않았다. 사건이 너무 신속하게 처리되는 바람에 히틀러가 뮌헨에 도착했을 때는 이미 겔리의 시체는 실려가고 없었다. 히틀러는 그만 충격을 받아 그 자리에서 실신해버렸다.

겔리의 죽음을 둘러싸고 갖가지 추측과 황당한 억측들이 난무했다. 겔리가 자살한 원인은 유태인 성악 선생님을 사랑했기 때문이라는 추측이 한 예가 될 것이다. 에바 브라운 때문에 질투심이 들끓어서 자살했다는 추측도 있다. 가장 황당한 가정도 있다. 즉, 히틀러가 여행을 떠나기 전 직접 겔리를 쏘았다는 얘기이다. 살해 동기는 겔리의 임신이라는 것이다. 히틀러가 그녀와 결혼하는 게 싫어서 죽였을 것이라는 얘기였다. 빈터 부인과 헤스, 그레고르 슈트라서는 내막을 잘 알고 있었지만 히틀러의 알리바이를 만들어주었을 게 뻔하다는 말이었다.

히틀러에게 남기는 겔리의 유서 따위는 발견되지 않았다. 만일 그런

게 남아 있었더라면 분명 히틀러의 체면을 손상시킬 것이 뻔한 일이므로 헤스와 슈트라서가 슬쩍 처리해버렸을 것이다. 물론 당시의 정확한 사정은 아무도 모른다. 그레고르 슈트라서는 1934년 6월 30일 베를린에 있던 게슈타포 감옥에서 총살을 당했는데, 오토 슈트라서는 형 그레고르가 겔리의 죽음에 관해서 너무 많은 것을 알고 있었기 때문에 죽었을 거라고 확신했다. 어찌 되었건, 히틀러가 겔리를 직접 죽였다는 주장은 증거가 턱없이 부족해서 믿을 수 없다. 당시 같은 건물에 살았던 목격자들의 진술을 기록한 경찰 조사록에 보면, 그들은 히틀러가 떠나고 한참 뒤에 총성을 들었다고 한다. 그러므로 겔리는 자살한 게 틀림없다. 그녀는 히틀러가 권총을 어디에 보관하는지 잘 알고 있었으므로, 그가 떠난 뒤에 총을 쉽게 찾을 수 있었을 것이다. 불확실한 것은, 그녀가 히틀러에게 유서를 남겼는지 그렇지 않은지이다.

이 같은 불행한 사건이 일어난 뒤, 히틀러는 며칠 동안 인쇄소 사장 아돌프 뮐러의 별장에 머물렀다. 자신도 자살해버리겠다고 미친 듯이 날뛰었으므로 헤스와 운전사였던 슈렉이 한시도 감시를 소홀히 할 수 없었던 탓이었다.

시간이 흐르면서 히틀러도 충격에서 벗어났고, 마침 함부르크에서 좋은 소식도 들려왔다. 지금까지 나치스당은 함부르크에서 다른 당의 위세에 눌려 들러리 노릇이나 했지만, 이번에는 선거권자들이 43명이나 되는 나치스 당원들을 시의회 의원으로 뽑아주었던 것이다. 정치적으로 호소식이 들려왔을 뿐 아니라, 개인적으로도 열아홉 살의 에바 브라운과의 관계가 다시 회복되면서 히틀러는 점차 마음의 안정을 찾을 수 있었다. 에바 브라운은 히틀러가 죽을 때까지 변치 않고 그의 곁을 지켜주었고, 죽을 때도 같이 죽었던 여자였다. 물론 그 전에 두 차례나 사랑 문제 때문에 자살을 시도한 적이 있기는 하지만 말이다.

겔리가 죽은 뒤에도 히틀러는 그녀를 결코 잊지 않았고, 오히려 그녀를 숭배할 정도였다. 뮌헨에 있던 그녀의 방은 히틀러와 가정부 외에는 어느 누구도 들어갈 수 없었다. 이후에도 다른 지역에 있다가 뮌헨에 들르기라도 하면 히틀러는 늘 이 방에 혼자 들어가서 몇 시간이나 앉아 있었다고 한다. 그는 정신적·육체적으로 감당할 수 없어서 빈에서 거행된 겔리의 장례식에도 참석하지 않았다. 그러나 매년 그녀의 기일이 돌아오면 그는 묘지에 들르기 위해서 빈으로 달려가곤 했다. 괴벨스는 그의 책『카이저호프에서 제국의 수상까지』에서 이처럼 히틀러가 빈으로 떠나는 여행을 두고 '지도자는 개인적인 볼일 때문에 빈으로 갔다' 라고 적고 있다.

히틀러는 1933년 이후에 조각가 요셉 토라크에게 겔리의 흉상을 주문했고, 조각품이 완성되자 자신이 근무하던 수상관저에 두었다. 또 한 번은 자연주의 화풍으로 누드 회화를 잘 그리는 아돌프 치글러에게 겔리의 초상화를 부탁하기도 했다. 치글러는 개인적으로 히틀러가 아주 좋아하는 화가였지만, 당시 사람들로부터 '독일에서 여자의 음모(陰毛)를 가장 잘 그리는 대가'로 조롱받고 있었다. 초상화를 받자 히틀러는 이것을 별장 베르크호프에 소중히 간직해두었다. 들리는 말에 의하면, 초상화 앞에는 늘 꽃이 있었다고 한다. 겔리에 대한 히틀러의 애정은 유언장에서도 그 흔적을 찾아볼 수 있다. 1938년 5월 2일 직접 작성한 유언장에서 히틀러는 4번 항목에 다음과 같이 적었다: '한때 질녀 겔리가 살았던 뮌헨에 있는 방의 유품들은 모두 나의 누나 안겔라에게 준다.' 유언장의 3b와 3c에는 그의 누나 안겔라와 여동생 파울라에게 해당되는 내용으로, 살아 있는 동안 매달 1,000마르크씩, 즉 두 사람은 한 해에 12,000마르크를 받게 되어 있었다. 3a에는 역시 같은 금액을 에바 브라운에게 지급할 것을 적어두었다.

물론 1933년 전까지만 해도 히틀러의 수중에는 그 같은 금액을 상속하거나 선물할 만한 돈이 없었다. 게다가 당시 에바 브라운은 호프만의 사진 작업실에서 돈을 벌고 있었으므로 그리 큰돈도 필요하지 않았다.

에바는 실업학교 교사였던 아버지 프리츠 브라운의 두 번째 딸로서 히틀러가 태어났던 브라우나우의 맞은편 도시 짐바흐에 있는 가톨릭 여자학교에서 교육을 받았다. 상업을 가르쳐주는 과정을 마친 뒤 그녀는 호프만의 작업실에서 일을 배우기 시작했고, 히틀러는 이곳에서 그녀를 알게 되었다. 중간 키에 짙은 금발머리와 파란 눈을 가진 그녀는 완전한 금발로 보이기 위해 염색을 하고 다녔다. 언뜻 보면 인형처럼 보이기는 하지만, 아무튼 미인이라고 표현해도 손색이 없을 정도였다. 언니 일제는 유태인 의사 마틴 레비 막스 박사의 병원에서 환자 접수 간호사로 일했고, 여동생 그레틀은 나중에 호프만의 작업실에 취직하게 된다.

하인리히 호프만은 나중에 그녀에 관해 이렇게 기록했다: '고상한 음악에 대한 관심이라고는 거의 없었다. 말하자면 그녀는 연극을 보러 가는 것보다는 춤을 추러 가는 것을 선호했다.'

1930년 말부터 히틀러는 자신보다 스물세 살이나 연하인 이 소녀를 자주 만나기 시작했다. 당시 겔리가 이 사실을 눈치채고 질투심을 느꼈는지에 관해서는 확실하지 않지만, 어쨌든 히틀러는 에바와 함께 영화나 오페라를 보러 다녔고, 레스토랑에서 식사를 했다. 근처에 소풍을 갈 때도 동행했다. 하인리히 호프만의 말을 다시 한 번 인용해보겠다: "나도 그렇지만 다른 사람들도 당시 히틀러가 그녀에게 관심이 있는지 몰랐습니다. 물론 에바는 정반대였죠. 친구들을 만나면, 히틀러가 자신에게 완전히 빠져 있으며 언젠가는 결혼하게 될 거라고 얘기할 정도였으니까요."

당시 에바에겐 소위 경쟁자가 한 명 있었다. 바로 호프만의 딸이자 그녀와 동갑내기인 헨리에테였는데, 나중에 히틀러의 간청에 못 이겨 제국청소년 단장이었던 발두어 폰 쉬라흐와 결혼하게 된다. 헨리에테는 어떻게든 히틀러의 눈에 들어서 그의 사랑을 얻기 위해 무단히 애를 쓰긴 했지만 결국 에바에게 밀려난 셈이었다. 헨리에테 또는 '헤니'라고 불렸던 그녀는 뮌헨 대학생들 사이에서 '헤픈 여자'로 알려져 있었다. 따라서 풍만한 육체에 활달했던 그녀는 사육제 축제 때 하룻밤 재미를 볼 수 있는 여자였던 것 같다.

에바 또한 많은 우여곡절 끝에 히틀러의 정식 여자 친구가 될 수 있었다. 히틀러는 처음에 그녀와 가벼운 연애를 넘어서 깊은 관계로까지 발전시킬 의도가 전혀 없었다.

겔리가 죽은 뒤에 히틀러는 오히려 비니프레드 바그너와의 결혼을 신중히 고려했었다는 증거가 많이 남아 있다. 남편 지그프리드 바그너가 1930년에 사망했고, 히틀러와 그녀는 오랜 기간 동안 상당히 친한 사이였기 때문이다. 그녀는 히틀러와 서로 존댓말을 사용하지 않는 몇 몇 사람들 가운데 한 사람이었고, 그녀의 아이들은 히틀러를 삼촌이라고 부를 정도였다. 그러나 비니프레드가 결혼 신청을 거절했다고 하는데, 히틀러의 비정상적인 섹스 요구를 두려워했던 것 같다.

1930년 가을 히틀러는 베를린의 한 모임에서 서른 살의 또다른 여자를 만나게 된다. 뛰어난 미모와 고상한 취미를 가진 그녀를 보자 히틀러는 첫눈에 반해버렸다. 마그다 크반트라는 이름의 이 여자는 나치스당의 베를린 지역 담당자였던 요셉 괴벨스의 여자 친구였다. 유태인 프리트랜더의 양딸이었던 그녀는 스물한 살이 되던 해, 즉 1921년 1월에 당시 두 명의 아들을 데리고 혼자 살아가던 서른여덟 살의 기업가 퀸터 크반트와 결혼했다. 1921년 11월에 아들 해럴드가 태어났지만 두 사람 사이의 관계가 점점 식어가면서 결국 1929년 이혼을 하고 말았다. 크반트는 이혼한 아내가 재혼하지 않는 동안에 매달 4,000마르크의 생활비와, 가구 따위를 구입할 돈 5만 마르크를 지급하겠다는 서약서를 썼다. 그러니 이혼한 뒤에도 마그다는 베를린에서 방이 일곱 개나 되는 집을 얻어서 살 정도로 풍족한 생활을 누리고 있었다.

매력적이고 우아했던 마그다는 베를린에서 열린 나치스당대회에서 과격주의자 요셉 괴벨스를 알게 되었고, 철학박사이자 프롤레타리아 출신이었던 그에게 금방 반해버렸다. 그녀는 곧이어 입당했고, 베를린 지역구에서 명예직을 얻어서 봉사하고 있었다. 그러다가 자연스럽게 괴벨스의 애인이 되어버린 것이다.

한동안 마그다는 괴벨스와 헤어지고 히틀러와 사귀는 듯 보였으나, 작은 키였지만 매우 정열적이었던 괴벨스가 결국 그녀를 차지했다. 1931년 12월 19일 그는 드디어 마그다와 결혼에 골인했다. 결혼한 뒤에도 히틀러는 이들과 여전히 친하게 지내면서 어려운 일이 있을 때는 도와주었다. 가령, 마그다가 재혼을 하면서 전남편으로부터 돈을 받을 수 없게 되자, 히틀러는 괴벨스의 월급을 두 배로 올려주기도 했다. 물론 이런 배려는 히틀러 개인에게뿐 아니라 당 전체에도 도움이 되는 일이었다. 베를린에 살던 상류층 사람들은 괴벨스를 그다지 좋아하지 않았지만, 그의 아내 마그다는 어딜 가나 환영받는 사람이었다. 심지어 극소수의 사람들과만 교제하던 황태자비 세실리아도 그녀를 초대할 정도였으니 말이다. 이런 교제를 통해 알게 된 부자들이 히틀러의 재정적인 후원자가 되었으니, 마그다는 히틀러에게 매우 유익한 존재였던 셈이다.

괴벨스 부부는 재정적인 후원자를 얻는 것 외에도 히틀러를 위해서 여러 가지로 신경을 썼다. 예를 들어, 사람들의 눈에 띄지 않게 매력적인 여자를 히틀러에게 소개시켜주는 일도 그 중의 하나였다. 겔리가 사망한 뒤, 그들은 세계적인 오페라 가수 레오 슬레차크의 딸 그레틀을 소개한 바 있다. 당시 그녀는 서른 살이었는데, 유태인 혈통인 이 여자와 히틀러의 관계가 어느 정도였는지에 관해서는 잘 알려져 있지 않다. 괴벨스의 호위 아래 두 사람이 자주 시간을 보냈다는 것은 분명하다. 여기서 흥미로운 점은, 히틀러가 선호했던 여자의 유형이다. 그는 가슴이 풍만한 여자를 좋아했는데, 호프만의 딸이었던 헨리에테 역시 그러했다. 헨리에테에 따르면, 에바 브라운은 가슴이 커보이게 하려고 브래지어 안에 손수건을 넣곤 했다는 것이다.

1932년 여름이 되자 에바 브라운은 점점 외로움을 느꼈고, 히틀러가 자신을 소홀히 하는 듯한 느낌을 떨쳐버릴 수가 없었다. 당시 히틀러는 여행을 자주 떠났고, 같이 가겠다는 에바의 부탁을 매번 거절했던 것이다. 뮌헨에 잠시 들를 일이 있을 때면 히틀러는 프린츠레겐텐 광장에 있는 자신의 집에서 에바와 조금 있다가, 금방 당원들과 식사를 하러 나갔다. 게다가 이렇게 외출하면서도 인사나 다정한 말 한마디 없이 100마르크 지폐가 들어 있는 봉투를 에바에게 찔러주곤 했는데, 이런 행동이 여자들에게 어떤 느낌을 주는지 히틀러는 몰랐던 것 같다. 이럴 때 여자들은 마치 자신이 매춘부가 된 듯한 느낌을 가진다는 사실을.

그해 여름, 에바 브라운은 마침내 심한 우울증에 빠지고 말았다. 7월의 어느 날 밤이었다. 그녀는 히틀러가 그녀를 위해 별도로 마련해주었던 집에서 외과의사 플라테 박사에게 전화를 걸어 즉시 와달라는 부탁을 했다. 이때 그녀는 6.35밀리미터 구경 권총으로 심장 근처를 쏜 뒤였다. 플라테는 즉시 그녀를 그가 운영하던 병원의 특실에 옮겨놓고 호프만에게 연락을 했다. 호프만이 히틀러에게 전화를 했고, 그는 곧장 뮌헨으로 돌아왔다. 총상이 심하지는 않았기에 간단한 수술로 탄알을 꺼낼 수 있었다. 나중에 호프만이 말하기를, 당시 히틀러는 병원에 도착하자마자 의사에게 달려가 숨기지 말고 모든 사실을 말해달라며 다그쳤다고 한다. 그러니까 히틀러는 플라테 박사와의 면담에서 다음과 같이 물었다는 것이다. "박사님, 진실을 말해주셔야 합니다! 내 관심을 끌기 위해서 브라운 양이 총을 쏜 게 아닙니까? 그렇죠? 정말 죽을 생각은 없었던 거죠?" 그러자 플라테 박사는, 에바 브라운은 정말 죽으려고 했다고 대답했다. 잠시 후 히틀러는 에바가 자살을 하기 직전에 써두었던 유서를 받아서 읽고는 즉시 폐기해버렸다.

이 사건에 관해 히틀러가 호프만에게 말한 내용을 한번 보기로 하겠다: "물론 그 소녀는 나를 사랑해서 그런 일을 저질렀어. 그렇지만 내가 뭘 잘못했나? 난 아무런 잘못도 없다네. 어쨌거나, 내가 그녀를 보살펴줘야겠지……. 그런데 말일세, 그녀를 보살핀다고 해서 결혼까지 해줄 생각은 없어. 에바가 지닌 매력이라면 정치에 미친 여자가 아니라는 점이지. 솔직히 말해서, 난 정치에 빠져 있는 여자들은 정말 싫단 말이야. 흠…… 그리고 말이지, 정치가의 아내는 똑똑해서는 절대 안 되는 거야. 안 되고말고!"

어쨌든 에바 브라운은 이 자살 소동으로 얻은 게 있었다. 히틀러가 자신을 여자 친구로 인정했기 때문이다. 하지만 이번 자살 시도가 처음이자 마지막은 아니었다.

1931년 12월 31일 독일에는 570만 명의 실직자가 있었다. 이로 인해 입당하는 회원들이 급기야 807,000명에 이르게 되었다. 그런데 실직자의 증가는 오히려 히틀러의 정치적인 성공에 불을 당겨주는 계기가 되었다.

3월에 대통령 선거가 치러질 예정이었는데, 사회민주당이 힌덴부르크를 밀겠다고 나서자 나치스당은 협조를 거부하면서 히틀러 자신이 출마하겠다고 알렸다. 그러나 사람들은 그가 출마할 수 없다는 사실을 잘 알고 있었다. 그는 오스트리아 국적도 포기했고, 그렇다고 해서 독일 국적을 취득한 것도 아니었기 때문이다. 하지만 방법이 전혀 없는 것은 아니었다. 마침 브라운슈바이크는 당시 나치스당과 연립 정당을 이루고 있었는데, 내무부장관이 나치스당 출신이었다. 2월 4일 내무부장관은 브라운슈바이크 공과대학의 '객원교수'로 히틀러를 초빙하면서, '조직사회학 및 정치학'에 관해 한 학기에 열두 번 강의를 맡아줄 것을 부탁했다. 그러나 이 같은 초빙은 대학총장이 동의하지 않아서 실패하고 말았다. 그에 따르면, 히틀러가 최소한의 대학 교육도 받지 않았다는 이유에서였다.

브라운슈바이크 주 정부의 내무부장관은 여기에서 포기하지 않고 또 다른 방법을 동원해서 결국 히틀러가 독일 국적을 얻게 하는 데 성공했다. 1932년 2월 26일이었다. 그 덕분에 히틀러는 베를린에 주재하던 브라운슈바이크 주 정부의 임원으로 임명되었다. 공식적으로 그가 떠맡게 될 임무란, 브라운슈바이크의 이익을 촉진하고 대표하는 일이었다. 눈 깜짝할 사이에 주 정부 임원이 된 히틀러는 딱 한 번 공사관에 나타나서 국민으로서 그리고 공무원으로서 헌법에 서약을 했을 뿐이었다. 그리고 나서 정치적인 임무가 막중하다는 구실로 무기한 휴가를 받았다. 이렇게 하여 히틀러는 독일 국민이 되었다. 이제 그는 피선거권은 물론이고 선거권도 얻게 되었다.

아슬아슬하게 독일 국민이 되기는 했지만 히틀러가 대통령에 당선되지는 못했다. 1차 투표에서 힌덴부르크가 49.6퍼센트를 얻었고, 히틀

러는 2등으로 30.1퍼센트, 공산주의자 텔만이 13.2퍼센트, 마지막으로
뒤스터베르크가 6.8퍼센트를 얻었다.

힌덴부르크가 과반수를 넘기지 못하자 2차 투표가 실시되었다. 힌덴
부르크가 53퍼센트, 히틀러는 36.8퍼센트를 차지하긴 했지만 투표자수
로 따진다면 히틀러는 1,340만 표를 얻었다. 당시 『타임』지가 히틀러와
가진 인터뷰를 보기로 하자: "저는 개인적인 공명심 때문에 출마한 것
은 절대 아닙니다. 제가 힌덴부르크와 경쟁해서 출마했던 유일한 이유
라면, 우리가 무너뜨리고자 했던 체제가 대중의 인기를 누렸기 때문입
니다."

1932년 7월 31일 NSDAP당은 선거전에서 세상이 떠들썩할 정도로
큰 성과를 올렸다. 결과적으로 볼 때, 그들은 230명의 의원수로 국회에
서 가장 강력한 원내 단체가 되었던 것이다. 그래서 히틀러는 수상이
될 가능성도 점치고 있었다. 하지만 대통령 힌덴부르크는 그럴 의도가
전혀 없었다. 파펜을 수상으로 임명하고 나서 그는 자기가 이끄는 내각
에서 기껏해야 부수상 정도의 자리를 고려해볼 수는 있을 것이라고 말
했을 뿐이었다. 물론 이 말에 히틀러는 몹시 자존심이 상했다. 그는 나
치스 돌격대원들을 베를린으로 불러모아서 비상 태세를 갖추라고 지시
했다. 이유인즉, 베를린에 있는 모든 공산주의자들을 쓸어버릴 시기가
임박했기 때문이라고 둘러대었다. 히틀러의 행보에 놀란 파펜은 비상
사태를 선포했고, 국방부장관 슐라이허는 어떠한 폭동에도 무장군인으
로 강력하게 대처할 것이라고 히틀러에게 통지했다. 대통령 힌덴부르
크는 한술 더 떴다. 당시 여든다섯 살이었던 그는 히틀러를 불러서 의

자도 내주지 않고 8분 동안 서 있게 하는가 하면, 학생에게 훈계를 하듯 들고 있던 지팡이를 탁탁 두드리며 그를 나무랐던 것이다. 대통령은 파펜 내각을 도와줄 것이라고 약속한 히틀러를 '약속이나 깨는 놈'이라고 불렀다. 당시 신문들은 두 사람의 회동에서 히틀러가 당한 봉변을 고소해하며 연방 떠들어대었다.

이런 식으로 지도자로서 히틀러의 명망은 보기 좋게 흠집이 나고 말았다. 그것도 목표가 달성되기 바로 직전에. 이 사건 이후에 NSDAP당에서는 사분오열이 일어났다. 나이 든 당원들은 등을 돌렸고, 일반 당원들도 외곬의 히틀러 정책을 더 이상 이해하려고 하지 않았다. 그들의 불만이란 바로 이런 것이었다. 왜 히틀러는 협상을 거절하는 것일까? 왜 그는 당이 정치에 참여할 수 있도록 만들지 않는가? 사실 히틀러는 모든 것을 가지든가, 아니면 아무것도 가지지 않겠다는 식으로 행동했다. 이런 불만이 불거져나오면서, 당원들 가운데 가장 열성적이라고 할 수 있는 나치스 돌격대들조차도 공산주의자가 되든가 또는 오토 슈트라서가 이끄는 사회혁명주의 '검은 전선'에 들어가기 시작했다. 당원들은 급기야 히틀러를 '영원한 야당'이라고 불렀다.

당의 재정도 엉망이어서 빚이 거의 9천만 마르크나 되었다. 물론 히틀러의 주머니는 여전히 두둑했다. 1931년 『나의 투쟁』은 51,000부나 팔려 인세로 40,780마르크를 받았으며, 아만이 관리하던 신문과 잡지사에 쓴 기사에 대한 사례금으로 15,000천 마르크를 받았으니 부족할 리가 없었다. 당 자금이 턱없이 부족했지만 기업가들은 돈을 내줄 생각을 하지 않았다. 어음이 부도가 났고, 채권자들은 집달리를 당사로 보냈으며, 심지어 그렇게 관대하고 대범하던 인쇄소 사장 아돌프 밀러조차도 최후통첩을 보낼 정도였다. 즉, 빚을 갚든가 그렇지 않으면 신문 『민중의 눈』을 더 이상 인쇄하지 않을 것이라는 뼈저린 통고였다. 나치스 돌격대만 하더라도 당시 4만 명이나 되었으니 일주일에 120만 마르크의 비용이 들었다. 하는 수 없이 돌격대원들은 모금 상자를 들고 돈을 구걸하기 위해서 거리로 나서야만 했다.

히틀러가 파펜 내각을 퇴진시켰기 때문에 11월 6일 다시 선거가 치러졌다. 이때 독일에는 700만 명의 실직자들이 들끓고 있었다.

히틀러는 '카이저호프' 호텔의 가장 위층인 특실에서 선거 결과를 기다리고 있었다. 결과는 패배였다. 더욱이 지난 여름보다 34석, 즉 200만 표를 더 잃어버린 것이다. 이 선거에서 가장 큰 성공을 거둔 당은 공산주의자들이었다. 초상집 분위기가 감돌았다. 히틀러를 정복할 수 없다는 신화가 흔들리면서 동시에 바닥난 재정으로 선거에서 승리할 수 없다는 사실이 드러났다.

4주 뒤에 튀링겐에서 주의원 선거가 있었고, 여기에서도 나치스당은 40퍼센트의 표를 잃었다. 유권자들은 이제 더 이상 히틀러를 믿지 않는 것 같았다. 노동자들은 독일공산당(KPD)을 선택했고, 일반 시민들은 후겐베르크가 이끌던 독일민족국민당을 택했다. 이렇게 되자 히틀러와 가장 가깝게 지내던 사람들조차 공공연하게 자신들이 그 동안 지도자를 너무 과대평가한 것이 아닐까라는 의심을 하기 시작했다.

이즈음 정열적이었던 그레고르 슈트라서는 히틀러를 깡그리 무시하고 독자적인 정치를 펼쳐나갔다. 그의 동생 오토는 이미 1년 반 전에

NSDAP당을 탈당해서 사회주의 혁명을 내건 '검은 전선'을 창설하여 히틀러의 집요한 적이 되어 있었다. 슈트라서는 파펜 다음으로 제국의 수상이 된 슐라이허와 협상에 들어갔는데, 결국 슐라이허는 그를 부수상으로 임명하고, 세 명의 장관 자리를 NSDAP당에 내어줄 만반의 준비를 했다. 물론 슈트라서는 노동조합과도 협력할 생각이었고, 군과 좌익단체와도 협조할 의도가 있었다. 나치스당 내에서 사회주의 색채를 대표하던 슈트라서는 협상에 만족해하면서 히틀러에게 이 제안을 받아들이라는 충고를 했다. 그러니까 늦기 전에 당이 정치적인 책임을 떠맡고 일을 해야 할 때라는 얘기였다.

이 말을 들은 히틀러는 노발대발했다. 욕설을 퍼부으면서 이렇게 고함을 질렀던 것이다. "아니, 당신이 날 이렇게 배반할 수 있는 거요? 내가 수상이 되는 게 그렇게 싫다는 말이지? 당 지도자인 나더러 당을 떠나라고 협박하는 거와 뭐가 다른 거요? 나보고 낙향이라도 하란 말이 아니냐고!"

슈트라서는 히틀러의 편집광적인 발작을 목격하자 기가 막혀서 아무런 대꾸도 할 수 없었다. 물론 히틀러는 다른 결과를 기대하고 있었다 하더라도, 정작 슐라이허와 대화를 해보라고 제안했던 건 히틀러가 아니었던가?

슈트라서는 묵묵히 호텔 카이저호프를 나와서, 그가 머물던 '엑셀스와' 호텔로 돌아갔다. 그리고는 히틀러에게 보내는 편지를 방에 남겨두고 떠났다. 당과 완전히 결별하겠다는 내용이 담긴 편지였다.

편지를 받은 히틀러는 하늘이 무너지는 것 같았다. 슈트라서가 탈당하게 되면 그야말로 당은 하루아침에 끝장이 날지도 몰랐기 때문이었다. 그는 자신을 제외하고 당에서 가장 막강한 영향력을 행사하는 슈트라서와 진심으로 화해하고 싶었지만, 얼마 후 당의 2인자였던 그가 끝내 당과 인연을 끊고 요양차 메란으로 여행을 떠나버린 사실을 알게 되었다.

이제 또다시 사태를 신속하게 수습해야 할 시기였다. 히틀러는 서둘러 그 동안 슈트라서가 쌓아놓은 제국을 재편성하는 작업에 들어갔다. 그리하여 히틀러가 휘두르는 강압에 모든 지구장들은 슈트라서를 비방해야만 했고, 히틀러에게 충성을 맹세하는 문서에 서명을 했다. 슈트라서가 맡고 있던 조직 가운데 그다지 중요하지 않은 부분은 로베르트 레이가 인수받았다. 그는 히틀러에게 개처럼 순종하는 사람으로 알코올 중독자이며 화학자였다. 정치 중앙위원장으로는 히틀러의 비서였던 루돌프 헤스가 발탁됨으로써 히틀러의 가장 강력했던 경쟁자 중 한 명인 슈트라서가 제거되고 말았다. 마지막으로 남은 경쟁자는 이로부터 일년 반 후에 정리된다.

나치스당에서 막강한 힘을 휘둘렀던 좌익 세력을 밀어낸 히틀러는 라인 지역의 폰 쉬뢰더 남작의 집에서 파펜과 화해하려는 시도를 했다. 파펜은 나름대로 계획이 있었는데, 히틀러의 도움으로 자신의 오래된 친구 슐라이허 장군을 몰아낼 생각이었다. 더욱이 당시 제국의 대통령은 파펜 편에 서 있었기 때문에, 히틀러와의 협상은 그리 어려운 문제가 아니었다. 파펜은 대통령에게 "히틀러를 수상으로 임명하는 것도 그다지 나쁘지 않을 듯합니다"라고 은근슬쩍 운을 떼었다. 두 사람 사이에 연대감이 형성되었다는 것을 눈치챈 재빠른 기업가들도 마침내 쥐고 있던 돈줄을 터놓기 시작했다.

이로부터 4주일이 지난 뒤, 대통령 힌덴부르크는 화가이자 작가이며 병장이었던 아돌프 히틀러를 수상으로 임명했다. 이때는 그가 독일 국민이 된 지 꼭 1년이 되는 시기였다.

1932년에 히틀러가 『나의 투쟁』으로부터 받은 인세는 6만5천 마르크에 달했으나, 수상을 지내던 첫해는 100만 마르크가 넘었으니 그는 말 그대로 백만장자가 된 셈이었다. 하지만 머지않아 그는 억만장자가 된다.

8
몸통, 독일 제국의 수상

1933년 1월 30일 어둑어둑해질 무렵, 한때 히틀러와 화해를 했던 파펜과 후겐베르크가 겁에 질리는 해프닝이 베를린에서 일어났다.

저녁 7시부터 밤늦게까지 나치스 돌격대원들은 갈색 유니폼을 착용한 채 횃불 행렬을 벌이며 수상실을 지나갔다. 이는 순전히 히틀러의 승리를 축하하기 위한 행진이었다. 시민들은 이들이 브란덴부르크 성문을 지나 빌헬름 가(街)로 행진하는 발자국 소리를 들을 수 있었다. 악대는 옛날 행진곡을 연주했고, 횃불은 살을 에는 듯한 1월의 밤을 환하게 비추었다. 수상실 창가에는 히틀러가 서 있었고, 바로 옆 건물 대통령실에는 한때 군에서 원수를 지냈던 힌덴부르크가 행렬을 내려다보고 있었다. 그는 행진곡의 박자에 맞추어 지팡이를 탁탁 치면서 매우 만족스러운 표정을 짓고 있었다. 갈색 유니폼을 입고 길게 늘어서서 행진하는 나치스 대원들의 행렬을 보는 순간, 노쇠한 대통령은 전쟁터에서 활약하던 때가 기억나서인지 곁에 있던 비서 마이스너에게 이런 농담을 했다고 한다. "우리가 저렇게 많은 러시아 포로를 잡았는지 몰랐

네그려." 밤중에 느닷없이 6시간 동안에 걸쳐 벌어진 이 같은 행사는 괴벨스가 고안해낸 것으로 상당히 뛰어난 연출이었다.

히틀러는 이날 밤 우선 수상의 집무실을 개조해야겠다는 결정을 내렸다. 비스마르크에게는 아무 문제가 없었던 수상 집무실이 히틀러의 마음에는 영 들지 않았던 것이다. 히틀러는 수상실이 있던 건물은 시가를 담는 상자만 하고, 수상 집무실은 잘해야 사무실장이나 여비서 혼자 사용하기에 적당할 정도로 비좁아터졌다며 툴툴거렸다.

아침이 되어서야 히틀러는 건물 뒤편에 나 있는 문을 통해 수상실을 빠져나가 그가 머물던 호텔의 특실로 갔다.

1933년 2월 7일 신문 『민중의 눈』에 이런 기사가 실렸다. 즉, 수상 아돌프 히틀러는 자신의 연봉 29,200마르크와 수당 18,000마르크 전액을 전투에서 사망한 나치스 돌격대와 나치스 친위대의 유가족에게 지급할 것이라는 내용이었다. 그리고 히틀러가 이런 결단을 내릴 수 있는 이유는, 작가로서 돈을 벌고 있으며 자신의 직책을 일종의 명예직으로 보기 때문이라고 그를 은근히 추켜세우기까지 했다.

히틀러는 그 같은 결정으로 손해볼 게 하나도 없었다. 오히려 세금 부담을 줄일 수 있었다. 속사정을 알 턱이 없는 일반 시민들은 히틀러의 용기와 희생정신에 당연히 감동할 수밖에 없었을 것이다. 이렇게 하여 아직까지도 사람들이 믿고 있는 히틀러의 신화가 등장하게 된다. 다시 말해, 히틀러는 그가 저질렀던 수많은 실수와 난폭한 행동에도 불구하고 최소한 돈에는 전혀 관심이 없었다는 신화! 하지만 이는 결코 사실이 아니다. 우선 히틀러는 이 발표를 한 지 2년 후에 월급과 수당을 자신의 구좌로 송금시켰으며, 이런 뻔뻔스러운 행동을 통해서 세금을 완전히 면제받았다는 사실을 보면 알 수 있다.

세금을 면제받기 위해 히틀러는 맨 먼저 경호원이자 부관인 율리우스 샤웁에게 세금 문제를 해결하라고 지시했다. 샤웁은 당시 재무부차관이었던 프리츠 라인하르트와 친하게 지내고 있었다. 라인하르트는 오래 전부터 나치스 당원이었고, 한때 튀링겐에 있는 한 실업학교에서 부기와 조세법을 가르치던 선생이었다. 히틀러는 정권을 잡으면서 재무부장관 슈베린 크로시크의 보수적인 분위기를 잘 파악하라는 과제를 주면서 그를 재무차관으로 임명했다. 그는 이로부터 얼마 후에 히틀러와 다른 나치스 간부들이 안고 있던 세금 문제를 대부분 해결해주는 중요한 사람이 되었다.

샤웁으로부터 청탁을 받은 라인하르트는 히틀러의 세금 담당 세무서와 연락을 취해서 좋은 결과를 얻어냈다. 세무서에서 반가운 통지가 왔던 것이다: '1933년 이미 지불한 세금은 비교적 낮은 1932년의 소득을 기준으로 해서 결정되었습니다. 또한, 세무서에서는 수상님이 기부한 봉급을 고려해서 앞으로는 어떠한 소득세도 낼 필요가 없다는 결정을 내렸음을 알려드리는 바입니다.'

그 결과 1933년 히틀러의 연간 소득은 1,232,335마르크로 훌쩍 뛰었지만 297,005마르크의 세금만 내면 되었다. 이 세금도 아까웠던 탓인지 히틀러는 자신의 총소득 가운데 반을 직업상 반드시 필요한 판공비라는 사실을 세무서에 알려달라고 부탁했고, 라인하르트는 다음과 같이 대답해주었다: "독일제국 지도자로서의 책임이 막중하다는 점을 고려해서 저는 수상님의 제안에 기꺼이 동의합니다."

이때 히틀러는 1933년에 부과된 세금을 전혀 내지 않고 있었다. 1934년 9월까지가 만기였는데, 10월 말이 되자 세무서로부터 경고장이 날아왔다. 그래도 히틀러가 아무런 반응을 보이지 않자 뮌헨 세무서 조사원 포글이 11월 7일, 8일, 9일 계속해서 히틀러의 부관에게 전화를 해보았으나 통화를 할 수 없었다.

세무서란 관청은 사실 상당히 신중을 요하는 곳이다. 히틀러가 당시 지불해야 할 세금이 총 405,494마르크였는데, 1933년과 1934년에 내야 할 세금을 합한 금액이었다. 이에 세무서 직원들은 벌금까지 정해놓고도 높은 분들의 지시를 기다리고 있을 따름이었다.

곧 상부의 지시가 떨어졌다. 그러자 뮌헨의 세무서장 루트비히 미레 박사는 히틀러의 난해한 세금 문제를 재무차관 라인하르트와 상의하기 위해서 베를린으로 갔다. 1934년 8월 2일부터 히틀러는 수상일 뿐 아니라 대통령직도 맡고 있었는데, 힌덴부르크가 사망한 뒤 헌법에 따라 수상이었던 그가 대통령직을 인계받았던 것이다. 라인하르트와 미레 박사는 한 국가의 원수가 세금 따위로 발목이 잡혀서는 안 된다며, 앞으로는 물론 지금까지 연체된 세금도 모두 면제하기로 합의를 보았다. 뮌헨에 돌아온 미레 박사는 히틀러의 세금 문제와 관련된 모든 서류들을 찾아서 아무도 볼 수 없는 장소에 보관하라는 지시를 내렸다. 그리하여 1935년 3월 12일, 히틀러라는 이름은 독일 납세자의 명단에서 공식적으로 사라지게 되고, 따라서 뮌헨 동부 구역의 세무서 납세자 명단에 올라 있던 그의 개인 카드가 폐기 처분되었다.

자신이 더 이상 세금을 낼 필요가 없다는 사실을 알게 된 히틀러는 수상 월급과 대통령 월급까지 모두 자신의 은행 구좌로 입금시키라는 지시를 내렸다.

1934년부터 인세를 받은 서류도 폐기되었지만, 우리는 히틀러의 소득을 대략 추정할 수 있다. 그러니까, 1934년부터 매년 『나의 투쟁』은 최소한 100만 부가 팔렸고, 이로부터 그가 받은 인세는 해마다 150만에서 200만 마르크 정도가 될 것이다. 1944년에도 출판사에서 그에게 입금한 인세는 5,525,811마르크였고, 1943년에 히틀러는 인세가 입금되어 있던 그의 구좌에서 569,212마르크를 인출했다는 증거가 남아 있다.

나중에 보게 되겠지만, 히틀러가 책을 통해서 받은 엄청난 인세는 사실 그의 수입 가운데 사소한 부분에 불과했다. 더욱이 히틀러가 사용한 생활비의 대부분은, 예를 들면 주차장 시설, 비서에게 지불하는 월급을 포함한 각종 인건비는 1933년부터 국가로부터, 즉 독일 국민의 세금으로 충당되었다. 그러니 그가 사비를 들이는 경우는 뮌헨에 있던 그의 저택과 별장을 관리하는 데 드는 비용 정도에 불과했다. 세금이 면제된 데다 생활비도 거의 들지 않았으므로 히틀러의 재산은 눈덩이처럼 불어날 수밖에 없었다. 여기에 또 한 가지 요인이 작용해서 그는 더욱 부자가 될 수 있었다. 즉, 그는 세금을 내지 않는 돈줄기를 찾아내는 데 귀신이었다. 덩달아 측근에서 그를 보좌하던 인물들도 톡톡히 그 덕을 보게 되었다.

정권을 잡자 히틀러는 젊은 건축가 알베르트 슈페어에게 수상관저와 자신의 집무실을 개조하라는 명령을 내렸다. 그리고 나서 그는 수상실이 있던 건물의 위층, 즉 차관 람메르스의 집으로 들어갔다. 당시 히틀러의 시중을 들었던 칼 빌헬름 크라우제는 그의 생활 습관에 관해서 몇 가지 상세한 정보를 전해주었다.

그의 얘기를 정리해보면 이러하다. 아침 식사로 히틀러는 미지근한 우유 두 잔을 마셨고, 대략 열 개 정도 되는 라이프니츠 비스킷과 납작한 초콜릿 반 장을 먹었다. 의사들은 그 같은 아침은 위와 장에 가스를 차게 해서 변비를 촉진시키므로 그에게 무척 해롭다고 경고했다. 그러나 히틀러는 의사들의 충고에 아랑곳하지 않았고, 결국 너무 많은 우유를 마셔서 탈이 나고 말았다. 또한 방귀를 참으면 배설이 쉬워진다는 말을 어릴 적부터 듣고 자란 탓에 방귀를 참다가 오히려 고통스런 위경련과 장경련을 자주 앓아야 했다.

히틀러는 몸치장을 하는 데 정확하게 22분이 걸렸다고 한다. 우선 '빨간 수염'이라는 제품명이 붙은 클링에 회사 면도기로 1차 면도를 하고 난 다음, 다른 면도기를 사용해서 다시 말끔하게 정리했다. 코밑 수염도 자신이 직접 다듬어서 가장자리만 면도했다. 한 번은 한프슈텡글이 히틀러의 수염이 너무 보기 싫어서 반 다이크 수염으로 바꾸는 게 어떠냐고 설득해보았지만, "내 수염은 말이야, 언젠가는 전 유럽에서 유행하게 될 걸세"라고 말하며 거절했다고 한다. 정말 그로부터 얼마 후에 헤르만 에서와 운전사였던 율리우스 슈렉을 제외한 당원들 사이에 히틀러의 특이한 '파리수염'이 유행하게 되었다.

그는 비누뿐 아니라 면도 크림이나 로션도 특정 제품만 사용했고, 목욕할 때는 반드시 가문비나무 침엽으로 만든 약을 넣었다.

거의 매일 정각 오후 4시 반이면 그는 두세 명을 데리고 '카이저호프' 레스토랑에 갔다. 이곳에는 물론 예약된 테이블이 있었다. 히틀러는 레스토랑에 빼곡이 앉아 있는 손님들과 친절하게 인사를 나눈 뒤에 헝가리 집시 음악을 들으면서 차와 생크림이 가득 얹혀 있는 케이크를 먹곤 했다.

당시 히틀러는 자신의 신변을 보호할 목적으로 특별한 조처를 취하지는 않았다. 어디를 둘러봐도 경찰이나 나치스 친위대는 보이지 않았고, 히틀러가 차를 마시던 식탁을 주변에 있는 다른 식탁과 분리하지도 않았다. 손님들의 지갑이나 가방도 수색하지 않았는데, 다만 히틀러가 앉아 있는 테이블 바로 옆자리에 앉기 위해서는 웨이터에게 적지 않은 돈을 찔러줘야만 했다. 심지어 이런 식으로 옆 테이블에 앉게 된 유태인이 호기심에 찬 눈길로 그를 힐끔힐끔 쳐다보더라도 히틀러는 기분 나빠하지 않았다. 마치 그는 평범한 시민처럼 레스토랑에 나타나서 보통 사람들처럼 행동했던 것이다. 자신도 나치스 유니폼을 착용하지 않았으며, 동행했던 사람들에게도 절대 입지 못하도록 시켰다.

1934년 히틀러가 입었던 옷을 한번 보기로 하자. 연미복 한 벌, 실내용 상의 한 벌, 모닝코트 한 벌, 차를 마시러 갈 때 입는 옷 한 벌, 갈색과 파란색 그리고 밝은색 평상복이 각각 한 벌씩 있었다. 여기에 다섯 벌의 유니폼이 있었는데, 그 가운데 두 벌에는 넓은 가죽띠가 있었고, 긴 검은색 바지 3개, 긴 장화를 신을 때 입는 바지 2개가 있었다. 히틀러의 평상복은 낡을 대로 낡아서 일반 공무원 정도의 신분을 가진 남자들도 입지 않을 정도였다. 이를 보다못한 친구 부인들, 예를 들어 건축가 루트비히 트로스트의 부인, 괴벨스의 아내 마그다, 그리고 여자 친구 에바 브라운이 팔을 걷고 나섰다. 이들은 하나같이 최신 유행의 멋있는 옷을 입는 게 어떠냐며 설득해보았으나 아무 소용이 없었다. 누가 뭐라 해도 히틀러는 뮌헨에서 이류 재단사가 만드는 옷을 더욱 선호했다. 양복은 기성복 가게에서 사입는 것을 좋아했고, 가장 즐겨 입고 다녔던 옷은 벨트가 있는 레인코트인 트렌치코트였다. 그는 잔인한 이미지를 준다는 주변 사람들의 편잔에 1934년부터 회초리는 들고 다니지 않았지만, 뮌헨 자이델 가게에서 산 비로드 모자는 여전히 쓰고 다녔다. 에바 브라운은 마치 우체부나 역에서 일하는 철도원 같다고 투덜거렸으나 히틀러는 양보하지 않았다. 세계대전시 가스 중독으로 눈이 매우 예민해져 있었기 때문에 가능하면 눈을 거의 가려주는, 챙이 넓은 모자를 고집했던 것이다.

평상복을 입을 때면 히틀러는 대부분 검은색 래커칠이 된 단화를 신고 다녔다. 무릎까지 올라오는 군대용 장화를 신을 때조차도 그는 얇은 비단으로 된 양말만 신었고, 아무리 추운 겨울이라 할지라도 얇은 팬티를 입었다. 그는 팬티 입는 것을 정말 싫어했다고 한다. 와이셔츠 칼라는 그와 뗄 수 있는 것이었다. 그래서 에바 브라운은 당시 유행하던, 칼라가 고정되어 있는 와이셔츠를 한번 입어보라고 권유해보았지만 이번에도 역시 거절당하고 말았다. 그밖에도 의복과 관련된 몇 가지 특징이 있었다. 히틀러는 혁대를 하지 않고 멜빵을 메고 다녔으며, 파자마 대신에 면으로 된 가운형 잠옷을 좋아했다.

이제 히틀러의 식습관을 살펴보자. 질녀 겔리가 죽은 뒤에 히틀러는 육식을 금했다. 예외로 누나 안겔라가 별장에서 요리하는 맛있는 간요리는 먹었다고 한다. 히틀러는 고기 수프를 '시체 차(Tea)'라고 경멸했으며, 고기를 먹는 수행원을 보면 면전에서 조롱을 했고, 생선도 상당히 싫어했다. 한 번은 한 동료가 레스토랑에서 게를 주문하자, 그는 아주 능청스럽게 지어낸 얘기를 사실처럼 해주면서 게 맛이 떨어지도록 만들기도 했다. 옛날에 어떤 가족이 게를 잡으려고 죽은 할머니 시체를 냇가에 두었다는 얘기였다.

히틀러는 이스트를 넣지 않은 빵을 구워오라고 시켰으며, 알코올 도수가 낮은 맥주를 양조장에 주문했다. 그러므로 그가 술을 완전히 끊고 살았다는 말은 맞는 말이 아니다. 또다른 예로, 나중에 외무부장관으로 임명되는 리벤트로프의 지하실에서 가져오는 헨켈 샴페인은 아주 잘 마셨다. 사실 리벤트로프의 아내는 헨켈 회사의 딸이었다. 샴페인 외에도 감기에 자주 걸렸던 히틀러는 차에 코냑을 넣어서 마시곤 했고, 소화장애 때문에 언더베르크 회사에서 나오는 위를 진정시키는 약초 술을 규칙적으로 마셨다.

시중을 들었던 크라우제의 말에 따르면, 히틀러는 잠을 자기 전에 규칙적으로 강한 수면제 두 알씩을 복용했는데, 의사의 처방전이 필요한 에비판, 파노도름 또는 템포도름이었다. 이 약들은 중독될 수 있다고 의사들이 여러 번 경고했지만 히틀러는 귀담아듣지 않았다.

밤이면 수상실에서 자주 모임이 열리곤 했는데, 여기에는 오랫동안 히틀러의 운전사였던 슈렉과 부관 브뤼크너, 샤웁, 나치스 친위대 소속 제프 디트리히, 여비서들, 그리고 베를린에 머물 때면 하인리히 호프만과 막스 아만도 참석을 했다. 히틀러는 자신에게 충성을 맹세한 지성인들뿐만 아니라 사회적으로 낮은 지위에 있는 사람들과 어울리는 것도 매우 좋아했다. 모임이 열릴 때마다 히틀러는 영사기를 설치하게 하고는 두 편의 영화를 관람했다. 영화의 선별은 히틀러와 괴벨스가 담당했고, 히틀러는 편하게 볼 수 있는 러브 스토리나 오락 영화를 좋아했다. 배우들 가운데는 하인츠 뤼만, 헨리 포르텐, 릴 닥오버, 올가 체쇼바나 제니 유고의 팬이기도 했다. 미끈한 다리의 여자들이 나오는 호화 찬란한 레뷰 영화라면 그의 박수를 받는 건 문제될 게 없었고, 돈을 많이 들여서 실제와 비슷하게 보이는 미국 영화도 곧잘 보았다. 그밖에도 코믹한 영화와 버스터 키튼, 찰리 채플린 영화도 싫어하지 않았다. 가벼운 영화는 가리지 않고 좋아했던 히틀러와는 달리 괴벨스는 찰리 채플린을 광적으로 좋아해서 한 번은 그를 독일로 데려오려고 노력했지만 실패한 적이 있었다.

영화 감상에서 수준이 그다지 높지 않았던 히틀러는 문학에서도 마찬가지였다. 고전작품은 당연히 경멸했고, 스트레스를 해소하기 위해서 에드가 왈라스나 칼 메이의 작품을 주로 읽었다. 특히 그는 칼 메이의 책을 '독일 청소년들에게 권장할 만한 가장 좋은 책'이라며 극찬을 아끼지 않았다. 그래서 베를린, 뮌헨 그리고 자신의 별장에 있던 책장에는 칼 메이의 전집이 꽂혀 있었는데, 물론 모두 읽은 것이었다.

수상직을 맡았던 첫해에 히틀러는 아주 교묘한 방법으로 업무로부터 해방될 수 있었다. 그는 알베르트 슈페어에게 이렇게 말했다. "매달 첫주가 되면 온갖 자질구레한 일들을 결정해야 하는 서류들이 올라온다네. 산더미 같은 서류들 말이야. 내가 할 수 있는 만큼 일을 처리했지만, 절대 일이 줄지가 않더구먼, 그 참. 그래서 하는 수 없이 그따위 사소한 일거리는 나한테 올리지 말라고 해버렸지.

만약에 내가 그 서류들을 다 읽고 처리했다고 하더라도, 아마 좋은 결과가 나오지는 않았을 거야. 왜냐고? 당연하지! 그 많은 일들을 하느라면 언제 깊이 생각을 할 수 있겠어? 내가 서류를 더 이상 올려놓지 말라고 했더니, 그러면 중요한 결정들이 지체된다고 말하더라고. 말도 안 되는 소리! 나는 공무원이 아니란 말일세. 뭔가 깊이 생각을 해야 좋은 결정을 하지, 그렇지 않은가?"

히틀러는 측근 부하들에게 전권을 위임함으로써 국가나 당 문제로 쓸데없이 다투며 에너지를 소모하는 경우가 없도록 신경을 썼다. 힌덴부르크가 죽은 뒤에 사실상 네 개의 관공서가 거의 모든 일을 관장했다. 차관 람메르스가 수상실을 이끌었고, 필립 볼러는 '지도자관'을, 루돌프 헤스와 명예욕이 강했던 그의 조수 마틴 보어만은 당을 관리했고, 마지막으로 차관 오토 마이스너는 대통령관을 담당했다. 경쟁적으로 일을 하던 이들 관청은 소관 문제로 인해 자주 논쟁을 벌였는데, 이때마다 히틀러는 적지 않게 재미있어했다. 그는 마키아벨리의 책을 통해서 '분열시켜라, 그리고 지배하라!' 라는 원칙을 철저하게 신봉했기 때문이었다. 거의 모든 일을 부하 직원들에게 위임한 상태에서 히틀러는 공사장이나 건축가들과 화가들의 작업실, 또는 커피숍이나 레스토랑에서 시간을 보냈다. 누구를 만나든 히틀러는 혼자서 떠드는 경우가 대부분이었다. 1934년 6월 30일에 일어난 나치스 돌격대의 쿠데타를 진압하면서 이처럼 여유 있게 보내는 시간이 훨씬 많아졌다. 히틀러를 반대하는 마지막 위험 인물인 에른스트 룀은 난투극을 벌인 끝에 굴복해버렸고, 이로써 나치스 돌격대들은 힘을 잃고 말았다. 당내에서 위험한 인물이 제거되는 한편, 국회도 그를 감시하거나 통제하는 기능을 완전히 상실해버린 상태였다. 1933년 3월 23일 SPD당을 제외한 모든 당의 의원들이 히틀러가 이끄는 정부에게 4년 동안 독재적인 전권을 위임함으로써 자멸했기 때문이다. 그리하여 새 국회의원들은 1933년 11월 12일 NSDAP당이 제출한 비례대표제 후보자 명부에 의거해서 선출되었다.

이렇게 하여 의회는 이제 히틀러의 독재에 의회라는 옷을 걸쳐주는 허수아비 노릇이나 하게 되었다. 국민투표 역시 마찬가지였다. 국제연맹으로부터 독일이 탈퇴하거나, 로카르노 조약의 파기, 98.2퍼센트라는 압도적인 찬성으로 이루어진 오스트리아와의 합병건은 국민투표를 거치기 전에 벌써 히틀러의 손에서 결정된 사안들이었다. 1937년이 되자 국회의원들은 히틀러에게 이미 위임했던 전권을 또다시 연장해주었고, 결과적으로 지도자는 '국민의 대표'의 동의를 얻어 합법적인 독재자로 군림할 수 있었다.

이미 1933년에 히틀러는 의회를 해산해버렸고, 정당 활동을 금지하는 명령을 내렸다. 이로써 그는 그 어떤 사람이나 기관으로부터도 통제받지 않고 마음대로 권력의 칼을 휘두를 수 있었다.

베를린에서 독재를 하던 첫해에 히틀러는 자신이 독재정치를 펼치고 있다는 생각을 전혀 하지 않았던 것 같다. 기회가 생길 때마다, 그러니까 2주나 3주마다 뮌헨으로 가서 자신의 별장이 있는 오버잘츠베르크에 머물렀다. 뮌헨에 들리면 우선 히틀러는 건축가 루트비히 트로스트의 작업실로 갔다. 히틀러는 그를 브루크만 집에서 알게 되었는데, 키가 크고 바싹 마른 베스트팔렌 출신의 이 남자는 머리를 완전히 밀고 다녔다. 히틀러가 그를 알게 되었을 때 그는 쉰두 살이었다. 청년 시절 그는 페터 베렌스, 브루노 파울과 발터 그로피우스와 함께 장식이 풍부한 유겐트 양식을 반대하는 건축가 그룹에 속해 있었다. 이 그룹은 거의 스파르타식 전통주의를 신봉했는데, 물론 몇 가지 현대적인 요소를 가미시키기는 했다. 트로스트는 1933년 이전까지만 해도 독일 건축계에서 두각을 나타내는 인물이 아니었다.

원래 히틀러는 지나치게 장식이 풍부한 신바로크 양식을 좋아했으나, 당시에는 트로스트의 밋밋한 신고전주의 건축을 높이 샀다. 발로브 궁전을 당사로 개조하는 과정에서 트로스트가 히틀러의 마음에 들었던 탓이었다. 그러자 1933년 히틀러는 뮌헨 당사 건물에서 몇 발자국 떨어진 곳에 자신의 집무실, 소위 '지도자관'을 지어달라는 주문을 했다. 그외에도 트로스트는 히틀러가 살던 거리에 '독일 예술의 집'의 설계도를 그리기도 했다.

'지도자관'의 실내장식은 트로스트의 아내가 나서서 색을 배치한다거나 벽지를 고르는 일을 했다. 이후에 알베르트 슈페어가 말했듯이, 이들 부부는 히틀러가 원래 좋아하던 취향과는 좀 동떨어진 양식으로 작업을 했으나, 의외로 히틀러는 아주 흡족해했다고 한다. 부유층 인사들은 고상하면서도 화려한 지도자관을 구경하고 긍정적인 반응을 보였다. 특히 히틀러가 좋아했던 것이 있었다. 트로스트가 실내장식으로 외국행 기선인 '유럽' 을 만들었는데, 히틀러는 이 배를 보고 완전히 반해버렸던 것이다.

1934년 트로스트가 사망하자 헤르만 기슬러가 뮌헨 도시 계획을 떠맡게 되었지만, 히틀러의 전용 건축가는 여전히 슈페어였다.

이렇듯 트로스트의 작업실이나 건축 공사장에 들른 뒤 히틀러는 자신의 집으로 갔다가 식사를 하기 위해서 '오스테리아 바바리아' 레스토랑에 들렀다. 그가 식사를 하는 동안 그의 수행원들은 이곳에서 한 구역 떨어진, 조금 싼 음식점에서 식사를 했다.

'오스테리아 바바리아' 레스토랑(지금도 뮌헨에 있는데, '오스테리아 이탈리아나' 로 이름을 바꾸었다)은 1920년대 말 히틀러의 단골 레스토랑이 되기 전까지만 해도 그다지 알려져 있지 않은 음식점으로, 이탈리아 요리 전문점이었다. 히틀러는 주로 막스 아만, 루돌프 헤스의 보좌관 마틴 보어만, 푸치 한프슈텡글, 슈페어를 데리고 가거나, 아니면 가끔씩 화가나 조각가를 동반한 채 이 레스토랑에 들르곤 했다. 그리고 아주 드문 경우였지만, 에바 브라운과 함께 나타날 때도 있었다.

레스토랑은 그다지 크지 않았고, 자그마한 홀과 이 홀에 연결된 아주 작은 옆방이 있었다. 히틀러는 이 작은 옆방에서 식사를 했는데, 만약 그가 온다는 소식이 알려지면 옆방에서 식사하던 손님들은 홀로 자리를 옮겨야만 했다. 우선 두 명의 나치스 친위대가 들어와서 밧줄로 홀과 옆방을 차단했고, 그런 다음 히틀러와 그의 동행인들이 들어왔다. 홀에 있는 사람들은 히틀러를 가까운 거리에서 볼 수 있었으므로, 권총으로 암살할 계획이라면 충분히 가능할 정도였다.

히틀러와 식사를 함께 한 단골손님 가운데는 하인리히 호프만도 있었다. 술을 달고 다니던 그는 늘 약간 취한 상태에서 지도자에게 아첨을 떨거나 광대 노릇을 하는 바람에 히틀러가 박장대소를 하곤 했다. 히틀러는 원래부터 유머 감각도 없었고, 잘 웃지도 않았으나 누군가 다른 사람을 놀리는 것을 보면 엄청 웃어대었다. 남의 불행을 두고 고소해하는 인물이었던 셈이다. 가령 호프만이 말을 더듬었던 로베르트 레이, 또는 지나치게 엄숙하기만 했던 헤스나 콧소리를 하는 괴벨스 흉내를 내면—물론 이들이 자리에 없을 때 하는 것이었는데—히틀러는 배를 잡고 웃었다.

보통 히틀러는 스파게티나 토마토 소스가 얹힌 라비올리처럼 비교적 간단한 요리를 주문했는데, 다른 사람이 고기나 술을 시키더라도 싫어하지는 않았다.

1935년 어느 날이었다. 호프만, 아만, 트로스트 부인과 벤츠사의 사장 베얼린과 함께 이 레스토랑에서 식사를 하던 중 홀에 앉아 있는 손님 가운데 한 젊은 여자가 히틀러의 눈에 띄었다. 언뜻 보기에도 독일 여자가 아니라 영국 여자 같았다. 물론 영국 여자치고 가슴이 지나치게 풍만했던 이 금발의 여자를 보자마자, 히틀러는 단번에 관심을 가지게 되었다. 눈치 빠른 호프만이 즉시 여자의 신분을 알아내어 히틀러에게 귀띔을 해주었다. 알고 보니 그녀는 영국 귀족 출신인 리데스데일 가문의 여섯 딸 가운데 한 명으로, 유니티 벨키리 미트포드라는 여자였다. 그녀는 언니 다이애나와 제시카처럼 정치에 관심이 많았다. 다이애나는 영국 파시스트 지도자였던 오스발트 모슬리와 결혼했고, 제시카는 처칠의 조카 에드몬트 롬리의 약혼자로 좌익에 속해 있었다.

유니티는 예술사를 공부하기 위해서 1934년 뮌헨으로 왔다. 이곳에서 그녀는 민족사회주의에 완전히 매료되어 일년 전에는 뉘른베르크에서 열린 전당대회에도 참석한 적이 있었다. 호프만으로부터 정보를 입수한 히틀러는 곧장 그녀를 자신의 식탁으로 초대했다. 아주 예의바르게 손에 입맞춤을 한 뒤 대학 공부는 잘 되어가는지 물었는데, 유니티는 "히틀러 씨, 저는 여대생일 뿐 아니라 영국인 파시스트랍니다"라고 대답했다.

히틀러는 정치적인 열정으로 가득한 그녀와 몹시 흥분해서 대화를 나누었다. 레스토랑에서 만난 지 얼마 되지 않아 두 사람은 찻집이나 오페라하우스에 함께 나타나기 시작했다. 유니티는 잔뜩 들떠서 영국에 있는 다이애나에게 남편과 함께 뮌헨에 놀러오면 히틀러를 소개해 주겠다는 편지를 보냈다.

1935년 4월 다이애나와 그녀의 남편이자 영국 파시스트 지도자인 오스발트가 뮌헨에 들렀을 때, 히틀러는 이들을 집으로 초대했다. 다이애나의 기억에 따르면, 당시 초대 손님들 가운데는 그들 외에도 영국 출신의 여자가 세 명이나 더 있었다고 한다. 즉, 비니프레드 바그너, 황제 빌헬름 2세의 딸이자 빅토리아 여왕의 증손녀였던 브라운슈바이크 남작부인과 나중에 그리스의 여왕이 되는 남작부인의 딸 프리데리케였다. 프리테리케는 당시 민족사회주의자였으며 청소년 히틀러 단원이었던 '독일 소녀단'에서 적극적으로 활동하는 단장이기도 했다. 영국의 파시스트 지도자는 히틀러가 보기에도 영국에서 그다지 큰 영향력을 행사하지 못하고 있는 것 같았다.

유니티는 히틀러와 사랑에 빠졌지만, 어찌 된 셈인지 세상 사람들은 두 사람 사이의 러브 스토리를 사실이 아니라 『데일리 익스프레스』지의 한 리포터가 꾸며낸 얘기라고 생각했다. 나름대로 이유가 있었는데, 유니티는 1935년 이후에 공식적인 행사에 초대를 받기는 했지만 히틀러는 그녀와 더 이상 사귀지 않았던 것이다. 독일과 영국 사이에 전쟁이 발발하던 날인 1939년 9월 3일 유니티는 뮌헨에 있는 잉글리쉬 가든 공원의 한 벤치에서 권총 자살을 시도했다. 다행스럽게도 치명적인 상처를 입지 않은 그녀가 회복되자 히틀러는 그녀를 중립국이었던 스위스를 거쳐 영국으로 보내버렸다.

유니티의 등장은 당연히 오래 전부터 심한 우울증으로 고생하던 에바 브라운의 질투심을 유발했고, 나아가서 두 번째 자살을 시도하게 한 직접적인 동기가 된 셈이었다. 물론 다른 일도 있었다. 1935년 3월 11일 그녀는 세 시간 동안이나 히틀러가 여배우 애니 온드라와 식사를 하고 있던 레스토랑 앞에 서 있었다. 식사가 끝나자 히틀러가 나와서 나치스 친위대원이 미리 준비해둔 꽃다발을 그녀에게 안겨주었다. 이 광경을 몰래 지켜보던 에바 브라운은 절망에 빠져들게 되었다.

에바 브라운이 유니티의 존재를 알게 된 것은 호프만 부인의 입을 통해서였다. 어느 날, 호프만 부인은 상당히 격앙된 어조로 히틀러에게 새로운 애인이 생겼다는 소식을 전했다. 1935년 5월 10일에 쓴 에바 브라운의 일기를 한번 보기로 하자: '그녀 이름은 유니티 미트포드라고 한다. 풍만한 육체를 가졌다……. 만일 이 말이 진실이라면 그는 그녀를 좋아할 거야.' 5월 28일 일기: '어떻게 끝이 날까? 모든 것이 불분명한 지금의 상태는 참을 수가 없어. 차라리 끝장을 내버리는 게 쉬울 거야. 오! 신이여! 오늘 그와 얘기할 수 있도록 도와주세요! 내일이면 늦을 테니까……. 35개를 삼키기로 결정했다. 이번만은 성공해야지……. 아, 그가 전화라도 해주면 좋으련만.'

이날 밤, 에바 브라운은 서른네 알의 수면제를 먹었다. 언니 일제가 일하던 병원의 유태인 의사 막스 박사는 위장 세척을 해서 그녀를 다시 살려내는 데 성공했다.

두 번째 자살기도는 결과적으로 에바 브라운에게 큰 선물을 안겨주었다. 마침내 히틀러가 그녀를 선택하기로 결정했던 것이다. 물론 결혼을 하지는 않았지만—대중 앞에서는 아닐지라도 당원들 앞에서는—에바는 공공연하게 그의 정부(情婦)로 인정받았으며, 그의 삶에 있어서 가장 중요한 여자로서의 위치를 가지게 되었다.

1935년 전당대회가 열렸을 때 에바 브라운은 유니티, 괴벨스의 부인 마그다와 함께 귀빈석에 자리를 잡고 있었다. 이날 그녀는 히틀러가 선물한 화려한 모피 코트를 입고 있었다.

그런데 공식적인 자리에 처음 등장한 에바 브라운은 몇몇 사람의 미움을 사고 말았다. 히틀러가 연설을 마치고 막 연단에서 내려오자 마그다가 뛰어와서는 에바 브라운의 험담을 늘어놓았는데, 이를 듣던 히틀러는 너무 화가 나 한때 좋아했던 마그다였지만 몇 달 동안 수상관저에 나타나지도 말라며 소리를 버럭 질러버렸던 것이다.

히틀러가 에바 브라운을 감싸고 돈 것은 마그다의 경우뿐만이 아니
었다. 전당대회의 귀빈으로 초대된 사람 가운데는 히틀러의 누나 안겔
라도 있었다. 우연히 에바 브라운과 안겔라가 심하게 말다툼하는 것을
목격한 히틀러는 전당대회가 끝나자마자 안겔라와 함께 그의 별장 베
르크호프로 갔다. 그리고는 만일 에바를 받아들이고 존중할 수 없다면
다시는 보고 싶지 않다고 퉁명스럽게 쏘아붙였다. 재정적으로 힘들지
도 모르니까 1만 마르크를 주겠다고 덧붙였다. 그러자 안겔라는 두말
않고 짐을 싸서 드레스덴으로 갔고, 이후에 건축가인 하미취와 결혼한
다. 별장 살림을 맡아하던 안겔라가 떠나고 나자 히틀러는 뮌헨에서 새
로운 가정부를 데려왔다. 이제 이 집의 안주인은 에바 브라운이 되었
고, 그녀는 원할 때면 언제라도 별장에 들를 수 있게 되었다. 다시 말
해, 그녀는 히틀러가 적극적으로 나서서 보호해줄 정도로 그의 삶에 있
어서 가장 중요한 여자가 된 것이다.

그밖에도 히틀러는 에바 브라운을 위해서 여러모로 신경을 써주었
다. 우선 그는 당시 부유층이 살고 있던 바서부르크 가(街) 12번지(지
금의 델프 가)에 집을 지었다. 집이 완성되자 그녀는 여동생 그레틀과
함께 1936년 3월 30일에 이사를 했다. 높은 담으로 둘러싸인 2층집의
면적은 80cm²였고, 대지는 798평방미터에 이르렀다. 집은 외관상 아
담해 보였으나, 내부는 현대적이고 화려하게 장식되어 있었다.

에바가 살게 된 동네는 유명인사들이 많이 살았다. 비행기 설계사인
메서 슈미트, 건축가 기슬러, 출판사를 하던 아만과 사진작가 호프만
등등이었다. 에바 브라운은 집 외에 경호원까지 있었는데, 그는 정원

한구석에 마련해놓은 별채에 기거하면서 그녀의 신변을 보살피는 직무를 수행하고 있었다. 또한 이사 가던 날 히틀러는 그녀에게 운전사까지 포함시켜 벤츠 자동차를 선물하는 배려도 잊지 않았다.

그런데 어느 날, 체코의 한 주간잡지에 실린 '히틀러의 여자' 라는 기사를 읽고 히틀러는 분노에 치를 떨었다. 이 기사에는 사진이 한 장 실려 있었는데, 바로 오버잘츠베르크에 있는 에바 브라운이었기 때문이다. 돈에 눈이 멀어 프라하에 있는 잡지사에 이 사진을 팔아넘긴 주인공은 바로 그의 친구 호프만으로 드러났다. 사람들은 히틀러가 그를 가만 놔두지 않을 것이라고 생각했지만 예상을 뒤엎고 호프만은 무사했다. 다만, 히틀러는 차후에 에바 브라운의 사진을 독일 신문사에는 절대 공개하지 말라는 경고를 하였다. 이유인즉, 독일 국민들이 자신에게 애인이 있다는 사실을 알아서는 안 된다는 것이었다. 사실, 호프만이 히틀러에 관해서 너무 많은 것을 알고 있었으므로 그를 제거할 수 없었던 데다, 무엇보다 히틀러는 그가 필요했다. 특히 돈과 관련해서 호프만은 더없이 좋은 파트너라는 사실을 히틀러는 누구보다 잘 알고 있었던 것이다.

9
깃털, 황금 손을 가진 사진사

히틀러의 주변에는 그와 공생하며 억만장자가 되었고, 동시에 히틀러에게 수백만 마르크를 벌게 해준 두 남자가 있었다. 히틀러는 욕심이 많고 막강한 권력을 쥐고 있었지만 다른 사람의 도움 없이는 부를 축적할 만한 타고난 재능은 없었다. 그러다보니 타의 추종을 불허하는 탁월한 상술을 지닌 파트너가 필요했고, 이들은 히틀러의 보호와 그늘 아래서 자신의 욕심을 채웠을 뿐 아니라, 지도자와 그의 후원자에게까지 이득을 안겨주는 역할을 기꺼이 떠맡았다.

두 남자 가운데 한 사람은 막스 아만으로 히틀러가 만든 출판사의 사장이었다. 이 사람에 관해서는 나중에 언급하기로 하겠다. 또다른 남자는 하인리히 호프만이었다. 히틀러가 그에게 내려준 공식적인 직분은 '국정보도국 사진 담당'이었으니, 국가는 물론 당에서조차도 그럴듯한 직위를 가지고 있었던 것은 결코 아니었다. 오직 그는 부자가 되고 지도자에게 부를 안겨주기 위해서 봉사할 따름이었다.

1885년 뮌헨에서 태어난 하인리히 호프만은 아버지 역시 사진사였다. 어릴 적부터 아버지의 작업실에서 사진술을 자연스럽게 터득한 뒤에 사진기자가 되기 위해 런던의 플리트 스트리트로 갔다. 그는 국제대회에서 여러 번 상을 받았을 정도로 탁월한 사진작가였다. 1차 세계대전이 발발하기 바로 전 뮌헨으로 돌아와 활동하다가, 전시에는 특파원의 자격으로 전장에 파견되기도 했다.

전쟁이 끝나자 뮌헨에 작업실을 열었고, 또 가게를 운영하면서 전문가와 아마추어들에게 사진기와 영사기, 그리고 필름을 팔았다.

호프만이 히틀러를 알게 된 때는 1922년으로, 당시 서른일곱 살이었던 그는 이미 국제적으로 인정받는 사진기자였으며, 가게도 짭짤한 수입을 올리고 있던 참이었다. 마침 그의 작업실은 『민중의 눈』 신문사 건물의 바로 맞은편에 위치하고 있었다.

호프만과 친해지기 전까지만 해도 히틀러는 사진 찍히는 것을 유난히 싫어했다. 그러다보니 그의 사진은 한 장도 공개되지 않았다. 그럴수록 사진기자들은 안달이 나서 그의 뒤를 쫓아다녔고, 집회에 몰래 숨어들어갔다가 경호원과 나치스 돌격대원들에게 들켜서 몰매를 맞거나 사진기와 필름까지 망가뜨리기 일쑤였다.

그러던 어느 날 호프만은 미국에 있는 헐스트 신문사에서 전보를 받았다. 한창 확장 일로에 있던 나치스당의 당수를 찍은 사진 한 장을 보내주면 1,000달러를 주겠다는 제안이었다. 당시 막 인플레이션이 시작되던 참이어서 이 돈은 엄청난 금액에 해당되었다.

호프만은 흔쾌히 승낙을 한 뒤, 일단 자신의 작업실에 앉아서 맞은편 건물을 뚫어지게 지켜보고 있었다. 히틀러가 출판사에서 나오자 밖에서 대기하고 있던 운전사 하우크와 경호원 울리히 그라프가 그를 호위해서 차에 올라타려고 했을 때였다. 호프만이 재빨리 거리로 뛰어나가 사진기의 셔트를 누르려는 순간, 호프만은 운전사와 경호원 두 사람에게 붙잡혀 흠씬 두들겨맞고 카메라도 빼앗기고 말았다. 물론 호프만도 가만히 있지 않았다. 사진기자로서의 권리를 떠들어대면서 히틀러가 공인이기는 하지만 사진 찍을 권리를 빼앗을 수는 없다며 발버둥쳤다. 이 광경을 지켜보던 히틀러는 웬일인지 빙긋이 미소를 짓고만 있었다.

그로부터 며칠이 지난 후였다. 호프만은 우연히 1914년 8월 1일 오데온 광장에서 바이에른 군 징집을 선동하는 광경을 찍은 사진을 발견했는데, 수많은 사람들 가운데 히틀러의 얼굴이 눈에 띈 것이었다. 당시 그는 스물다섯 살로, 한 장교의 연설에 너무나 감동한 나머지 자원입대했다. 호프만은 히틀러의 얼굴을 확대해서 인화한 뒤에 곧장 신문사로 달려갔다. 이번에는 사진기를 두고 갔다. 호프만이 발견한 사진을 히틀러가 선물로 받으면서 두 사람 사이에 우정이 싹트게 되었다. 히틀러는 레스토랑에 그를 초대해서 같이 식사를 하며 몇 가지 사항에 관해서 합의를 보았다. 즉, 호프만은 앞으로 히틀러의 사진을 찍을 수 있는 유일한 사진사이며, 그의 사진을 공개할 시에는 히틀러가 반드시 서명을 해야 한다는 조건이었다. 또한 사진을 팔 경우 호프만은 자신이 받는 금액의 10퍼센트를 히틀러에게 주겠다고 약속했다. 이렇게 하여 호프만은 금광을 발견한 셈이 되었고, 히틀러는 나름대로 적지 않은 수입을 얻게 된다. 1923년 이후에 국내외의 많은 신문사와 잡지사들이 다투어서 히틀러의 사진을 구하려고 경쟁을 벌였기 때문이었다. 이런 상

황이었으니 사진 독점권을 얻게 된 호프만은 가격을 마음대로 결정할
수 있었다.

얼마 후에 호프만은 자신의 작업실을 나치스당의 사무실로 넘겨주고
더 크고 멋진 곳으로 옮겼다. 이곳에서 그는 자주 예술가 친구들을 불
러서 파티를 열었는데, 히틀러 또한 손님으로 초대되었다. 히틀러는 특
히 집시들의 분위기를 좋아했으며, 아울러 예술가들과 함께 있으면 자
신도 마치 예술가인 듯한 느낌이 들어 아주 좋아했다.

돈버는 데 귀재였던 호프만은 금방 부유층들의 별장이 들어서 있는
곳에 자신의 별장을 얻을 정도가 되었다. 첫번째 아내가 죽은 뒤에 그
는 궁정 가수 그뢰프케의 딸과 결혼했는데, 소문에 의하면 그녀는 동성
애 성향이 있었다고 전해진다. 호프만은 별장을 찾아주는 손님들을 언
제라도 환영했던 터라 히틀러는 누구보다 자주 이곳에 들러 편안하게
쉬곤 했다. 그가 독일에서 가장 막강한 인물이 된 뒤에도 시간이 날 때
면 뮌헨에 들러 호프만의 별장으로 갔다. 알베르트 슈페어의 말을 인용
해보자: "날씨가 좋으면 그 집 정원에서 커피를 마셨습니다. 정원은 자
그마했고, 대략 2백 평방미터 정도 되었던 것 같아요. 다른 별장의 정
원들이 빙 둘러싸고 있었죠. 기분 좋은 햇살이 비칠 때면 지도자는 양
복을 벗고 속옷 바람으로 잔디에 누워 있곤 했습니다. 호프만의 별장은
그에게 집처럼 편안했던 거죠. 한 번은 루트비히 토마의 책을 가져오라
고 하더니 그 중에서 한 권을 골라 낭독하기도 했습니다."

두 사람 사이의 연대감이 워낙 돈독했던 까닭에 호프만은 히틀러의
주변 인물 가운데서 온갖 특권을 다 누린 몇 안 되는 사람 중 한 사람이

었다. 히틀러는 그로 인해 불쾌한 경우가 있더라도 대부분 관대하게 넘어가주었다. 예를 들어, 호프만은 지나치게 술을 많이 마셨기에 술자리에서 추태를 부리는가 하면, 어울리는 친구들도 신분이 의심스러운 떠돌이들이 많았다. 한 번은 이런 일도 있었다. 커피숍에서 호프만은 랍비의 아들인 유태인 친구를 히틀러에게 소개한 적이 있었다. 나중에 히틀러는 이렇게 말했다고 한다. "호프만! 다음번에는 말일세, 유태인 교회당에서 커피를 마시는 게 어떨까?"

히틀러에게 아주 미묘한 문제가 발생했을 경우, 중개자의 역할을 통해 문제를 해결해주는 사람도 호프만이었다. 히틀러의 질녀 겔리와 연애를 한다고 쫓겨났던 에밀 모리스는 거의 포르노 수준에 가까운 그림이 잔뜩 들어 있는 가방을 손에 넣은 적이 있었다. 이 그림을 그린 주인공은 바로 히틀러였고, 모델은 겔리였다. 이런 그림들이 다른 사람의 수중에 들어갔다가는 지탄의 대상이 될 게 뻔한 일이었다. 이때 히틀러는 호프만을 시켜서 1만 마르크를 주어 그림을 사들이게 했고, 덕분에 모리스는 이 돈으로 뮌헨에 시계방을 열 수 있었다. 그외에도 호프만은 히틀러가 에바 브라운과 연애를 시작하던 초기에 많은 도움을 주었다. 엄격하고 까다로웠던 에바의 아버지는 자신의 딸이 스물세 살이나 많은 애인과 사귀는 것을 절대 허락하지 않았기 때문에 호프만의 비호가 없었다면 그녀와 만나기도 힘들었을 것이다.

많은 사람들이 주장하기를, 히틀러에게 뮌헨의 매춘부들을 소개해준 장본인도 바로 호프만이었다고 한다. 그러니까 지도자의 비정상적인 성행위를 받아들일 수 있는 여자들 말이다. 하지만 이에 대한 증거는 찾을 수 없다. 어쨌든, 사진사 호프만은 히틀러 주변 인물가운데 누구보다도 그의 사생활을 잘 알고 있었던 것 같다. 나중에 히틀러의 담당의사가 되었던 테오 모렐 역시 호프만의 집에서 히틀러를 처음 보았다고 하니 두 사람 사이가 얼마나 가까웠는지 짐작할 수 있다.

히틀러와의 친분 덕분에 호프만은 경제적인 이득뿐만 아니라 또다른 특혜도 누릴 수 있었다. 정권을 잡은 뒤 히틀러는 그에게 '제국정보국 사진 담당'이라는 직분 외에도 그를 교수로 임명했으니까 말이다.

1932년부터 1940년까지 호프만은 서른 권 이상의 사진 작품집을 출판했는데, 이 중에서 몇 권은 수십만 부 이상이 인쇄될 정도였다. 가령, 『폴란드에서의 히틀러』라는 작품집은 판매수가 20만 부에 달했다. 호프만의 작품집 제목을 한번 살펴보자 : 『일상에서 벗어난 히틀러』『히틀러 주데텐란트를 해방시키다』『이탈리아에서의 히틀러』『등산하는 히틀러』『청소년과 함께 있는 히틀러』 등등이다.

또한 전당대회가 있을 때마다 호프만은 멋진 사진을 찍어대었고, 이 사진들은 작품집으로 나왔으며, 결국 히틀러의 호주머니로 돈이 들어갔다. 당시에도 사진첩 한 권에 10~13마르크를 했으니 적지 않은 돈이었을 것이다. 대부분 호프만이 직접 출판했지만 몇 권은 아만이 운영하던 출판사 에어에서 나왔다. 아만과 이익금을 나눌 생각이 없었던 호프만은 그 동안 '시대사 출판사'라는 이름의 독자적인 회사를 차렸다. 히틀러도 이런 식으로 하면 자신에게 돌아오는 배당금이 더 많았기 때문에 굳이 반대하지 않았다. 호프만이 찍은 사진 가운데 최종적으로 선별 작업을 하는 사람은 히틀러였고, 에바 브라운의 사진은 물론 공개

금지였다. 그녀의 사진이 한 번 공개되었지만, 호기심 어린 질문이 쏟아지자 호프만은 우연히 그 자리에 참석한 손님일 뿐이라고 적당히 둘러대었다.

히틀러가 토지등기를 할 때도 호프만은 허수아비 노릇을 해주었다. 그리하여 에바 브라운이 이사 들어간 집의 땅 주인은 히틀러가 아니고 하인리히 호프만으로 되어 있었다. 히틀러는 토지등기소에서 일하는 공무원들에게도 자신은 '가난한' 지도자이며 수상이라는 환상을 심어주려 했던 것이다. 물론 에바를 소유주로 등록할 생각도 했지만, 여자란 경제적으로 남자에게 종속되어 있어야 한다는 생각에 그만두었다.

『나의 투쟁』과 호프만이 출판한 사진 작품집에서 받는 인세 덕분에 히틀러는 뮌헨의 집과 별장에 그림을 사들일 수 있을 정도로 돈을 만지게 되었다. 호프만도 아주 정열적인 그림 수집가였으므로 당연히 중개역할을 떠맡았고, 여기서도 그는 예외 없이 자기 주머니를 채웠다. 그러니까 히틀러는 특정 작품이나 작가가 마음에 들 경우에는 가격에 신경을 쓰지 않았을 뿐더러, 직접 화랑이나 경매장에서 가격 흥정하기를 꺼렸다. 호프만은 이 점을 십분 이용해 이득을 챙겼던 것이다.

인류 역사상 가장 위대한 예술 시대를 19세기라고 믿었던 히틀러는 이 시대 작품을 선호했다. 말하자면 19세기 말 인상주의 작품까지는 좋아했으나 20세기 초의 표현주의 작품에 대해서는 거부감을 느꼈다. 히틀러는 표현주의를 얼마나 싫어했는지 '변질된' 작품이라고까지 불렀다. 화가들 가운데 특히 라이블, 한스 토마와 슈피츠베크를 좋아했고, 에두아르드 그뤼츠너는 렘브란트와 비교할 정도로 히틀러가 가장 좋아했던 화가였다. 술 취한 수도승이나 지배인을 주로 그렸던 그뤼츠너는 그런대로 괜찮은 그림을 그리긴 했으나 그렇다고 해서 탁월한 화가는 아니었다. 하지만 히틀러는 그를 놀라울 정도로 과대평가했다. 그랬으니 호프만이 가격을 속이기는 정말 쉬웠을 것이다. 한 번은 이런 적도 있었다고 한다. 히틀러의 전용 건축가였던 슈페어가 있는 자리에서 호프만은 2,000마르크 정도에 팔리는 그뤼츠너의 그림을 히틀러에게 5,000마르크 불렀다고 한다. 그런데 히틀러는 이렇게 대답했다. "아니, 그게 정말이야? 5,000마르크 밖에 안 한다고? 호프만, 그 가격은 말이야, 정말 공짜야, 공짜! 여기 와서 이 그림을 한번 살펴봐! 왜 사람들은 이 그뤼츠너를 과소평가하는 걸까? 렘브란트라도 이보다 더 잘 그릴 수는 없었을 거라고, 암, 그렇고말고!" 물론 렘브란트 그림을 사려고 했으면 히틀러는 더 많은 돈을 지불해야 했겠지만.

히틀러의 집에 걸어둘 그림으로 호프만은 렌바흐의 〈기마용 유니폼을 입은 비스마르크〉, 프란츠 폰 스투크의 〈죄인들〉, 안젤름 포이어바흐의 〈공원 풍경〉, 그리고 그뤼츠너 작품 다수와 슈피츠베크의 작품 몇 점을 구해주었다. 이득만 챙기는 게 찔렸던지 호프만은 가끔씩 히틀러에게 그림 선물을 하기도 했는데, 한 번은 뢰비스의 작품을 선물한 적이 있었다. 괴벨스가 히틀러 집을 방문했을 때, 히틀러는 자랑스럽게 그 그림을 보여주었다. 그러자 괴벨스는 호프만을 눈으로 흘겨보며, "좋군요! 아주 좋은 그림이군요! 놀랄 일도 아니죠, 뢰비스는 가장 재능 있는 유태인 화가 중 한 사람이니까!"라고 말했다. 뢰비스가 유태인이라는 말을 들었음에도 불구하고 히틀러는 그림을 계속 소장하고 있으면서, "흠……, 갖가지 소문들이 있지요, 하지만 뢰비스는 유태인이 아니었는지도 모르지"라고 말했다고 한다. 히틀러도 측근에게 그림을 선물한 적이 있었다. 가끔씩 갑자기 기분이 좋아졌던 히틀러는 알코올 중독자였던 로베르트 레이에게 그가 그토록 아끼는 그뤼츠너의 작품 〈술 마시는 수도승〉을 선물하기도 했다.

히틀러는 미술에 관해서는 호프만의 능력을 백분 인정했으므로 한 번은 이런 경우도 있었다. 즉, 독일 미술관에서는 매년 심사위원회가 선정한 작품을 전시하곤 했는데, 히틀러는 심사위원회를 해산시키고 그 대신 호프만 단독으로 그림을 선정하라는 지시를 내렸다. 이 같은 직책은 살아 있는 예술가였던 호프만에게 단번에 성공할 수 있는 기회이기도 했지만 그 반대일 수도 있는 자리였다. 히틀러는 호프만이 선정한 작품을 보고 대부분 불만이 없었지만, 예외적으로 현대 미술 부분에서 인정사정없이 호통을 쳤다. "호프만! 당신 제정신이야? 이 따위 거지 같은 그림을 내가 좋아할 것 같아? 뭐냐 말이야? 이런 그림은 어디가 위인지 아래인지 알 수가 없잖아!" 근대 화가들 가운데 히틀러가 좋아한 화가는 단연코 파울 마티아스 파두아였다. 좀스럽기까지 세밀하게 그린 그의 그림 〈백조와 함께 있는 레다〉는 히틀러를 황홀경에 빠지게 만들었다. 그래도 파두아의 그림을 구입하지는 않았는데, 히틀러는 그림 수집을 일종의 투자로 생각했으므로 19세기의 작품을 주로 사들였기 때문이다.

30년대에 제3제국을 지배하던 거의 모든 권력자들은 그림을 투자 대상으로 생각해서 무분별할 정도로 그림 수집에 열중했다. 괴링은 히틀러와 경쟁을 했고, 리벤트로프와 괴벨스는 대리인을 규모가 큰 경매장으로 보냈다. 물론 호프만은 히틀러를 대신해서 그곳에 갔다. 나치스당의 거물급 인사들이 지나치게 경쟁을 하는 바람에 그림의 가격을 터무니없이 올리는 경우가 비일비재했다.

한 번은 3만 마르크나 되는 가격이 너무 부담스러워서 렌바흐가 그린 비스마르크 그림을 히틀러가 거절한 적이 있었다. 얼마 후 그림은 베를린에 있는 한스 랑에의 경매장으로 넘어갔고, 괴링은 이 작품을 어떻게든 구입하라는 지시를 내렸다. 결국 7만5천 마르크에 낙찰된 그림을 손에 넣은 괴링은 뜻밖에도 그것을 히틀러의 생일 선물로 주었다. 그림의 가격을 듣게 된 히틀러는 화가 치밀어올랐다. 그리하여 호프만의 충고에 따라 유례없는 명령을 내렸다. 즉, 앞으로는 예술사적 가치를 가진 어떤 그림도 그의 동의 없이 소유주가 바뀌어서는 안 된다는 내용이었다. 소위 '지도자 우선권'을 천명함으로써 히틀러는 예술사적으로 중요한 모든 작품을 누구보다 우선적으로 구입할 수 있는 권리를 가지게 되었다.

자신과 지도자에게 벌이가 되는 일을 찾는 데 전문가였던 호프만은 쉬지 않고 일을 만들었다. 그는 팩시밀리가방에 히틀러가 그린 수채화의 한 부분을 넣었는데, 출시되자 한 개당 100마르크나 호가하던 가방은 수천 개가 팔려나갔다. 이에 미국 잡지 『에스콰이어』는 복사권을 사들였다.

히틀러는 호프만에게 젊은 시절 자신이 그렸던 수채화를 여러 차례 선물한 적이 있었다. 바로 이 수채화를 호프만은 상품화시켰던 셈이다.

더욱이 1933년 이후 히틀러가 그린 수채화의 가격은 부르는 게 값이었다. 전쟁 중 호프만은 가지고 있던 그림 가운데 한 점을 팔아서 3만 마르크를 받기도 했다. 그러자 호프만은 자신이 가지고 있는 그림 외에도 히틀러의 수채화가 더 있다는 사실을 알고 전국을 샅샅이 뒤져서 그림을 사들이려고 필사적인 노력을 기울였다. 한때 엽서에 그림을 그렸던 실패한 화가 히틀러는 스케치와 수채화만 팔더라도 백만장자가 될 수 있을 정도였다. 이러는 가운데 호프만은 히틀러의 돈주머니를 더욱 두둑하게 채워줄 기발한 아이디어를 생각해냈다. 히틀러가 수백만 마르크를 그림 수집에 투자하게 된다면, 수집가이자 기획가였던 호프만도 그림을 중개해서 더 많은 이득을 남길 수 있었던 것이다.

사진작가 호프만은 인격권이 무엇인지 누구보다 잘 알고 있었다. 즉, 사람들은 자신의 초상에 대한 권리를 가지게 되고, 따라서 우표도 한 사람을 모사하는 것이므로 그 같은 권리와 관련이 있게 된다. 노쇠한 대통령 힌덴부르크는 자신의 얼굴이 독일 우표로 나왔지만 그 대가로 보상받을 생각은 한 번도 하지 못했다. 사실 보통 사람으로서는 감히 상상도 할 수 없는 생각이었으니까. 노(老) 대통령은 1932년 우표와 히틀러에 관한 얘기를 듣자 아주 못마땅한 표정을 지으면서 일화로 남을 만한 유명한 한마디를 던졌다. "나는 히틀러를 체신부장관으로 임명할 것이외다. 그러면 그는 나를 더 이상 귀찮게 하지 않고 내 똥구멍이나 핥으면 되겠지." 어쨌거나 그의 얼굴이 찍힌 우표는 히틀러에게 —먼저 기념 우표가 나왔고, 다음에는 가격별로 보통 우표가 나왔다 —어마어마한 부를 안겨다주었다. 물론 '인격권'과 관련한 금액은 아주 적은 퍼센트였으나, 대량으로 팔리는 우표였으니 결과는 엄청났다. 슈페어뿐 아니라 호프만도 이구동성으로 밝힌 바에 따르면, 당시 체신부장관이었던 빌헬름 오네조르게는 히틀러에게 인격권에 따른 보상금으로 5천만 마르크 이상이나 되는 수표를 사적인 목적으로 사용하라고 건네주었다고 한다. 또한 그 같은 수표는 한 번으로 끝나지 않았다.

호프만의 예상은 적중했다. 우표를 통해서 상당액의 수입이 고정적으로 들어오자 히틀러는 그림을 사는 데 더욱 대담해지기 시작했던 것이다. 그는 모리츠 폰 슈빈트의 〈부엌데기〉, 레오나르도 다 빈치의 〈백조와 함께 있는 레다〉, 렘브란트의 〈자화상〉, 루카스 크라나흐의 〈꿀 도둑〉, 바토의 〈춤추는 아이들〉, 독일 황태자가 소지하고 있던 루벤스의 〈아기 예수와 함께 있는 마돈나〉와 아돌프 멘첼의 〈슐레지언의 부흥〉을 사들였다. 그외에도 그가 별로 좋아하지 않았던 화가들, 그러니까 프란츠 마르크, 로비스 코린트, 리버만, 고갱, 반 고흐와 피카소의 그림을 샀는데, 국제 시장에서 뒤러와 렘브란트의 그림으로 바꾸기 위해서였다.

히틀러는 자신의 측근들이 아주 파렴치한 방법으로 부를 축적하는 것도 개의치 않았던 것 같다. 다음 경우를 보면 분명해진다.

재무부장관이자 제국은행 총재였던 발터 풍크는 브링크만이라는 부총재를 거느리고 있었다. 그는 정신병자로 판명받기 전까지 기이한 행동으로 사람들의 입에 오르내렸던 인물이었다. 한번은 은행에서 심부름을 하던 소년들과 청소부 아줌마들을 베를린에 있는 브리스톨 호텔에서 열린 파티에 일을 시키려고 불렀는가 하면, 이날 파티에 참석한 손님들을 즐겁게 해준다는 명목으로 자신이 직접 바이올린을 연주하기도 했다. 또 한 번은 제국은행에 근무하던 공무원들 중에서 쉰 살 이상인 사람들을 모두 해고시키면서 두 배의 퇴직금을 지불한 적도 있었다. 물론 이 정도까지는 참을 수 있었다. 어쨌거나 은행에서 빠져나가는 모든 금액에 그의 서명이 필수적이었으므로 그의 권한은 대단했다. 그런데 용서받지 못할 실수를 저지르고 말았다. 헤르만 괴링이 4년제 계획을 수립하여 그 비용을 요청하는 서류를 제출한 적이 있었다. 그런데 브링크만은 제국에서 주는 선물이라며 3백만 마르크나 되는 수표를 괴링에게 보냈던 것이다. 굴러온 떡이라고 생각한 괴링은 수표를 현금으로 바꿀 생각도 하지 않고 곧장 자신의 구좌로 돈을 이체시켜버렸다. 이 사실을 뒤늦게 알게 된 풍크는 브링크만이 제정신이 아니었기 때문이라며 돈을 돌려달라고 요청했으나, 괴링은 꿈쩍도 하지 않았다. 사건의 실마리가 쉽게 풀리지 않자 풍크는 히틀러에게 달려가서 자초지종을 애기하며 도와달라고 사정했지만, 히틀러는 괴링의 대담한 행동에 웃음을 터뜨릴 뿐이었다. 풍크는 자신의 직속 부하가 제정신이 아니라는 사실을 일찌감치 알았더라면 좋았을 텐데. 그는 혼자서 온갖 노력을 다 해보았지만, 괴링은 끝내 돈을 내놓지 않았다.

　히틀러는 1934년 공식적으로 발표하기를, 당 소속 공무원들은 당이 운영하는 신문에 재정적인 참여를 해서는 안 된다고 못을 박았다. 이 같은 지시는 괴벨스의 재정에 상당한 타격을 주었다. 그는 베를린에서, 『공격』이라는 신문을 발행하고 있었을 뿐만 아니라, 이전에 슈트라서 형제들이 경영하던 대기업 신문사도 인수했던 탓이었다. 그런데 딱 한 사람은 히틀러의 허락까지 얻어서 활동할 수 있었는데, 그가 바로 막스 아만이었다.

막스 아만은 1891년 11월 24일 뮌헨에서 태어났다. 그는 히틀러보다 세 살 위였으며, 상업학교를 나와 뮌헨에 있는 변호사 사무실에서 일을 배웠다. 그런 뒤 5년간 바이에른 군에 복무하였고, 한동안 히틀러의 중대 선임하사관으로 일했다.

외관상으로 보면 명랑한 바이에른 사람 같았으나 아만은 실제 화를 잘 내고 잔인하며 지배욕이 강했다. 부하 직원들을 다룰 때는 그야말로 무자비할 정도였다고 전해진다. 원래 출판사에 관해서 전혀 아는 게 없었던 그였지만, 히틀러로부터 이 일을 맡게 되자 필요한 지식을 재빠르게 습득한 뒤 신문 『민중의 눈』의 재정적인 기반을 다지는 한편, 출판사 또한 성공적으로 운영해나갔다. 히틀러가 정권을 이양받은 뒤에는 그의 후광을 입어 마음껏 활개를 쳤으며, 독일 신문사협회에서 굵직한 자리를 차지하기도 했다. 급기야 1934년 나치스 지역신문이 재조직되자, 아만이 책임자로 임명되면서 더 큰 권력을 장악하게 되었다. 1935년에 그가 운영하던 에어 출판사는 백여 개의 큰 출판사를 사들였는데, 그 가운데는 쉐를과 울슈타인 출판사도 있었다. 이렇게 하여 아만은 독일 출판업계에서 독보적인 존재가 되었다. 그는 무슨 수단을 쓰든 자신의 권력을 방어할 줄 알았고, 어떠한 방해자도 막아낼 수 있었다. 게다가 권한에 관한 분쟁이 일어날 때마다 히틀러는 그의 편을 들어주었다. 특히 나치스 '노동전선' 조합장이었던 로베르트 레이와 자주 파벌 싸움을 벌였다. 이럴 때면 "내 인쇄소와 출판사에 레이가 거느린 똘만이

가 들어오는 꼴은 눈뜨고 볼 수 없어!"라고 소리지르면서 공공연하게 레이에 대한 거부감을 표현했다. 그랬으니 그가 운영하는 신문사나 출판사에는 나치스 노동전선의 회원인 사람은 발조차 들여놓을 수가 없었다.

1936년 아만은 히틀러로부터 출판사 그룹 전체를 통괄할 수 있는 전권을 얻게 되었다. 다시 말하면, 그는 히틀러 한 사람에게만 책임을 지면 되었고, NSDAP당의 회계 책임자에게는 물론이고 그 누구에게도 출판사와 관련된 업무에 대하여 해명할 필요가 없었다. 신문의 판매 부수를 늘리기 위해서 그는 사람들까지 동원했다. 그러니까, 출판사 선전원들을 집집마다 보내서 협박인지 간청인지 구분이 안 될 정도로 소비자들을 괴롭혔다. 그 결과 1939년 신문『민중의 눈』의 판매 부수는 742,000부에 달했고, 1941년에는 1,192,000부로 급상승하게 되었던 것이다. 그러나 아만이 자신의 감독을 벗어난 점에 대하여 몹시 화가 난 루돌프 헤스는 불만에 가득 찬 편지를 에어 출판사에 보냈다: '당신문을 구독하지 않는 당원들이라 하더라도 이로 인해 그들에게 손해를 보게 해서는 결코 안 되지요.' 그는 아만의 유치하고 비열한 선전 방식을 신랄하게 비판한 셈이었다. 헤스는 협박이나 공갈로 신문 구독을 강요하고 다니는 당원은 당에서 제외시키거나 아니면 벌칙까지 내리겠다고 으름장을 놓았다. 그는 히틀러에게도 이런 말을 한 적이 있었다: "신문이 하품이 나올 정도로 지루한데, 하루 종일 일을 한 노동자들 가운데 누가 그런 것을 읽기나 하겠습니까?" 히틀러는 물론 아만의 손을 들어주었다. 1944년 에어 출판사는 자회사였던 '헤럴드', '유럽', '슈탄다르테'와 함께 전 독일 언론계의 90퍼센트와 책 시장의 대부분을 장악하기에 이르렀다. 사람들은 농담삼아 그를 '독일의 헐스트(Hearst : 미국의 신문왕)'라고 불렀다. 운영 방식이야 어쨌든 간에 결과로만 따진 다면 아만은 유럽에서 가장 규모가 큰 출판업자가 된 것이다.

다음 도표에서 우리는 1936년부터 1942년까지 아만의 사업이 어느 정도로 발전했는지 볼 수 있다.

	순이득	순이득
	에어 출판사(마르크)	자회사
1936	3,987,000	500,000
1937	8,849,000	1,670,000
1938	13,809,000	2,542,000
1939	26,225,000	8,776,000
1940	53,900,000	20,288,000
1941	63,971,000	32,689,000
1942	106,700,000	63,800,000

전쟁이 끝나자 에어 그룹은 6억 마르크의 자산을 소지하고 있었다. 더욱 놀라운 일은, 이 대기업은 1940년부터 세금을 한푼도 내지 않았 다는 점이다. 이 같은 세금 면제 혜택은 히틀러가 개입한 덕분일 것이 다. 당이 내걸었던 표어, 즉 '개인의 이득보다 공익이 우선한다!'는 것 은 출판사를 키워주는 데 단단히 한몫을 한 셈이었다.

아만은 어마어마한 권력을 누리고 있었을 뿐 아니라 그의 수입 또한 엄청난 액수였다. 1936년 그는 에어 출판사의 총매니저로서 새로 작성한 계약서에 서명했는데, 이에 따르면 연봉 12만 마르크와 그룹의 순이득으로부터 5퍼센트의 배당금을 받는다는 조건이었다. 1933년 12월에 이미 그는 아돌프 뮐러와 그의 아들이 운영하는 인쇄소의 지분 가운데 1/3을 사들였다. 이 인쇄소는 뮌헨, 베를린과 빈에서 신문『민중의 눈』을 찍었고, 잡지『눈』외에 여러 종류의 당 잡지와 주간신문들의 인쇄를 도맡아서 하고 있었다. 뿐만 아니라 당의 유명인사가 내는 책들, 특히 히틀러의『나의 투쟁』을 독점하다보니 인쇄소 '뮐러와 아들'은 독일의 그 어떤 인쇄소와도 비교가 안 될 정도로 규모가 커졌다. 그래서 1940년 인쇄소에 대한 아만의 지분은 622만 마르크에 달했고, 1943년에 10,306,000마르크나 되었다. 1941년 아만은 연간 소득 3,479,449 마르크에 대한 세금을 냈고, 1942년에는 거의 350만 마르크에 대한 세금을 냈다. 하찮은 은행원에서 1922년 거의 망하기 직전인 신문사를 떠맡은 뒤 일약 거물급 사업가로 성장한 것이다. 왜 히틀러는 출판사의 사장을 이렇게 막강하면서도 엄청난 부자가 되게 내버려두었을까? 이 의문은 에어 그룹의 감사단장이 누구인지 보면 알 수 있다. 바로 히틀러 자신이었다. 그렇다면 감사단장은 에어 그룹의 순이득으로부터 얼마만큼의 배당금을 받았을까? 물론 이에 관해 밝혀진 자료는 없지만, 상상할 수 없을 정도의 액수였으리라 추측된다.

히틀러의 광적인 그림 수집에 경쟁을 벌였던 몇몇 사람 중 한 사람은 칼 발렌틴이었다. 뮌헨 출신의 이 기인은 온갖 장르에 속하는 유치한 그림엽서를 모았다고 한다. 이외에도 옛날 뮌헨 건물의 그림들도 가지고 있었는데, 몇 개는 상당히 값이 나가는 사진 작품이었다. 히틀러는 이 수집품이 탐나서 하인리히 호프만에게 협상을 해보라는 지시를 내렸다. 이에 발렌틴은 영화를 만들기 위해서 필요하다며 10만 마르크를 요구했다. 하지만 히틀러는 3만 마르크를 일시불로 주는 대신, 평생에 걸쳐 매달 1,000마르크를 주겠다고 제안했다. 발렌틴의 소장품은 그야말로 어디에서도 구할 수 없는 진귀한 것이긴 했으나, 3만 마르크에 매달 1,000마르크의 연금을 지불하겠다는 제안은 정말 지나치게 많은 액수였다. 그래도 히틀러는 발렌틴이 가지고 있던 소장품을 어떻게든 수중에 넣고 싶었기에 돈 따위는 그렇게 중요하지 않았다. 별난 사람이었던 발렌틴에게 호프만이 이 소식을 전하러 갔을 때, 그는 매우 언짢은 표정을 지으며 간단하게 대답했다. "지도자씨에게 안부나 전해주시구려! 나에게 10만 마르크를 일시불로 주지 않으면, 거래는 물 건너 간 거요!"

10
히틀러의 가족과 친척들

아돌프 히틀러는 '일가친척'이라는 말을 이중적인 의미로 받아들였다. 간단하게 말하면, 나폴레옹과는 정반대의 입장에서 이해했다. 나폴레옹은 전형적인 코르시카 인으로 가족의 이익을 일일이 챙겨주는 편이었다. 수많은 친척들에게 돈, 직위, 연금과 왕국을 주면서 말이다.

히틀러에게 있어서 일가친척은 근친결혼과 불법으로 점철된 일종의 골칫거리이자 수치였다. 그 자신도 삼촌과 질녀 사이에서 태어난 자식이었고, 그의 아버지와 배다른 형은 혼외정사로 태어났다가 나중에야 정식으로 호적에 입적되었다. 그런가 하면, 그의 친할아버지는 외증조할아버지이기도 했다. 태생이 이렇듯 복잡하다보니 히틀러는 어쩌면 자신이 유태인일지도 모른다는 두려움에서 벗어날 수 없었을 수도 있다. 그의 저서 『나의 투쟁』에서도 그는 조상과 친인척에 대해서 아주 간략하게만 언급하고 있고, 남매와 배다른 남매에 관해서는 거의 얘기도 꺼내지 않았다.

자신의 가족이 어느 정도로 근친결혼을 했는지 잘 알고 있던 히틀러는 한편으로는 이 주제를 피하려 했고, 다른 한편으로는 근친결혼을 아주 긍정적으로 평가하기도 했다. 유태인 현안 문제에 관해서 그가 쓴 글을 한번 인용해보자 : '수천 년 동안 근친결혼을 통해서 유태인들은 어떤 다른 민족보다 자신의 종족과 전통을 잘 보존할 수 있었다.' 인류학적으로 볼 때 사실 이 문장은 그야말로 말도 안 되는 소리라고 할 수 있다. 동양에 사는 유태인들은 조상들이 수백 년 동안 북유럽에 살았던 유태인과 당연히 구별되지 않는가?

근친결혼을 옹호했지만 동시에 히틀러는 자신도 그런 비정상적인 아이를 만들지 모른다는 두려움을 떨쳐버릴 수 없었다. 특히 질녀였던 겔리 라우발과 함께 있었을 때 이 같은 두려움은 그의 뇌리에서 떠나지 않았다.

무엇보다 일가친척과 관련해서 히틀러가 가장 고민했던 것은 혹시라도 친척들이 이득을 보기 위해서 자신의 위치를 악용할지도 모른다는 점이었다. 자신을 방해할 정도는 아니겠지만, 그래도 소위 조국을 위해서 일을 한다는 이상주의자인 그에게 득이 될 게 없을 건 분명했다.

누나 안겔라가 베르크호프를 떠나 드레스덴에서 건축가와 결혼한 뒤에 히틀러는 별장을 관리해달라며 자신의 여동생 파울라를 불렀다. 그런데 이 남매는 서로 마음이 맞지 않았다. 파울라는 오빠가 원하는 대로 품위 있게 행동하지 않았고, 심지어 지나치게 함부로 말을 하곤 했다. 여러 번 오빠를 '미쳤다'고 비난했으며, '언젠가는 처형되고' 말 것이라는 말도 서슴지 않고 내뱉었다. 더 이상 참을 수 없었던 히틀러는 그녀를 빈으로 보내면서 성을 바꾸는 조건으로 연금을 지불하겠다고 말했다. 그리하여 그녀는 '파울라 볼프'라는 이름으로 빈에 있는 작은 공예품 가게의 지분을 사서 공동주인이 되었다. 그녀는 이곳에서 그런 대로 만족하며 살았고, 극소수의 친구들에게만 자신의 오빠가 히틀러라는 사실을 말해주었을 뿐이었다. 파울라가 빈으로 간 뒤에도 히틀러는 여동생을 완전히 잊어버린 게 아니었다. 그는 1938년에 작성한 유언장에서 그녀가 평생 매달 1,000마르크의 연금을 받을 수 있도록 배려했으며, 누나에게도 같은 조항을 만들어놓았다. 누나 안겔라에게는 레오라는 아들이 있었는데, 히틀러는 1931년까지만 해도 조카와 상당히 친하게 지냈다. 그런데 겔리가 자살하는 바람에 그들의 관계는 끝나고 말았다. 히틀러 삼촌 때문에 사랑하는 누나가 죽었다고 생각한 레오는 그를 두 번 다시 보려고 하지 않았다. 레오는 "나는 평생 삼촌과 한마디도 하지 않을 거예요"라고 엄마에게 말했다고 한다. 엄마가 삼촌의 별장을 관리하기 위해서 떠나자 레오는 히틀러가 없을 때만 엄마를 보러 갔다.

레오와는 반대로 히틀러는 겔리가 죽고 난 뒤에도 여전히 조카를 생각하는 마음이 지극했다. 한 번은 레오가 공군 소위로 복무하던 중 레닌그라드 근처에서 러시아 인들의 포로가 되자 히틀러는 중개자를 내세워 스탈린에게 한 가지 제안을 했다. 즉, 레오를 보내주면 1941년 가을에 포로가 된 스탈린의 아들 야콥을 풀어주겠다는 내용이었다. 아쉽게도 소련의 독재자는 이 제안을 냉정하게 거절해버렸다.

1차 세계대전 때까지 히틀러는 슈피탈에 살고 있던 고모와 이모, 삼촌, 사촌, 조카와 질녀들과 가깝게 지냈고, 이곳에서 휴가를 보내곤 했다. 하지만 그가 정치에 발을 들여놓으면서 왕래가 끊어졌다. 그는 나폴레옹처럼 되고 싶지 않았던 것이다. 물론 왕래는 끊었지만 친척들에 대한 배려는 유언장에서 엿볼 수 있다. 1938년 그의 유언장 2i항에 따르면, '슈피탈과 니더외스트라이히 지역에 살고 있는 친척들에게 3만 마르크를 준다. 이 금액의 분배는 빈에 살고 있는 여동생 파울라가 결정한다' 라고 적어두었다.

여동생 파울라와 누나네 가족, 그리고 슈피탈에 살고 있던 친척들과는 그다지 큰 문제가 없었지만, 히틀러의 골칫거리였던 친척은 따로 있었다.

히틀러에게는 아버지와 이름이 같았던 배다른 형이 있었는데, 열네 살에 아버지와 심하게 다툰 후 그만 집을 나가고 말았다. 이때가 1896년이었다. 아버지 알로이스는 장남을 자주 때렸고, 게으르고 반항적이라며 욕설을 퍼붓곤 했다. 집을 나간 아들 알로이스는 우선 빈에서 웨이터 일을 하다가 좀도둑질로 두 번이나 감방에 갔다. 1907년 프랑스 파리에서 웨이터 일을 했고, 2년 뒤에 더블린에 가서 아일랜드 소녀인 브리지트 다울링과 결혼했다. 1911년에 이들 부부는 윌리엄 패트릭이라는 아들을 낳았다.

브리지트는 결혼으로 영국 국적을 잃어버린 대신 오스트리아 인이 되었다. 1차 세계대전이 일어났을 때 오스트리아 인이라는 이유로 그녀는 몇 가지 고충을 겪기도 했다. 그런데 정작 그녀의 남편 알로이스는 전쟁이 일어나기 전에 이미 가족과 떨어져서 살고 있었다. 전쟁이 발발하자 책임감이 별로 없었던 알로이스는 먼 이국 땅에 두고 온 가족을 까마득하게 잊어버리고 해서는 안 될 일을 저지르고 말았다. 함부르크에서 다른 여자와 두 번째 결혼을 하여 하인츠 히틀러라는 아들까지 낳아버린 것이다. 전쟁이 끝났을 때에야 비로소 영국에 살고 있던 브리지트는 남편이 이중 결혼으로 법정에 서게 되었다는 사실을 알게 되었다. 위험에 처한 알로이스는 귀찮을 정도로 자주 편지를 써서 그녀에게 도와달라고 애원했다. 이번에 그를 도와준다면 그녀와 아들 윌리엄 패트릭에게 꼬박꼬박 생활비도 부쳐주겠다는 약속까지 하면서 아내를 구슬렸다. 그러자 브리지트는, 자신은 남편에게 나쁜 감정이 전혀 없으니 부디 선처를 부탁한다는 편지를 보냈다. 결국 법정은 그를 감옥으로 보내는 대신 벌금형을 내리는 데 그쳤다. 자유로운 몸이 되자 알로이스는 엄격한 독일의 외환법을 핑계대면서 언제 그런 약속을 했냐는 듯 영국에 돈이라고는 부치지 않았다. 딱 한 번 사람을 통해서 돈을 보낸 적이 있는데, 그것도 20파운드라는 푼돈에 불과했다.

아돌프 히틀러가 1920년대 말에 세계적으로 유명한 사람이 되면서 브리지트와 아들 윌리엄 패트릭은 히틀러와의 친척 관계를 이용해서 정신적 · 물질적인 보상을 받을 수 없을까 생각하게 되었다. 마침 미국의 헐스트 신문사에서 나치스당 당수의 형수와 조카를 인터뷰하고 싶다는 제안을 했고, 이에 두 사람은 그럴 의사가 있음을 전했다. 히틀러는 푸치 한프슈텡글을 비롯하여 자신이 거느리고 있던 언론사로부터 이 같은 소식을 듣고 발을 동동 굴렀다. 그는 우선 조카에게 차표를 보내어 뮌헨으로 오라는 전갈을 보냈다. 알로이스와 안겔라를 대동한 채 — 이 자리에서 형 알로이스는 통역을 해주었다 — 조카를 만난 히틀러는 윌리엄을 심하게 꾸짖었다. 그는 언론을 통해 가족사를 공개하게 될 경우 자신의 정치적인 명성에 크게 흠집이 나고 말 것이라며 윽박질렀다. 이어서 말하기를, "내가 드러내놓고 연애도 못 하는 이유를 알기나 하는 거냐? 사람들은 내가 누구인지 알아서는 안 되는 거다! 알겠어? 우리 가족들이 어떤 사람인지도 알아서는 안 되는 거야. 그래서 나는 말이야, 내 책에도 우리 가족에 대해서는 언급조차 안 했어. 그런데 사람들이 내 조카를 발견해냈단 말씀이야. 그리고는 염탐꾼까지 보내어 우리 가족의 과거사를 캐려 하다니, 그게 말이 된다고 생각하냐? 너 정말 내가 망하는 꼴을 보고 싶어?"

이렇게 나오자 윌리엄은 인터뷰를 취소하겠다고 약속했다. 그러자 히틀러도 흥분을 가라앉히고 조카에게 100마르크 지폐를 건네주면서 자신의 별장이 있는 오버잘츠베르크로 놀러오라고 했다. 이곳에서 윌리엄은 난생 처음으로 자신의 사촌인 레오와 겔리를 알게 된다.

영국에 사는 조카가 앞으로도 계속 자신에게 부담을 줄까봐 히틀러는 신빙성 없는 거짓말을 꾸며내는 바람에 괜히 창피를 당했다. 그러니까 철저하게 따지고 보면, 자신은 윌리엄과 친척이 아니라는 주장이었다. 자신의 아버지는 알로이스, 즉 윌리엄의 생부를 길에서 주워와서 키우다가 나중에 입양했을 뿐이라는 얘기였다. 유명한 정치가가 삼촌이라는 사실을 자못 자랑스러워했던 윌리엄은 히틀러의 말을 믿으려고 하지 않았다. 이 말을 들은 윌리엄의 아버지 또한 가만히 있을 리 없었다. 그는 아들에게, 자신이 정식으로 결혼을 해서 낳은 아들은 아니었지만 결혼을 한 뒤에 아버지 알로이스는 그를 정식으로 신고했다고 말했다. 그러니 입양은 말도 안 되는 소리라고 반박했던 것이다. 이 말을 들은 윌리엄이 아버지의 말을 인용하면서 계속 따지고 들자, 히틀러는 자신이 착각을 했는지 모른다며 발뺌을 할 수밖에 없었다.

　히틀러가 수상이 되었을 때 윌리엄은 다시 그에게 편지를 보냈다. 자신의 성이 히틀러이기 때문에 영국에서는 그럴듯한 직장 하나 구하지 못하고 있는 상태라는 볼멘 신세타령이었다. 할 수 없이 히틀러는 조카를 베를린으로 불렀다. 윌리엄은 드디어 유명한 삼촌 덕에 자신도 부와 명성을 누릴 수 있게 되었다는 부푼 마음으로 베를린으로 향했다. 그러나 윌리엄의 예상과는 달리 삼촌 히틀러는 그를 반갑게 맞이하기는커녕, 오히려 조카라는 이유로 특별 대우를 해주지는 않을 것이라며 냉정하게 못을 박았다. 어쨌든, 독일어 구사에 별문제가 없는 조카를 확인하자 히틀러는 베를린에 있던 오펠(Opel) 자동차 대리점에 취직시켜주는 것으로 그쳤다. 이곳에 일하기 시작하면서 윌리엄은 보수가 그다지 나쁘지 않았음에도 늘 돈이 없다고 투덜거렸다. 아버지는 영국에 있는 어머니에게 여전히 생활비라고는 부치지 않는 상태였으니 자신이 영국으로 송금을 하는 처지였다.

　당시 윌리엄의 아버지는 베를린에서 자그마한 맥주집을 경영하고 있었다. 원래 그는 베를린 서부 지역에서 아주 우아한 커피숍 겸 레스토랑을 하고 있었는데 1937년에 문을 닫고 맥주집을 연 것이었다. 이곳에는 일반 손님들도 왔지만 주로 나치스 당원들과 나치스 돌격대, 그리고 나치스 친위대원들이 많이 드나들었다. 그러자 형이 혹시 말실수라도 하지 않을까 걱정이 된 히틀러는 술집에서 '히틀러'라는 이름을 함부로 들먹거리지 말라고 형에게 경고했다. 형과 사적으로 만나는 것조차 삼갔던 히틀러였지만 함부르크에 있던 형의 아들 하인츠에 대한 애정은 각별했다. 그래서 자신이 살던 별장에 불러 칼 메이 전집을 선물하기도 했고, 소위 제3제국의 자랑스러운 교육기관이었던 엘리트 기숙사 학교에 조카를 넣어주기도 했다. 하인츠는 장교가 되고자 했는데, 삼촌은 별로 마음에 들어하지 않았다. 군에 들어가면 분명 그의 이름 때문에 동료들이 온갖 아첨을 떨 것이 분명했기 때문이었다.

그러나 하인츠는 삼촌의 반대를 무릅쓰고 군인이 되었고, 나중에 하사관으로 폴란드 전투에서 죽게 된다.

하인츠는 이런저런 부탁으로 삼촌을 괴롭히지 않았으나, 윌리엄 패트릭은 정반대였다. 이 젊은이는 삼촌이 마련해준 평범한 직장에 불만을 갖고 어떻게든 더 나은 자리를 얻으려고 히틀러를 부단히 찾아다녔다. 그러다보니 히틀러의 경호원이자 부관이던 샤웁이나 브뤼크너가 그의 출입을 가로막는 일도 있어서 때로 심한 욕설이 오가는 상황이 벌어지곤 했다. 한 번은 사전에 아무런 연락 없이 삼촌의 사무실로 찾아간 적이 있었는데, 히틀러는 돈 좀 아껴 쓰라는 핀잔을 주면서 100마르크를 그에게 쥐어주었다. 월급을 더 올려주도록 한번 힘을 써보겠다는 말을 했으나 실제로 그런 조처를 취하지는 않았던 것 같다.

1938년 마침내 윌리엄은 독일을 떠나 영국으로 돌아가버렸다. 부자 삼촌 히틀러가 만만한 사람이 아니었던 까닭에 삼촌 덕을 보려던 생각을 아예 접을 수밖에 없었다. 오랫동안 망설이기는 했으나 결정적으로 독일을 떠날 결심을 하게 된 계기는 삼촌과의 대화였다. 윌리엄이 돈

애기를 꺼내자 히틀러는 정색을 하며 금전적인 선물은 물론 특혜를 줄 생각은 전혀 없다고 다시 한 번 잘라 말했던 것이다.

형의 가족 때문에 적잖이 골치를 앓았던 히틀러였지만 1938년에 작성한 그의 유언장을 읽어보면 의외로 이들에 대한 배려가 눈에 띈다. 즉, 3d 조항에 배다른 형 알로이스가 6만 마르크를 일시불로 상속받게끔 정해두었다. 알로이스는 동생의 이 같은 아량 있는 결정을 몰랐다. 이 유언장은 1953년에야 비로소 발견되었는데, 이때는 유언장이 법적인 효력을 상실한 상태여서 당연히 돈도 받을 수 없었다.

프란츠 에칭어는 그의 책 『히틀러의 유년 시절』에서, 1939년 8월 5일 자 프랑스 신문 『파리 스와(파리의 저녁)』는 윌리엄과 가진 인터뷰를 기사로 실었다고 적고 있다. 이 인터뷰에서 윌리엄은 히틀러가 그라츠 출신 프랑켄라이터라는 유태인의 손자라고 밝혔다고 한다. 에칭어는 여기에서 윌리엄이 이런 방법으로 삼촌에게 복수를 하려 했던 것 같다고 쓰고 있다.

하지만 베르너 마저가 분명하게 밝히고 있듯이, 프랑스 신문에 실렸다는 에칭어의 인용문은 정확하지가 않았다. 확인해본 결과, 그 신문기사에는 프랑켄라이터 또는 프랑켄베르거라는 이름도 언급되어 있지 않으며, 히틀러의 할머니 마리아 안나 쉬클그루버도 없었다. 어쨌든, 이 기사는 독일 독재자의 돈주머니가 워낙 꽁꽁 잠겨 있어서 조카조차도 열 수 없었다는 점에 초점을 맞추고 있다. 윌리엄 자신이 쓴 글도 이를 뒷받침해주고 있다. 그는 히틀러에게 자주 돈을 요청했지만 거절당했으며, 어느 누구도 친척이라는 이유로 자신으로부터 이득을 챙겨서는 안 된다고 화를 냈다고 한다. 심지어 히틀러는 우연히 똑같은 성을 가졌다고 해서 모든 사람을 도울 수는 없는 일이 아니냐며 화를 냈다고 한다. 삼촌의 말을 인용하면서, 윌리엄 패트릭은 삼촌으로부터 실망한 자신의 심정을 표현하고 있다: '사실, 삼촌 정도의 위치에 있는 사람이라면 친척을 돕는 데 무슨 문제가 있겠는가? 손가락 하나만 까딱하더라도 충분했을 텐데. 하지만 그는 미동조차 하지 않았다.'

전쟁이 발발하기 전에 히틀러는 그의 형수 브리지트 히틀러가 그와 가족에 관해서 책을 쓸 계획이라는 소식을 듣게 되었다. 남편은 영국에 생활비조차 부치지 않고 있으니 생계비를 마련하기 위해서는 이렇게라도 할 수밖에 없다는 이유에서였다. 늦기 전에 조처를 취해야 할 시기였다. 히틀러는 독일 대사관을 통해서 아주 친절한 어투로 독일로 이주하는 게 어떻겠냐고 전했다. 그녀가 영국에 머무는 한 독일의 외환관리법으로 인해 연금을 지불할 수 없는 사정도 설명했다. 게다가 독일에는 이미 그녀를 위하여 집도 마련해놓았으며, 넉넉하게 생활할 수 있을 정도의 연금도 지불할 것이라는 얘기였다. 이 소식을 전해들었음에도 브리지트는 여전히 자신이 머물던 영국의 하이게이트 지역에서 꿈쩍도 하지 않았다. 얼마 후에 그녀는 미국으로 이민을 떠났는데, 아들 윌리엄 패트릭이 미국의 전 지역을 돌아다니며 강연을 할 계획이었다. 미국에 도착하자 윌리엄은 '아돌프 히틀러의 조카'라는 명함을 내세우고 사람들로 가득 찬 강당에서 강연을 했는데, 이런 방식으로나마 삼촌을 등에 업고 돈을 벌 수 있게 된 셈이었다. 그의 강연 주제는 '나는 왜 삼촌을 미워하는가?'였고, 똑같은 제목으로 잡지 『룩 Look』에 기사가 실린 적이 있었다.

1941년 미국이 전쟁에 참여하게 되었을 때, 윌리엄 패트릭은 주저하지 않고 군에 지원했으나 처음에는 받아들여지지 않았다. 미군은 히틀러의 조카인 그를 고운 시선으로 볼 수 없었던 것이다. 이에 굴하지 않고 윌리엄은 미국에 대한 충성심을 증명하기 위해서 1943년 9월 10일 미국 전략부였던 OSS의 한 요원과 긴 인터뷰를 가졌다. 여기에서 그는 히틀러의 가족사에 관해 거침없이 털어놓았지만, 그 가운데는 진실도 있었고, 반은 진실이고 반은 거짓인 얘기도 있었다. 또한 완전히 꾸며낸 말도 있었다.

1944년 4월이 되자 미 해군은 그에게 입대를 허락하는 통지서를 보냈다. 5월 12일 그는 루이지애나에서 근무하게 되었는데, 공교롭게도 그의 지휘관은 히틀러의 측근이었던 루돌프 헤스와 성이 동일한 헤스였다.

전쟁이 끝난 뒤 윌리엄 패트릭 히틀러는 명예롭게 해군에서 제대했다. 그런 뒤 비뇨기과 병원에서 일자리를 얻어 간병인으로 일하며 생계를 꾸려나갔다. 그러던 어느 날, 그는 자신의 성을 바꿀 결심을 했다. 자신의 과거나 삼촌과의 인연을 완전히 끊고 싶었기 때문이다. 그래서 역사학자 존 톨랜드가 그에게 인터뷰를 요청해왔을 때도 단호하게 거절해버렸다.

윌리엄의 아버지 알로이스 히틀러는 전쟁에서 살아남았고, 자신의 성을 잠정적이나마 '에버럴'로 바꿔서 살고 있었다. 한 번은 위조한 신분증이 발각되는 바람에 독일에 주둔해 있던 영국군에게 잡혀갔으나 곧 석방되었다. 영국군 행정부는 알로이스가 결코 나치스가 아니었다는 사실을 확인할 수 있었기 때문에 순순히 풀어주었던 것이다.

얼마 후 적법한 절차를 거쳐 '힐러'라는 성으로 바꾼 그는 베를린에서 다시 레스토랑을 열었다. 한동안 육군 대령 레머가 이끌던 극우파인 '사회주의제국당'에 입당했다가 이 당이 금지되는 바람에 활동을 그만두었다. 그는 1956년 5월 20일에 사망했는데, 그의 여동생 안겔라는 이미 1949년 10월 30일 드레스덴에서 세상을 떠난 뒤였다.

억만장자 히틀러가 1938년 몇몇 친척들을 위하여 상속분을 정해두었던 유언장을 제외한다면, 실제로 그의 가족과 친척들은 히틀러로 인해 덕을 본 것이라고는 아무것도 없었다. 한 명 있던 누나는 결혼을 해서 드레스덴에서 살았고, 여동생도 빈에 있는 공예품 가게를 하면서 살았으니까. 게다가 형 알로이스는 혹시라도 처신을 잘못해서 막강한 권좌에 앉아 있던 동생이 술집 허가라도 취소하지나 않을까 전전긍긍하면서 살았다. 질녀이자 애인이었던 겔리는 자살해버렸고, 한 조카는 하사관으로 폴란드에서 전사했으며, 또다른 조카는 몇 푼 안 되는 달러를 벌기 위해 삼촌을 들먹거리면서 온갖 진실 같은 거짓말, 또는 거짓말 같은 진실을 퍼뜨리다가 일생을 마쳤다. 결국 이들은 나폴레옹의 가족이나 친척들과는 완전히 대조적인 삶을 살았다.

돈과 권력과는 전혀 무관하게 살았던 이들의 동생이자 오빠였으며, 또한 삼촌이었던 아돌프 히틀러는 1930년대 중반부터 유럽에서 가장 막강한 권력을 휘둘렀을 뿐 아니라 최고의 부자였다.

11
미다스 왕

1936년 히틀러의 별장이 개조되고 있을 무렵, 그는 건축가 알베르트 슈페어에게 이렇게 말했다고 한다 : "그 참, 돈이 정말 많이 드는구먼. 인세로 받은 돈을 벌써 다 써버렸으니 말이오……. 더욱이 아만은 선불로 수십만 마르크를 더 줬는데 말입니다. 아직 공개하지는 않았지만, 앞으로 출판될 내 두 번째 작품에 대하여(1928년에 쓴 이 책은 1961년 슈투트가르트의 현대사연구소에서 한정된 부수로 찍어내었다) 아만이 100만 마르크를 제안했거든요."

이즈음 히틀러는 돈 때문에 불만을 터뜨릴 필요가 전혀 없었다. 우선 『나의 투쟁』으로 매년 최소한 150만에서 200만 마르크를 받았는데, 당연히 이로부터 세금은 한푼도 떼이지 않았다. 독일 호적 사무소에서는 방금 결혼한 신혼부부들에게 『나의 투쟁』을 선물했으니 책이 당연히 베스트셀러가 될 수밖에 없었다. 당시의 구매력을 지금과 비교해본다면, 이 금액은 요즘 돈의 7배에 해당되는 셈이다. 게다가 매년 그의 연설집이 출판되었고, 여기에서도 당연히 배당금을 받았다.

앞에서 히틀러가 집을 개조하는 데 돈을 다 써버렸다는 둥 하는 얘기는 그야말로 허무맹랑한 소리에 불과하다. 사실은 당시 인세를 받아 입금시켜두었던 구좌에서 빠져나간 돈이라고는 한푼도 없었다.

1934년 6월 30일 '나치스 돌격대원들의 피비린내 나는 금요일' 폭동이 터지는 바람에 히틀러는 당내에 잔존해 있던 사회주의 혁명세력들을 완전히 제거해버렸다. 그런 뒤 독일을 자본주의라는 틀에 안착시켜놓자 그는 독일 경제와 산업에 종사하는 기업가들로부터 '신이 보내준 선물'이라며 환영을 받았다. 더 이상 스트라이크도 일어나지 않았고, 노동조합은 지리멸렬해버렸으며, 임금협약 자율권조차 없애버렸으므로 기업가들은 자신의 회사에서 왕으로 군림할 수 있었다. 고용주에게는 이보다 더 좋은 낙원이 어디 있겠는가.

독일의 기업가들은 예외 없이 이처럼 좋은 풍토를 마련해준 지도자에게 현금으로 감사의 표시를 해야 될 때라고 생각하고 있던 참이었다. 이때 한 기업가가 앞장을 섰다. 그는 지금까지 나치스당을 위해 하찮은 기부금을 내거나 아예 등을 돌렸던 사람이었다. 심지어 그의 아내는 히틀러라는 이름도 입에 올리기를 꺼려해서 '그 신사'라고 부를 정도로 끔찍하게 거부감을 나타내곤 했다. 그녀는 군인용 장화를 신고 역 공무원이나 쓰는 모자에 회초리까지 들고 다닌다는 히틀러를 손님으로 맞이한다고 상상하면 머리가 지끈지끈 아플 지경이었다. 그래도 이 부부가 살고 있는 집은 한때 황제 폐하가 머물렀던 곳이 아니던가? 바로 이들 부부가 크룹이었다. 독일에서 가장 많은 돈을 상속받은 아내 베르타와 그녀의 남편.

크룹 부부의 제안에 따라 '독일산업연맹'과 '독일고용주협회'에 속해 있던 모든 기업가들은 히틀러에게 푸짐한 선물을 주기로 결정했다. 대기업의 회장들은 '아돌프 히틀러 성금기구'를 설립했고, 따라서 모든 고용주들은 매 분기마다 지도자가 마음대로 사용할 수 있도록 정기적으로 돈을 입금시켰다. 물론 이들은 비자금을 나치스당의 자금으로 보내어 그곳에서 관리하도록 맡기는 것이 아니라 순전히 히틀러 개인에게 줄 목적이었다. 기업가들은 지도자가 비자금을 사용하는 데 불편함이 없도록 어떠한 제한이나 조건도 내걸지 않았을뿐더러, 비자금은 세금이 완전히 면제되어 있어서 그야말로 알짜배기 돈이었다. 비자금을 내는 기업가들도 장부에 기부금이라는 명목으로 기입했으니 이로 인해 손해볼 건 없었다. 한마디로 누이 좋고 매부 좋은 일이었다. 당시의 비자금을 계산해보면 매년 어림잡아 수억 마르크 정도였는데, 이 엄청난 금액을 히틀러는 아무런 조건 없이 개인적인 목적으로 마음대로 사용할 수 있었던 것이다.

히틀러는 정기적으로 엄청난 금액의 기부금을 주겠다는 크룹의 제의를 흔쾌히 승낙했다. 그러면서 이 돈으로 우선 문화를 부흥시킬 것이며, 국가를 위해 공로를 세운 전우들의 희생을 조금이라도 위로하는 데 쓸 것이라고 말했다. 대기업의 총수를 앞에 두고 히틀러는 짐짓 근엄한 표정으로 결코 사적인 목적을 위해 돈을 사용하지 않을 것이라고 뻔뻔하게 큰소리쳤다. 자신은 예술가적인 기질을 타고났기 때문에 돈에는 별로 욕심이 없다는 말까지 하면서 말이다. 때문에 자신을 위해 모은 회사금은 부관이나 개인 비서실에서 관리하지 않을 것이며, 그의 뜻에

맞게 관리할 적당한 인물을 찾을 것이라고 덧붙였다.

이제 필요한 것은 이 돈을 관리할 인물을 구하는 일이었다. 철저하게 일을 하되 뇌물에 넘어가지 않으며, 지도자를 절대 속이지 않는 인물이어야 했다. 이런 측면에서 보면 두말할 필요 없이 제국의 재정을 담당하던 프란츠 크사비어 슈바르츠가 가장 적임자였다. 그러나 히틀러는 당의 재정을 담당하는 슈바르츠가 기업가들로부터 들어오는 기부금의 액수와 그 용도에 대해서 일일이 알게 되는 게 어쩐지 꺼림칙했다. 예전에도 아만이 관리하던 에어 출판사의 사업에 슈바르츠가 끼어드는 것을 막기 위해서 아만에게 모든 전권을 위임해버린 일이 있었다. 인세나 신문에 기고하고 받은 사례금의 액수는 슈바르츠와 무관한 일이라는 이유에서였다. 그런데 아만에게 수백만 마르크나 되는 거금을 관리하게 하는 것도 역시 썩 내키지 않는 일이었다. 그의 능력은 인정하지만 그렇게 되면 분명 아만은 자신의 돈주머니를 챙기는 데 열을 올릴 것이라는 사실을 히틀러는 어느 누구보다 잘 알고 있었기 때문이었다.

적임자를 찾기 위해 히틀러가 머릿속에 떠올린 수많은 동지들은 거의 비슷한 배경에서 입당했다. 즉, 평범한 시민으로 살아가는 데 실패했거나, 그렇지 않으면 빚을 잔뜩 진 채 당에 들어왔다는 공통점을 가지고 있었다. 그러니 이들에게 돈을 맡긴다는 것은 고양이에게 생선을 지키라고 하는 일과 다를 바 없었다. 그리고 보면 가장 이상적인 인물은 루돌프 헤스일지도 몰랐다. 그는 오랫동안 히틀러의 개인 비서직을 맡아했고, 재정과 관련된 일을 처리할 경우 지나칠 정도로 정확했으니 히틀러의 취향에는 안성맞춤이기도 했다. 한 가지 흠이라면, '아돌프 히틀러 성금기구'라는 미명하에 흘러들어오는 그 엄청난 돈을 봤을 때 이 금욕주의자가 어떻게 감당해낼지 상상이 되지 않았다. 그런데 헤스는 아주 꾸준하고 정열적이며 꿀벌처럼 열심히 일하는 간부를 거느리고 있었는데, 그는 회계는 물론 돈을 관리해본 적도 있고, 히틀러에게 목숨을 바쳐 충성하는 부류에 속했다. 그의 이름은 마틴 보어만이었다.

보어만은 농학과 회계를 공부했다. 극우파 국수주의자들과 어울렸던 젊은 시절, 그는 동지들과 함께 누군가를 암살하는 데 동참하는 바람에 몇 년 동안 감옥살이를 한 경험이 있었다. 1920년대 말에 NSDAP당에 입당하게 되었고, 당원이었던 발터 부흐 박사의 딸과 결혼했다. 아주 땅딸막한 체구의 이 사내는 아내와는 물론이고, 집 밖에서도 특이한 성 행위로 사람들의 입에 오르내렸다. 그리고 거의 일에 중독되어 있어서 하루에 세 시간 또는 네 시간만 잠을 잤다고 한다. 상관에게는 비굴할 정도로 아첨을 했고, 반대로 부하 직원에게는 무례하고 잔인하게 굴었다. 그는 1930년대 초반에 소위 당원들의 의무보험에 해당되는 'NSDAP 보조기금'을 만들어서 당 재정에 큰 이득을 가져왔고, 그 공로를 인정받게 되었다. 1933년에 그는 뮌헨 당사에서 간부진의 서열에 올랐고, 지도자의 대리인이었던 루돌프 헤스가 직속 상관이었다.

히틀러가 받는 기부금을 관리하라는 명령은 보어만의 어깨를 우쭐하게 만들었다. 명목상으로는 헤스의 부하 직원에 속했지만 이 같은 막중한 일을 떠맡고 보니 히틀러의 바로 측근에서 일하게 되었고, 그 어떤 사람들보다 그의 사적인 요구 사항을 잘 알게 되어 실세 중의 실세라는 말을 들을 만했던 것이다.

보어만은 기업가들이 내는 기부금뿐만 아니라 우표 사업에서 들어오는 돈까지 관리하게 되었다. 그래서 우표에 나갈 히틀러의 사진을 찍었던 호프만도 엄청난 금액을 보어만에게 지불해야 했다.

히틀러의 철저한 권한 분리로 인해 보어만의 손을 거쳐 관리되는 수억 마르크의 돈이 어떻게 사용되는지에 관해서는 아무도 알 수가 없었다. 사람들이 추측하기로는, 히틀러의 개인 구좌로 들어와서 보어만이 관리했던 돈은 10억 마르크 이상이었을 것이라고 한다. 이 금액을 지금의 구매력으로 조심스럽게 환산해본다면 거의 7배에서 8배 정도가 되는데, 그야말로 히틀러는 수십억을 가진 억만장자였던 셈이다.

일에 완전히 빠져 있던 보어만은 지도자의 돈을 관리하는 것 외에도 히틀러에게 더 많은 돈이 흘러들어갈 수 있는 방법을 고안해냈다. 당시에는 이런 일이 있었다. 그러니까, 일반 당원들이—특히 여자들이 많았는데—지도자에게 주는 선물을 유언장에 남겨놓고 사망하는 경우가 다반사였다. 보통 이런 일이 생기면 유언 집행인이 해당 지역구로 이 소식을 알리게 되고, 그러면 유언장에 기록된 금액이 당의 회계 책임자에게 넘어갔다. 보어만은 이 같은 지금까지의 관행을 완전히 깨부수는 일을 감행했던 것이다. 1935년 그는 모든 지구장에게, 물론 '지도자의 대리인 이름으로' 지시하는 바라고 명시해놓은 다음, 앞으로 상속분이나 선물은 빠짐없이 자신에게 보내라는 통지를 했다.

보어만의 권한이 점점 커지자 다른 간부들의 비위를 상하게 하는 일도 가끔씩 일어났다. 그 가운데 슈바르츠가 대표적인 경우에 해당된다. 당의 회계 책임자였던 슈바르츠에게 히틀러의 기밀비는 늘 골치 아픈

문젯거리였다. 그는 당 간부들의 월급을 담당하고 있었기 때문에, 당 예산에 책정되어 있지 않은 직원을 채용할 때 반대할 수 있는 권한도 가지고 있었다. 그런데 어느 날, 슈바르츠는 보어만이 독자적으로 직원을 채용해서 자신에게 알리지도 않고 인건비를 지불하고 있다는 사실을 알게 되었다. 물론 보어만은 마르지 않는 강물 같은 히틀러의 구좌에서 돈을 꺼낸 것이었다. 이에 화가 난 슈바르츠는 슈페어에게 이렇게 불평을 털어놓았다. "도대체 그 보어만이라는 사람은 어디에서 그런 거금을 빼내어 쓰는지 도통 알 수가 없단 말입니다. 그래서 한 번은 내가 감사원을 그에게 보냈더니, 아 글쎄, 그 자리에서 쫓아버렸다는 게 아니오? 나 원! 그러면서 하는 말이, 자신은 지도자가 개인적으로 사용하는 자금만을 관리하니까, 당과는 아무런 상관이 없다고 하더라나? 이거 원, 일이 어떻게 돌아가는지."

히틀러는 보어만에게 돈을 저축해두라든가 아니면 투자를 하라고 지시하지 않았다. 돈을 불릴 필요가 없을 만큼 '아돌프 히틀러 성금기구'에 들어오는 돈은 넘쳐날 정도였으니 말이다. 한 번도 아니고 일년에 몇 차례씩 들어오는 터라 소소한 이자까지 신경 쓸 이유가 없었던 것이다. 빈의 남자 하숙집에 살던 당시, 히틀러는 언젠가 부자가 되어 돈 걱정 없이 살고자 했는데, 이제야 그 목표를 달성할 수 있게 되었다고나 할까. 아니, 이렇게 큰 부자가 되리라고는 상상도 못 했을 게 분명하다. 과거에 어떻게 살았던 히틀러는 지금 자신의 구좌에 돈이 철철 흘러넘치는 게 마냥 좋을 뿐이었다. 그리고는 돈을 가만히 지켜보는 게 아니라 마음껏 쓰는 재미에 빠졌다. 골치 아픈 세금도 내지 않았고, 슈바르츠처럼 청렴결백하기 짝이 없는 회계원이나 감사원으로부터도 완전히 자유로운 돈이지 않은가? 독일의 기업이 부지런히 돈을 버는 한 그의 돈줄도 마르지 않을 것이라는 사실을 히틀러가 모를 리 없었다. 그가 신경 쓸 것이라고는 자신의 정권에서 독일 기업이 번창하도록 도와주는 일뿐이었다. 그러기 위해서 군수산업을 부흥시켜야만 했다. 프리드리히 플릭, 구스타프 크룹을 위시해서 알베르트 푀글러와 신디케이트들이 벌어들이는 돈에 비하면 그들이 자신에게 선물하는 성금은 그야말로 푼돈에 불과하다는 것을 히틀러도 잘 알고 있었다. 그러니 독일 경제를 일으키고 공산주의를 막아주는 버팀목인 그에게 이까짓 돈을 주는 거야 당연하다고 생각했다.

발두어 폰 쉬라흐는 슈판다우어 감옥에서 이 당시를 회상하며 말했다. "히틀러가 돈이 필요할 때면 보어만이 당장 내주었죠. 뭐, 당에 큰 공로를 세웠던 당원의 집을 사줄 때도 있었고, 에바 브라운에게 선물을 하기 위해서 그렇게 하기도 했습니다." 물론 히틀러는 당원이나 애인에게만 선물을 하지는 않았다. 예술가들, 가령 파두아, 치글러, 조각가였던 토라크도 히틀러로부터 혜택을 받았다. 이로써 히틀러는 자신의 측근자들을 마음대로 휘두르는 힘이 생겨나게 되었다. 다시 말해, 마치 절대군주처럼 돈과 선물을 주거나 또는 주지 않음으로써 측근자들의 생활수준까지 좌지우지할 정도로 재력을 갖추게 된 것이다. 아무리 지출해도 마르지 않는 돈줄을 쥐고 있다는 것은 한마디로 그에게 환상적인 매력을 부여했음에 틀림없다.

히틀러라는 보스의 부하들 가운데 보어만은, 물론 1938년까지 공식적으로는 중간 정도의 간부 리스트에 올라 있었지만, 점점 막강한 인물로 부상하기 시작했다. 히틀러의 사재를 관리하는 열쇠를 쥐고 있다는 소식이 알려지면서부터 모든 사람들, 특히 빛에 쪼들리고 있던 사람들은 그의 주변에 몰려들어 어떻게 해서든 이득을 보려고 온갖 아첨을 떨곤 했다.

문화를 부흥시키는 것과 그다지 직접적인 연관이 있는 것은 아니었지만, 히틀러는 순수 예술의 후원자 역할을 하는 게 신명이 났다. 우선 매년 비니프레드 바그너는 그로부터 바그너 축제 후원금으로 수십만 마르크를 받았다. 게다가 당시 많은 사람들은 바그너가 유태인의 아들이라고 믿고 있었는데, 히틀러는 사비를 지출하면서까지 계보학자와 역사학자로 구성된 연구팀을 구성하게 했다. 이들이 연구할 기상천외한 과제란 바그너가 유태인이 아니라는 사실을 밝혀내는 일이었다. 극장의 사장들도 〈박쥐〉나 〈명랑한 과부〉 축제 공연을 할 때면 히틀러로부터 보조금까지 챙길 수 있었다. 왜냐하면 히틀러는 거의 신처럼 숭배했던 바그너의 영웅적인 음악보다는 그와 같은 희가극인 오페레타를 더 좋아했기 때문이었다.

보어만은 히틀러가 원하면 지체하지 않고 돈을 내주었다. 1935년에는 이런 일도 있었다. 한 번은 슈페어와 아우그스부르크의 지구장을 맡고 있던 바알과 함께 히틀러는 그곳 시립극장에서 개최된 선거를 참관하게 되었다. 시립극장을 둘러본 히틀러는 건물이 너무 형편없어서 다시 개조해야겠다고 생각했다. 그리고는 바알에게, "바알 씨, 이 건물을 개조하도록 합시다. 그러면 훨씬 보기가 좋아질 거요. 비용 걱정은 마시고, 뭐, 내가 돈을 다 대줄 테니까"라고 말했다고 전해진다. 그러자 수백만 마르크나 되는 비용을 보어만은 즉각 내주었다.

1936년부터 히틀러는 그림을 위시한 예술작품 수집에 더 이상 인세를 지불하지 않았고 기업가들로부터 받는 성금으로 대신했다. 보어만은 예술에 관해서는 거의 까막눈이었기 때문에, 히틀러가 지나치게 과장된 마카르트의 그림을 사건, 필로티나 마레스의 작품이나 목가적인 풍경의 슈피츠베크의 그림을 사건 하등 상관이 없었다. 더욱이 예술 관련 전문가라고 자처하는 호프만이 중간에서 이윤을 남기더라도 신경 쓰지 않았다. 그는 다만 수표에 서명을 해서 돈을 주기만 할 뿐이었다.

11월에 히틀러는 그 동안 뮌헨에서 임대했던 프린츠레겐텐 광장의 집을 사버렸고, 그리고 당시 저당잡혀 있던 금액 175,000마르크를 즉시 상환했다. 또한 이 집이 있던 건물의 1층도 구입해서 경호원들을 두었다.

그리하여 이제 히틀러가 뮌헨에 머물 때면 경호원 열네 명이 프리덴스엥엘 가(街)에서부터 프린츠레겐텐 광장 16번지에 이르는 길을 지키게 되었다. 경호원들은 히틀러가 탄 자동차가 방해받지 않고 집 안으로 무사히 들어갈 수 있도록 길을 터주는 임무를 맡았다. 히틀러는 경호원들에게 무엇보다 '부드럽고 정중하게' 일을 해야 한다고 주의를 주었기 때문에, 경호실장이자 나치스 돌격대의 대장이었던 라텐후버는 부하들에게 이렇게 명령했다. "경호를 담당하는 우리 모두는, 우선 지도자를 향해 다가오는 사람들이 적인지 아니면 선량한 시민인지를 구분해야 할 것이다. 만약 해를 끼칠 사람일 경우 어떤 수단을 써서라도 그들이 지도자 곁으로 가게 해서는 안 될 것이며, 단순히 존경하고 숭배하는 마음에서 환성을 지르고 지도자에게 몰려오는 사람은 내버려둬야 한다. 알아듣겠나?" 이 같은 경호실장의 명령을 충실히 이행하려면, 히틀러의 경호원들은 관상을 좀 볼 줄 알거나, 그렇지 않으면 미래를 예측하는 능력이 있어야 했을 것이다.

경호원들이 하는 일은 여기에서 그치지 않았다. 뮌헨에 있는 히틀러의 집 지붕이 이웃의 지붕과 맞닿아 있었기 때문에 경호원들은 자주 지붕 위에까지 올라가서 주변을 살펴야만 했다. 또한 벽난로에는 혹시라도 폭탄이 투하될지도 몰라서 나무 막대기와 쇠창살까지 만들어 두었던 것이다.

경호원을 대동하는 것으로는 부족했는지 히틀러가 살던 집 건물 1층에 경비실이 생겼다. 그래서 누구라도 남에 눈에 띄지 않고 이곳에 슬쩍 들어가기란 거의 불가능하게 되었다. 이 건물에 살지 않는 사람이 혹시 건물로 들어가려고 하면, 우선 신분증을 보여준 뒤에 건물에 사는 누군가와 약속이 있다는 사실을 증명하는 절차를 밟아야 했다. 히틀러가 집에 있을 경우에는 방문객을 체크하는 과정이 더욱 엄격해졌고, 특별히 급한 경우가 아니라면 손님을 받지 않았으면 좋겠다는, 매우 정중하지만 협박조의 부탁을 받았던 거주자들은 손님도 받지 않을 정도로 조심했다. 게다가 거주자들은 열쇠로 문을 여는 게 아니라, 초인종을 눌러서 경비원이 들여보내주기를 기다려야 하는 불편을 감수해야 했다.

1928년 오버잘츠베르크에서 히틀러가 구입했던 별장은 — 세금 문제 때문에 누나 안겔라를 주인으로 토지대장에 올려놓았다 — 당시 오버바이에른 식으로, 눈에 띄지 않는 평범한 별장에 불과했다. 위층에는 다른 별장과 마찬가지로 나무로 된 발코니가 있었고, 지붕은 돌로 되어 있었다. 이 집은 히틀러가 정권을 잡은 뒤에 '아담한 수상 저택'으로 독일 국민들에게 소개되었다.

당시 뮌헨 나치스당의 지구장을 맡고 있던 바그너는 이 별장이 위치한 오버잘츠베르크를 '독일인의 신성한 산'이라고 즐겨 불렀는데, 날씨 좋은 여름이면 시민들은 마치 순례지처럼 이곳으로 산보를 가곤 했다. 마침 히틀러가 이곳에 머물 때면 문에 나와서 지나가는 사람들에게 유쾌하게 인사를 했고, 그 지방 고유의 의상을 입은 소녀들과 잡담을 나누는가 하면, 어린아이의 볼을 어루만지기도 했다. 그러다보니 그를 잠시라도 만나보려는 수많은 사람들이 집 앞에 기다랗게 줄을 서 있는 광경이 목격되곤 했다. 1933년과 1934년에 이처럼 목가적인 풍경이 펼쳐졌던 것이다.

하지만 1935년이 되면 이런 광경이 사라지게 된다. 보어만이 히틀러의 통장에 들어 있는 돈 가운데 수백만 마르크를 빼내어 이 조촐하고 아담한 별장을 완전히 탈바꿈시키는 작업을 시작했기 때문이다. 이 동네의 주민들은 아직까지도 보어만을 당시 아름다운 오버바이에른 지방의 자연을 무참하게 파괴해버린 환경 파괴자라고 생각했지만, 사실 이 공사를 지시한 주인공은 히틀러였다.

우선, 보어만은 별장이 있던 그 지대 전체를 구입했다. 넘쳐나는 게 돈이었으니 거리낄 게 없었다. 그런 다음, 그는 10평방 킬로미터의 면

적이 나오게끔 지대를 고르게 시켰는데, 거의 돌로 되어 있는 1,900미터의 높은 산에서 600미터 지점에 있는 계곡까지 이르는 면적이었다. 보어만은 땅을 사들이는 과정에서 그렇게 인색하게 굴지는 않았다. 산지 농민들과 전답이 없고 집만 소유하고 있던 농부들은 매우 만족스러워했는데, 척박한 땅을 많은 돈을 받고 팔 수 있었기 때문이었다. 그 돈이면 더 좋은 땅을 사서 그곳에서 새롭게 시작할 수 있었다. 물론 팔고 싶지 않은 사람도 있었다. 가령, 아버지로부터 유산으로 받았으므로 절대 팔 수 없다는 주민이 있으면 재산을 몰수해버리겠다고 위협을 해서 거의 강제로 팔게끔 했다. 그리하여 결국 대부분의 사람들은 보어만에게 자신이 살거나 소유하던 집과 땅을 팔 수밖에 없었고, 도시에 살던 사람이 갖고 있던 별장도 마찬가지였다.

이 과정에서 한 가지 작은 사건이 터졌다. 하인츠 야거라는 농부가 아주 완강하게 팔기를 거부했는데, 보어만은 그에게 이렇게 호통을 쳤다고 한다: "뭐가 이 따위야? 두 가지 중에 하나를 선택하쇼! 내가 주는 돈을 받든지, 그렇지 않으면 여기서 쫓겨나든지!"

그러나 야거는 아무런 확답도 하지 않았다. 이로부터 며칠이 지난 뒤 그의 집 앞에 차가 멈춰 서더니 여섯 명의 나치스 친위대원들이 내렸다. 그들은 야거를 강제로 차에 태우고 히틀러와 보어만이 기다리고 있던 별장으로 그를 데려갔다. 이렇게 하여 야거는 생애 처음이자 마지막으로 히틀러와 사사로운 대화를 나누게 되었다. 우선 지도자는 그에게 악수를 청하며 의자에 앉으라고 친절하게 권했다. 그리고는 "왜 농장을 팔지 않으려는 겁니까?"라고 부드럽게 묻자, 야거는 "농장은 조상으로부터 대대로 물려받은 것이라 팔 수 없습니다"라고 대답했다. 그리고 자신은 고향을 떠나고 싶지 않으며 앞으로도 계속 농사를 지으면서 농장에서 살고 싶다고 말했던 것이다.

히틀러는 아무 말도 하지 않고 천천히 고개를 끄덕였다. 마치 농부야거를 이해하기라도 한 듯했다. 다음 순간, 그는 야거의 눈을 뚫어지게 쳐다보며 천천히 말했다. "다시 한 번 부탁합니다! 당신의 농장을 파시오! 독일을 사랑하는 마음에서!"

그래도 야거는 자신의 의지를 굽히지 않았다. 아무리 독일을 사랑한다고 하더라도 그렇게 할 수는 없다고 생각한 그는 한마디로 "안 됩니다!"라고 대답하고 말았다.

야거의 말을 인용해보자: "저는 살면서 그런 사람은 처음 봤습니다. 무슨 말이냐 하면, 그처럼 부드럽게 얘기하던 사람이 몇초 만에 그렇게 변할 수 있다니 말이죠. 제가 싫다고 분명하게 대답하자, 그의 관자놀이에 있던 핏줄이 눈에 띄게 부풀어오르더군요. 게다가 콧수염도 실룩거렸습니다. 저를 쳐다보는 눈길이 예사롭지가 않았어요. 저를 한참 동안 노려보더니 보어만에게 이렇게 지시합디다: '뭘 하시오? 조처를 취해야지!' 그리고는 급하게 자리에서 일어나 저에게 눈길 한 번 주지 않고 방에서 휙 나가버리더군요."

가족에게 작별 인사도 못 하고 야거는 그 자리에서 다하우에 있던 강제수용소로 끌려가는 신세가 되었다. 1938년까지 이곳에 갇혀 있는 사이에 농장은 강제로 몰수되어버렸고, 몇 푼 안 되는 보상금을 받아쥔 그의 아내는 혼자서 가족의 생계를 꾸려나가야만 했다. 수용소에서 풀려난 야거는 다시 고향인 오버잘츠베르크로 돌아가서 공사장의 노동자가 되었다.

자신의 땅을 팔지 않겠다고 버티다가 결국 강제수용소에 끌려간 사람이 또 있었다. 히틀러의 별장 바로 위에 있던 호텔의 사장이 그러했다. 그는 야거처럼 다하우에 끌려갔으나 폐병으로 그곳에서 사망했다. 호텔은 몰수당했고, 나중에 경호원들이 머무는 곳으로 변해버렸다.

히틀러의 말이라면 죽는 시늉이라도 하는 측근들의 비굴함과 아첨의 사례를 들자면 끝도 없을 것이다. 1938년의 일이었다. 이때 히틀러는 이미 별장이 있던 지대 전체의 주인이었는데, 한 번은 별장 밑에 초라한 집이 눈에 띄었다. 그러자 히틀러는 곁에 서 있던 보어만에게 파노라마처럼 펼쳐지는 멋진 경치에 방해가 된다고 한마디 슬쩍 던졌다. 그리고는 뮌헨으로 가서 하루 머문 뒤에 돌아와보니 오두막이 감쪽같이 사라지고 없었다. 원래 오두막집이 있던 곳에는 거짓말처럼 목초가 덮여 있었고, 소들이 평화롭게 풀을 뜯고 있었다. 보어만은 벌써부터 그 땅도 사두었지만, 늙은 부부가 죽을 때까지 그냥 오두막에 살게 해달라고 부탁을 해서 허락해주었던 것이었다. 그런데 히틀러의 한마디에 그는 곧장 노부부에게 가서 수표 한 장을 더 건네주고는 트럭을 가져와서 그들의 짐을 옮겨버린 것이다. 두 시간 만에 부부는 이 집을 비워주었고, 곧장 한 무리의 노동자들이 몰려와서 이곳을 초원으로 둔갑시켜버린 것이다.

이렇듯 보어만은 히틀러의 아주 사소한 불평거리도 속시원하게 해결해주는 데 귀재였다. 이미 2년 전에도 그런 일이 있었다. 즉, 별장 앞에

서 줄을 서서 기다리는 사람들과 인사를 나누다보니 히틀러는 항상 뙤
약볕에 서 있어야 했다. 그러자 그는 세계대전 때 가스 중독으로 민감
해진 눈이 햇볕을 받으니 이만저만 아픈 게 아니라고 불평을 늘어놓았
다. 그런 뒤 그가 여행을 떠났다가 며칠 후에 별장에 돌아와보니 집 앞
에는 어느새 사람 덩치만한 보리수나무가 서 있었다. 이때부터 그는 잎
이 무성한 보리수나무 그늘 아래에서 햇볕에 대한 두려움 없이 사람들
을 대면할 수 있었다. 보어만은 히틀러가 별장을 비운 사이에 몇 킬로
미터나 떨어진 곳에서 이 보리수나무를 발견하고는 곧장 나무를 파내
와서 별장에 심어둔 것이었다.

별장 베르크호프의 개축 공사는 1936년 여름이 되자 끝났다. 히틀러
는 물론 '개축 공사'라는 말을 사용했지만, 사실 별장이 완성되자 이전
의 소박하고 아담했던 모습이라고는 찾아볼 수 없었다. 새 건물은 이전
별장보다 네 배나 더 넓었고, 3층 건물에 어마어마하게 큰 테라스와 총
서른 개의 방이 있었다. 1층부터 살펴보자면, 현관에서 들어가면 아래
로 내릴 수 있는 거대한 창문이 딸려 있는 거실이자 회의실이 있다. 2
층에는 히틀러의 거실과 침실 그리고 작업실이 있고, 작업실 맞은편에
에바 브라운을 위해서 마련한 특실이 있었다. 집을 꾸미는 데 돈을 아
낀 구석이라고는 눈 씻고 찾아봐도 없었다. 호텔 로비 같은 현관에는
이탈리아의 카라라에서 가져온 대리석으로 기둥을 세워놓았고, 모든
창문의 틀은 납으로 된 것이었으며, 난로는 특별히 주문해서 만든 타일
로 입혀져 있었다. 히틀러의 취향에 맞춰 들여놓은 가구들을 보면 한마
디로 '사심 없는 지도자'라는 신화와는 영 거리가 멀었다.

별장의 설계도는 히틀러가 직접 그렸고, 뮌헨의 건축과 교수였던 로데리히 피크가 설계도에 따라 집을 지었다.

이 당시를 기억하며 알베르트 슈페어가 말했다. "밑으로 내릴 수 있으며, 엄청난 크기로 유명했던 창문을 보면서 히틀러는 매우 자랑스러워했습니다. 창에서 바라보면 산의 아래쪽과 베르히테스가덴, 그리고 잘츠부르크가 한눈에 들어왔죠. 이 창문 밑에는 히틀러의 착상에 따라 차고를 두었는데, 그 때문에 문제가 좀 생겼어요. 바람 부는 방향에 따라서 휘발유 냄새가 창문을 통해 집 안으로 들어왔거든요. 만약 전문대학 학생이 이런 설계도를 과제물로 제출했다면 아마 낙제를 받았을 겁니다."

지하실에는 창고와 차고 그리고 볼링장이 있었다.

별장에서 하녀로 일했던 파울리네 콜러는 식당에 관해서 이렇게 묘사했다: "식당은 30×10미터였고, 중앙에 떡갈나무로 만든 식탁이 있었어요. 전등은 간접조명이어서 아주 부드러운 불빛이 식당 전체에 흘렀죠. 벽에는 알브레히트 뒤러의 동판화가 걸려 있었고, 바닥은 페르시아제 양탄자가 깔려 있었답니다."

하녀였던 파울리네도 이곳에서 일하기 시작하면서 지도자가 전혀 검소하게 살지 않는다는 사실을 알게 되었다. 그녀의 말에 따르면, 가족이나 친척들과 함께 식사를 할 경우에는 드레스덴제 도자기 그릇으로 식사를 했지만, 중요한 손님이 오면 순은으로 만든 접시들을 사용했다고 한다.

손님이 사용하는 방은 여러 개였는데, 이 방들엔 하나같이 대리석으로 된 욕실이 딸려 있었다. 침대 위에는 히틀러의 초상화가 걸려 있었고, 침대 곁에 있는 작은 책상 위에는 『나의 투쟁』이 놓여 있었다. 하지만 히틀러의 침실에 딸려 있는 책상에는 좋아하는 포르노 사진이나 그림이 잔뜩 들어 있는 책들을 볼 수 있었다.

히틀러의 별장이 완성되자 마틴 보어만은 환경을 파괴한 사람으로 낙인찍혀버렸다. 알베르트 슈페어의 말을 인용해보자: "보어만이라는 작자는 사람의 손길이 닿지 않은 자연의 아름다움이 무엇인지 모르는 자였습니다. 그 멋진 곳에 길을 만드느라 온통 뒤집어놔버렸으니까요. 그래서 숲길은 아스팔트가 깔린 산책로로 바뀌어버렸고, 공사를 하느라 동원되었던 수천 명의 일꾼들이 살던 가건물이 산등성이에 다닥다닥 붙어 있었죠. 어디 그뿐입니까? 길이라는 길에는 건축자재를 실은 트럭들로 가득 채워졌고, 밤에도 불이 환하게 켜져 있는 공사장이 한두 군데가 아니었죠. 일꾼들은 두 개의 조로 나뉘어 밤에도 일을 했기 때문이었습니다. 가끔씩 폭발하는 굉음이 계곡을 뒤흔들기도 했지요."

보어만은 이곳에 14킬로미터나 되는 높은 울타리를 세우게 했고, 이 안에 3킬로미터짜리 작은 울타리를 또 두르게 했다. 이렇게 하여 히틀러를 만나러 오던 사람의 행렬은 사라져버렸다. 게다가 독재자는 암살될까 두려워 일반 시민들의 출입을 금지시켰다.

보어만은 히틀러의 통장으로 들어오는 기업가들의 성금으로 쉬지 않고 공사를 해나갔다. 물론 자신의 이득을 챙기는 것도 게을리하지 않았는데, 자식이 많았던 그는 한때 어린이들의 요양소로 사용하던 널찍한 3층 건물을 히틀러의 기밀비에서 돈을 빼내어 사들였다. 그의 별장은 히틀러의 집에서 그리 멀리 떨어져 있지 않았고, 높은 곳에 위치해 있었으므로 공사장을 한눈에 내려다볼 수 있었다. 그는 아주 교묘한 방법으로 별장을 수리하는 바람에 겉으로는 나무판자를 댄 벽만 보였지만 내부는 전혀 딴판이었다.

시간이 지나면서 히틀러를 보좌하는 무리들이 떼를 지어 별장에 머무는 일이 생겼다. 그래서 직원들을 위한 집도 새로 지었고, 나치스 친위대에서 나온 경호원들을 위해 병영을 세웠으며, 차고는 이제 주차장으로 변해버렸다. 이렇게 많은 사람들이 드나들다보니 또 새로운 길을 닦아야만 했다.

문득 히틀러는 자신을 찾아오는 손님들을 위해서 아주 아늑한 호텔을 마련해줘야겠다는 생각을 하기에 이르렀다. 결국 호텔 '플라터호프' ─20년대 초반 히틀러가 디트리히 에카르트, 헤르만 에서, 푸치 한프슈텡글 등과 주말이면 자주 묵었던 호텔이었다─는 너무 낡았다는 이유로 헐어버리고 그 대신 화려하기 그지없는 새로운 호텔이 세워졌다(오늘날 이곳은 미군들이 스키 호텔로 사용하고 있다). 호텔 공사가 한창 진행되고 있을 때 히틀러가 이곳을 구경하기 위해서 들르게 되었다. 그런데 호텔에는 바가 없었다. 건축가가 완전히 잊고 있었던가, 그렇지 않으면 술을 싫어하는 히틀러였으니 자신의 손님들을 위해 바를 마련할 리 없다고 일부러 빼버렸는지도 모른다. 히틀러의 한마디에 바는 다시 지어졌고, 이러다보니 거의 반이나 완성된 호텔 건물 공사는 처음부터 다시 시작하는 꼴이 되었다. 이렇듯 오버잘츠베르크는 돈을 물 쓰듯 쓰는 축제 마당이었던 것이다. 감사하는 사람은 아무도 없었고, 따라서 회계 감사원도 당연히 들르지 않았다. 얼마나 돈이 많이 들어갔는지 돈에 대해 신경도 안 쓰던 히틀러조차 어느 날 아주 냉소적인 말투로 이렇게 말했다고 한다. "흠…… 오버잘츠베르크는 정말 금광이지. 보어만이 금을 캐는 금광이 아니라, 금을 쏟아붓기만 하는 금광 말이야."

또 한 번은 끊임없이 들려오는 소음과 혼잡함에 질려버린 히틀러가 이렇게 말했다. "모든 게 완성되면 나는 조용한 계곡에 들어가서 말이지 작은 통나무집을 지어서 예전처럼 살고 싶다네." 하지만 공사는 결코 끝나지 않았다. 공사장이 폐쇄된 적은 한 번도 없었고, 심지어 미군이 점령하던 날에도 새로운 구덩이를 파고 폭탄으로 심하게 손상된 히틀러의 집을 복구하기 위해서 건설대원들이 작업을 하고 있었다. 마침내 전쟁이 터지자, 보어만은 건설 작업을 중지시키고 광범위하게 세분화된 방공호를 짓도록 명령을 내렸다. 보어만은 또한 지도자를 위해 별장에서 네 시간을 걸어가면 차를 마실 수 있는 정자를 만들었는데, 히틀러는 손님들과 점심 식사를 마친 뒤에 자주 이곳으로 산보를 갔다고 한다. 그는 이곳까지 걸어가다보면 어느새 소화가 다 되고 말았다. 이렇게 소화장애가 있던 히틀러의 건강까지 신경을 썼던 보어만의 세심함은 혀를 내두를 정도가 아닐 수 없다.

별장을 두고 온갖 궁리를 하면서 이것저것 만들어대었던 보어만은 어느 날 지도자를 농장주로 만들어보겠다는 황당한 계획을 세웠다. 소위 '오버잘츠베르크 농장'을 만드는 데 들어간 돈은 낭비 그 자체였다고 할 수 있다. 원래 오버잘츠베르크는 돌이 많고 메마른 지대였으며 기후도 험악했다. 꽃이 피고 열매가 맺는 시간이 매우 짧았기 때문에 농산물의 수확도 자연히 적었다. 그러니, 보어만의 명령에 따라 구입한 80마리의 소와 100마리 돼지의 먹이를 대량으로 사들일 수밖에 없었다. 조롱말도 마찬가지였다. 그런데 위생에 관련해서는 이 농장만큼이나 깨끗한 곳은 세상 어디에도 없을 것이다. 돼지우리에 타일을 입히는가 하면, 암퇘지와 돼지새끼들을 고무호수로 매일 샤워시켰다고 하니까 말이다.

히틀러는 자신의 별장을 농장으로 바꾸면서 벌어지는 여러 가지 일들을 흐뭇하게 지켜보기만 했다. 한 번은 비용 계산서를 가져오라고 해서 읽어보더니 껄껄 웃으면서 이렇게 말했다고 한다. "끝내주는군! 생각했던 것보다 비용이 적게 들어갔는걸? 내가 마시는 우유 1리터만 해도 5마르크나 하니 말이야!" 농장에는 온실도 있었는데, 여기에서 일꾼들이 채소와 꽃을 재배했다. 이는 순전히 별장에 있는 꽃병에 매일 새로운 꽃을 갈아넣고, 여름이나 겨울이나 지도자의 식탁에 신선한 야채가 떨어지지 않게 하려는 대단한 한 가지 이유 때문이었다. 버섯도 재배했으나 실패했고, 양봉은 비용이 많이 들긴 했지만 성공적이었다. 이 지대는 겨울이 길고 혹독하게 추웠기에 벌들을 죽이지 않으려면 설탕을 계속 대줘야 했던 까닭에 돈이 엄청 들 수밖에 없었다. 이뿐 아니라 양봉 전문가를 채용하기도 했는데, 히틀러는 괴링을 놀려줄 생각으로 양봉 전문가를 '양봉 챔피언'이라고 부르길 좋아했다. 왜냐하면 괴링은 '사냥 챔피언'이라는 타이틀을 자랑스럽게 달고 다녔기 때문이었다. 꿀에 대한 관심이 지대한 히틀러를 보자 보어만은 단번에 양봉장을 짓도록 지시를 내렸고, 자신의 가족을 위해서도 집을 짓게 했다. 덩달아 히틀러의 직속 건축가였던 알베르트 슈페어는 이 일을 떠맡는 덕분에 자신의 집 옆에 완벽한 시설을 갖춘 건축 사무실까지 덤으로 얻게 되었다.

안겔라가 별장을 떠난 1936년부터 에바 브라운이 비공식적으로 집의 안주인 자리를 차지하게 되었다. 미다스 왕의 금고 열쇠를 쥐고 있는 장본인이었던 보어만이었기에 별장에 있던 다른 사람들에게는 무례하고 쌀쌀맞게 대하는 것은 물론 파렴치한 행동도 서슴지 않았지만 그녀에게는 비굴할 정도로 아첨을 떨었다. 게다가 그는 에바 브라운이 정치에 전혀 관여를 하지 않으므로 자신에게 위험한 인물이 아니라는 점을 잘 알고 있었다. 일전에 히틀러는 에바 브라운이 옆에서 듣고 있는데도 손님들 앞에서 다소 무례한 말을 내뱉은 적이 있었다. 똑똑한 여자를 아내로 두면 이런저런 결정에 간섭하므로 멍청한 여자가 좋다는 얘기였다. 에바는 바로 이 같은 조건을 만족시켜주는 여자였다. 그녀는 오로지 드라마나 영화배우, 유행 상품, 즐거운 모임, 스키와 춤에만 관심이 있을 뿐이었다. 그랬으니 히틀러는 그녀를 나름대로 상당히 좋아하긴 했으나, 다른 한편으로는 사회적 활동을 할 능력이 부족하다고 간주했다. 자신을 찾아오는 모든 손님들과 어울릴 수는 없다고 판단한 것이었다. 그래서 그녀는 만약 나이 많은 당원들이 찾아오면 동석을 해도 되었지만, 장관 또는 군부 쪽의 손님이나 외국에서 손님이 왔을 경우에는 자신의 방에 있어야 했다. 이 원칙은 물론 에바 브라운에게만 적용된 것은 아니었다. 괴링과 여배우 출신이었던 그의 아내가 방문하더라도 마찬가지였다. 괴링의 아내는 특히 예의범절을 잘 알고 있었고, 히틀러의 정부에 비해서 사회적으로 높은 수준에 있다고 자부하고 있었음에도 히틀러의 원칙에서 예외가 될 수는 없었다.

에바 브라운은 보어만을 좋아하지 않았을 뿐 아니라, 끊임없이 여비서들이나 하녀들과 성관계를 가졌기에 심지어 경멸할 때도 많았다. 하지만 드러내놓고 미워할 수 없었던 이유는 재정적으로 그에게 종속되어 있었기 때문이었다. 히틀러는 예전처럼 에바 브라운에게 돈봉투를 찔러주곤 했다. 하지만 화장품과 옷을 사입는 돈이 어느 정도인지 전혀 몰랐던 히틀러는 자신이 주는 돈이 그녀에게 턱없이 부족하다는 사실을 알 리가 없었다. 생일이나 크리스마스 때면 그녀에게 보석을 사주긴 했으나, 보통 때는 뮌헨에서 상점을 하던 당원에게 들러서 아주 싼 팔찌나 목걸이를 사주는 데 익숙해져 있었다. 대부분 이런 물건들은 보석도 아니었고, 잘해야 몇백 마르크였기 때문에 에바의 허영심을 채워줄 수는 없었다.

보어만은 에바가 사치스러운 것을 좋아한다는 사실을 금방 눈치 채고는 자주 뮌헨에 있는 보석상에 들러서 어떤 물건이든 마음대로 사도록 해주었다. 유행하는 옷이나 신발을 사기 위해 현금이 필요한 경우에도 에바는 보어만에게 말했고, 그러면 그는 즉시 돈을 내어주었다. 사실 에바는 처음에 아무것도 모르고 그를 건방지게 대했으나, 히틀러의 돈을 그가 모두 관장하는 것을 알아차린 다음부터 태도를 180도 바꿔버렸다.

오버잘츠베르크의 공사 가운데 규모가 가장 컸던 것은 거의 3천만 마르크의 비용이 든 공사로, 요즘 돈으로 계산하면 거의 2억 마르크에 해당된다. 바로 1,830미터 높이에 '아들러호르스트'라는 이름을 가진 티하우스였다. 주데텐 산맥(슐레지엔과 보멘 사이에 있는 산맥) 지역이 위기로 한창 시끄러웠던 1938년 9월에 이 공사는 완료되었고, 9월 16일 낙성식이 거행되었다.

이곳에 가기 위해서는 우선 커브가 많은 가파른 암벽길을 따라가다가 계곡 위에 있는 다리를 지나가야 한다. 이 다리는 해발 1,700미터에 있다. 여기서부터 산속으로 통하는 두 개의 문이 있는데, 하나는 구리로 또 다른 하나는 청동으로 된 것이었다. 넓찍한 자연석으로 내벽을 쌓은, 조명이 되어 있는 지하 통로는 바위 속 130미터까지 연결되어 있다. 번쩍거리는 청동으로 만든 엘리베이터를 타고 130미터 높이로 올라가면 곧장 티하우스의 입구가 나오게 되어 있다. 티하우스에는 거대한 유리창이 달려 있었는데, 여기에서 밖을 내다보면 한마디로 장관이 펼쳐진다. 그외에도 넓은 부엌이 있었고, 식당과 작업실, 욕실 몇 개와 일광욕을 즐길 수 있는 테라스와 보초들을 위한 방까지 있었다.

히틀러는 티하우스 '아들러호르스트'에 완전히 매료되었다. 그래서 영국의 언론인 월드 프라이스를 포함한 많은 손님들을 그곳에 데려가곤 했다. 당시 독일 언론은 티하우스는 물론, 새로 지은 별장에 관해 일체 보도를 할 수 없었다. 말하자면 히틀러는 국민들이 철석같이 믿고 있던 신화를 무너뜨리지 않으려고 했던 것이다. 약간 넓히기는 했지만 그래도 여전히 조촐하기만 한 별장에서 수상이 살고 있다는 믿음이 깨져서는 안 될 일이었다. 사실 그토록 사치스러운 생활을 하고 있다는 것을 일반 국민들이 어떻게 이해할 수 있었을까만. 심지어 상류층 인사들조차도 티하우스를 보면 놀라서 입을 다물 수가 없을 정도였다. 여기를 방문한 손님들 가운데는 뮌헨의 지구장이었던 아돌프 바그너, 아탈리아 왕의 딸 마팔다 공주와 결혼했던 폰 헤센 왕자, 그리고 괴벨스 부부가 있었다. 특히 괴벨스는 당시 체코의 여배우와 바람이 났다가 관계가 깨어지는 바람에 부인과 서먹서먹하게 지내던 차에 히틀러가 티하우스에서 공식적으로 두 사람이 화해하도록 파티까지 열어주었다. 그 외에도, 프랑스 대사였던 프랑수와 퐁세와 한때 에바 브라운의 경쟁자였던 영국인 유니티 미트포드가 있었다.

이로부터 1년이 지나자 티하우스를 찾는 손님들의 발길이 뚝 끊어졌다. 이유인즉, 공사비로 3천만 마르크나 들었던 이 장난감에 히틀러가 그만 싫증이 나고 말았다는 것이다.

티하우스가 완성되기 전, 그러니까 1938년 초에 보어만은 주머니에 수표책을 넣고서 지도자와 함께 오스트리아에 동행한 적이 있었다. 점심때 그들은 세 개의 차 축이 있는 녹색 자동차를 타고 국경을 넘어 히틀러가 태어난 브라우나우로 갔다. 브라우나우에서 린츠까지는 겨우 120킬로미터밖에 되지 않는 거리였지만 거의 네 시간이 소요된 것은 환호하는 군중들 때문이었다. 린츠! 히틀러가 젊은 시절 떠났던 도시가 아니던가? 이제 그는 고향을 바라보며 오스트리아 땅에서 처음으로 감격에 찬 연설을 했다.

보어만은 우선 지도자로부터 몇 가지 지시를 받았다. 자신의 청소년 시절, 친척, 빈에서의 생활 등에 관하여 『나의 투쟁』에 서술된 내용과 다른 얘기가 절대 공개되어서는 안 된다는 얘기였다. 이에 보어만은 민첩하게 행동 개시에 들어갔다. 우선 관청에 남아 있는 히틀러 관련 서류를 찾아서 몰수하거나 돈으로 사기도 했다. 히틀러를 예전에 알았거나 본 적이 있는 목격자들과는 입을 다문다는 조건으로 타협을 보던지 그렇지 않으면 하니쉬처럼 제거해버렸다. 하니쉬는 남자 하숙집에서 히틀러와 함께 기거하며 그의 수채화를 팔았던 사람이다. 그는 당시의 생활을 '폭로' 해버리겠다고 위협하는 어리석음을 범하고 말았다. 이에 보어만의 명령에 따라 나치스의 비밀경찰이었던 게슈타포들이 그를 체포했고, 며칠 뒤에 더 이상 고문을 당하지 않으려고 그는 목을 매어 자살했다.

다음으로 보어만은 지도자로부터 몇몇 부동산을 구입하라는 리스트를 받았다. 그 사이 아담한 여관으로 변해버린 브라우나우에 있던 히틀러의 생가는 1938년 5월에 15만 마르크를 주고 구입했다. 또한 히틀러의 아버지가 1899년 구입했다가 팔아버렸던 집도 다시 사들였다.

오스트리아에서 히틀러가 진정으로 하고자 했던 일은 따로 있었다. 한때 틈이 날 때마다 학교 친구 구스틀과 함께 걱정 없는 삶을 살고 싶다는 꿈을 꾸었던 도시, 복권 때문에 머리가 돌아버릴 정도로 흥분했던 바로 이곳 린츠에 히틀러는 수백만 마르크를 투자해서 자신의 가장 위대한 기념비를 세우고 싶었다. 앞으로 린츠는 '도나우의 진주' 가 될 것이고, 오로지 자신에게만 속하는 '그의' 도시가 되어야만 했다. 이 거대한 계획을 위해 제3제국에 종사하던 모든 건축가들이 투입된다. 알베르트 슈페어, 헤르만 기슬러, 그리고 로데리히 피크.

히틀러가 제일 세우고 싶었던 것은 '지도자 박물관' 으로, 일종의 미술관이었다. 세계의 그 어떤 다른 미술관도 감히 따라갈 수 없는 곳이어야 했다. 파리의 루브르, 마드리드의 프라도, 런던에 있는 내셔널 갤러리, 뉴욕의 현대미술박물관, 레닌그라드의 미술관은 히틀러가 세우게 될 미술관이 완공되면 뒷전으로 밀려날 참이었다. 머지않아 그 동안 그가 사모았던 그림들은 바로 이 린츠 미술관으로 들어가게 될 것이다.

12
특명 「린츠」

린츠의 미래를 두고 펼친 히틀러의 구상은 어쩌면 과대망상에 가까웠다. 조용하기만 했던 소도시를 유럽 문화의 전당으로 만들겠다는 착상이 과연 실현될 수 있을까? 린츠는 히틀러가 싫어했던 빈을 압도하는 세계적인 도시가 되어야 했다. 그러기 위해서는 우선 주민수도 늘어나야겠지만, 무엇보다 히틀러가 원했던 것은, 자신의 고향 도시가 굉장한 건물과 널따란 가로수길이 있는 현대적인 도시 계획을 가장 혁명적으로 완성해낸 모범 도시로 탈바꿈하는 것이었다.

이 메트로폴의 중심은 당연히 여러 개의 건물로 구성된 '지도자박물관'이 차지하게 된다. 이 가운데 미술관이 건물을 대표하고, 1층에는 축구장이 들어설 계획이었다. 그밖에 무기박물관, 구하기 힘든 책과 서류들을 갖춘 도서실, 값비싼 고블랭직(織)과 양탄자를 구비한 융단박물관, 마지막으로 가구와 실내장식 박물관이 각각 들어서게 될 예정이었다.

히틀러가 가장 애정을 가졌던 것은 물론 미술관이었는데, 그는 이곳에 전 유럽에서 최고로 훌륭하고 가장 유명한 그림들을 전시해둘 생각이었다. 히틀러는 어린 시절 자신을 업신여겼던 고향 도시에 시대를 통틀어서 가장 위대한 그림 수집가이자 예술 전문가인 자신의 기념비를 세우고 싶은 계획을 조금도 늦추고 싶지 않았다.

그렇다면 미술관에 전시할 그림을 선정할 사람이 문제였다. 이번에는 하인리히 호프만을 지명하지 않았다. 그는 히틀러가 생각하기에도 예술적인 취향이 너무 평범해서 이처럼 명예가 걸린 과제를 담당할 재목이 아니었던 것이다. 오히려 군대식으로 일을 신속하게 진행시켜나갈 수 있는 전문가 중의 전문가가 필요했다.

1938년 히틀러는 이탈리아의 피렌체를 비롯한 몇몇 예술 도시를 방문한 뒤에 베를린에서 활동하고 있던 유명한 화상 칼 하버슈톡을 불렀다. 그는 쿠르퓌르스텐 가(街) 59번지에서 갤러리를 운영하고 있었는데, 당시 예순 살로 1933년부터 NSDAP당원이었다. 히틀러는 이미 여러 차례 그로부터 그림을 구입했다. 가령, 16세기 이탈리아 화가 파리스 보르돈의 〈비너스와 아모르〉를 6만5천 마르크에 구입한 적이 있었다. 그외에도 별장에 걸어둘 그림으로 반 다이크의 〈쥬피터와 안티오페〉, 카날레토의 〈산타 마리아 델라 살루테〉, 루벤스의 〈배를 탄 베드로〉를 사기도 했다. 이 그림들의 가격은 하나같이 2만4천 마르크 이상이었다.

다음해 하버슈톡은 히틀러에게 더 많은 그림들을 팔아야만 했다. 지도자가 계획하고 있는 박물관을 위해 그는 바토의 〈춤〉을 90만 마르크에, 뵈클린의 〈이탈리아 별장〉을 675,000마르크에 팔았다. 히틀러의 그림에 대한 열정은 전쟁중에도 식지 않았다. 그가 하버슈톡에게 특수 신분증까지 교부해주면서 귀한 그림을 구해올 수 있는 여건을 마련해 줄 정도였으니 말이다.

1938년 베를린에서 하버슈톡을 만난 히틀러는 아주 솔직하게 린츠 프로젝트에 관해서 털어놓았다. 화상이 비밀을 지켜주리라는 믿음이 있었기 때문이었다. 이때만 해도 일반 국민들에게 이 계획은 극비에 속했다. 속마음을 털어놓은 히틀러는 하버슈톡에게 독일에서 가장 뛰어난 미술 전문가를 한번 추천해보라고 했다. 이에 하버슈톡이 대답했다. "물론 드레스덴에 있는 한스 포세 박사입니다. 얼마 전까지만 해도 세계적으로 유명한 드레스덴 미술관의 관장이었지요. 그런데 그곳 지구장인 무트슈만과 다퉈서 그만 해고당하고 말았습니다." 하버슈톡과 포세는 친한 사이였고, 만약 히틀러가 포세를 전문가로 고용하게 될 경우 하버슈톡은 더 많은 돈을 벌 수 있다는 점을 노렸다.

히틀러는 하버슈톡의 추천을 존중해서 그의 충고를 따르기로 결정했다. 즉시 드레스덴으로 간 히틀러는 무슨 영문인지도 모르는 나치스당의 지구장에게, 포세 박사와 같은 전문가를 어떻게 해고할 수 있느냐고 다짜고짜 고함을 질렀다. 그리고는 포세 박사에게 정식으로 사과를 하고 다시 채용하도록 명령을 내렸다.

드레스덴 문서 전문가의 아들이었던 한스 포세 박사는 이미 1913년에 젊은 사학자로 국립미술관의 관장으로 들어갔다. 그가 관장이 되고 난 뒤 드레스덴 미술관은 세계적인 명성을 날리게 되었다. 포세의 말을 빌리자면, 자신은 정치에 전혀 관심이 없어서 NSDAP당에 들어가지도 않았다고 한다.

히틀러는 포세와 여러 차례 대화를 나눈 뒤, 이 전문가의 탁월한 지식에 매료된 나머지 린츠 프로젝트에 관해 귀띔을 해주었다. 그러자 포세도 지금까지 보아왔던 히틀러의 그림 수집에 대한 자신의 의견을 솔직하게 얘기했다. 그러니까, 호프만을 중개자로 해서 사들인 지금까지의 그림들은 지나치게 고루하고 시야가 좁다는 얘기였다. 호프만은 뛰어난 사진작가이긴 하지만, 린츠 프로젝트와 같이 대규모의 미술관에 전시해둘 그림과 예술품들을 고르기에는 미흡한 사람이라는 점을 지적했다.

1939년 여름, 히틀러는 마침내 결단을 내렸다. 그리하여 6월 26일 다음과 같은 명령을 하달했다. "나는 드레스덴 국립미술관의 관장인 한스 포세 박사를 앞으로 세워질 린츠 미술관의 총책임자로 임명한다. 박사의 일을 도와줄 사람들을 찾도록 하라. 당원이든 그렇지 않든 필요한 인물일 경우에는 반드시 이 프로젝트에 투입시키도록 하라." 이 명령이 떨어지자 '특명 린츠'라는 이름으로 비밀위원회가 결성되었고, 이 위원회의 의장은 포세 박사가 맡게 되었다.

이제 하나의 기구가 만들어졌다. 포세의 지휘 아래 다양한 분야의 전문가들이 속속 이 기구로 들어왔다. 귀한 책과 서류를 담당할 프리드리히 볼프하르트 박사, 고전(古錢)학 분야는 프리츠 드보르샤크 박사가 맡았다. 전시품 보관 장소로는 뮌헨 쾨니히스 광장에 있는 지도자관으로 정해졌는데, 적의 공격이 있을 시 방공호로 사용될 곳이기도 했다. 예술품의 관리 책임자는 건축가이자 당 간부였던 하인츠 레거였는데,

그는 수집품들을 분류하고 정리해서 기록하는 임무를 맡았다. 얼마나 꼼꼼하게 작업을 했는지 전쟁이 끝난 뒤 연합군이 이 기록을 보자 수집품의 출처를 한눈에 알아볼 수 있을 정도였다고 한다.

이들 외에 포세의 조수였던 루돌프 외르텔도 이 특수 임무의 위원이 되었다. 얼마 후 두 명의 빈 예술사학자인 카에탄 뮐만 박사와 레오폴드 루프레히트 박사가 합류하게 된다.

이 특수위원회의 위원들이 맨 처음 활동을 벌인 곳은 빈이었다. 이들은 우선 부유한 유태인들이 소장하고 있던 재산과 예술품들을 몰수했다. 오스트리아 은행가의 마지막 자손이었던 루이스 폰 로트쉴트 남작의 수집품들이 대표적인 예에 해당한다. 그를 포함한 부유층 유태인들은 재산을 빼앗기는 것은 물론 온갖 수모를 당하면서 오스트리아에 머물든지, 아니면 소장하고 있던 예술품을 포함한 모든 재산을 두고 외국으로 떠나야 하는 기로에 서게 되었다. 재산이나 미술품들은 소위 말해서 '도피 세금' 이라는 명목 아래 가지고 갈 수 없었던 것이다. 공공의 차원에서 볼 때, 이 같은 조처는 예술품을 국가가 보호하는 것으로 비쳐졌다. 히틀러는 세계 여론에 파렴치한 도둑이나 약탈자로 보이지 않으려고 그 같은 '합법성' 의 옷을 걸치게 하려는 노력도 잊지 않았던 것이다.

'도피 세금' 이라는 이름으로 모아진 예술품들은 제국의 재정을 위한다는 목적으로 경매에 붙여졌고, 오래 전에 우선권을 천명해두었던 히틀러는 무슨 물건이든 제일 먼저 구입할 수 있었다. 포세는 빈에 살던 유태인들의 소장품들 가운데 린츠 프로젝트를 위해 122점의 그림을 골랐고, 이 가운데 홀바인의 작품 1점, 루카스 크라나흐의 작품 1점, 16세기 네덜란드 작품 3점, 플랑드르 출신의 화가 작품이 11점 있었다. 이 중에서 세 개는 반 다이크의 작품이었다. 그리고 아주 오래된 네덜란드 화가의 작품 40점이 있었는데, 여기에는 렘브란트의 〈안토니아 쿠팔의 초상화〉와 프란스 할스의 작품 2개, 틴토레토의 작품 2개, 프라고나르의 작품 2개, 보스의 작품 2개가 있었다. 그외의 작품들도 하나같이 매우 값비싼 그림들이었다.

포세는 전문가답게 최고 가운데 최고만을 선별해주었다. 히틀러는 몰수한 예술품을 파는 경매장에서 말도 안 되는 헐값으로 예술품을 사들이는 경우가 많았다. 유태인 알렉산더 하우저가 수집했던 고대 그리스와 로마 시대의 금화는 정말 구하기도 힘든 것이었는데 1만2천 마르크로 구입했으니, 이 귀하고도 귀한 동전 한 개에 300마르크도 지불하지 않았던 셈이다.

경매장에서뿐 아니라 포세는 빈의 예술품 시장에도 들러 그림을 구했다. 이곳에서 그는 렘브란트의 〈헨리케 슈토펠 초상화〉를 발견하고 90만 마르크에 상당하는 이 작품을 구입하라고 했다.

그외에도 마카르트의 〈클레오파트라 초상화〉는 6만5천 마르크라는, 지나치게 많은 금액을 주고 사들였다. 이런 식으로 히틀러는 빈에서만 75점의 예술작품을 구입했는데, 이들 대부분은 그림이었다.

어느 정도 필요한 그림을 수중에 넣자, 히틀러는 빈에 압력을 가하기 시작했다. 한 번은 포세가 오스트리아 미술관에서 루벤스의 〈가니메드〉를 보고 이 작품을 언급했던 탓이었다. 히틀러의 강압에 눌려 결국 빈은 울며 겨자 먹기로 이 초상화를 내주고 히틀러로부터 그가 싫어하는 도자기 몇 점을 받았을 뿐이었다. 이렇게 하여 감탄을 자아내는 루벤스의 작품은 1887번이라는 번호표를 달고 지도자관의 어두운 방공호 속에 갇히게 되었다. 이즈음 독일의 예술애호가들은 박물관이 빨리 완성되어 소문으로만 듣던 유명한 그림들을 실제로 볼 수 있는 날이 오기만을 손꼽아 기다리고 있었다.

미친 듯이 예술품을 수집하는 사람들 가운데는 병적인 주물숭배자들이 많다. 다시 말해, 그들은 그림이나 예술품을 사모음으로써 자위행위와 유사한 즐거움과 기쁨을 느낀다. 그리하여 폐쇄된 공간에 그림을 걸어놓고는 혼자서 바라보며 즐기기도 하고, 때로는 아주 개인적으로 친한 사람들에게만 구경을 시켜주기도 한다. 가령, 헤르만 괴링의 경우를 들어보자. 그는 후안무치한 수집가이자 약탈자라고 불러도 과언이 아닐 정도로 자신이 원하는 그림이 있으면 수단과 방법을 가리지 않고 소유하는 인물이었다. 그래서 히틀러를 제치고 수집가라면 누구라도 탐내는 아주 귀하고 뛰어난 작품들을 손에 넣기도 했다. 마치 르네상스인처럼 감각적이면서도 비도덕적이고 잔인했던 괴링은 그림을 혼자서 즐기기 위해서 걸어두었다. 가끔 손님들에게 보여주는 경우도 있었지만, 이럴 때는 순전히 우쭐대고 싶은 마음에서 그렇게 했다. 하지만 히틀러의 경우는 달랐다. 그는 미적인 즐거움 없이 수집하기를 즐겼던 사람에 속했다. 유럽에서 가장 아름다운 그림들을 상자 속에 포장해서 어두운 지하실이나 그렇지 않으면 소금 광산에 숨겨두었으니 말이다. 여기에서 우리는 그의 성격 가운데 메마르고 가난한 면을 목격할 수 있다. 즉, 그는 자신을 예술애호가라고 자처하기는 했지만 예술품을 보면서 기쁨을 느끼기보다는 다만 소유함으로써 행복했던 것이다.

어쨌든 히틀러의 소유욕도 대단했다. 원하는 작품을 수집가들이 팔지 않으려 하면 가차없이 권력을 총동원해서 그림을 빼앗고야 말았으니까. 체르닌 백작의 경우가 바로 그러했다. 빈에 살던 백작 체르닌은 오스트리아의 명망 있는 가문의 자손으로 위대한 화가 얀 페르메르의 〈아틀리에에 있는 화가〉라는 작품을 가지고 있었다. 전 세계에 남아 있는 진짜 페르메르의 작품은 30점 정도뿐이었기 때문에 당시 세계에서 가장 부유했던 수집가들은 하나같이 이 그림에 눈독을 들이고 있었다. 이들 중 많은 사람들이 엄청난 금액을 제시했지만 체르닌은 그림을 너무 아끼는 탓에 절대로 내놓지 않았다. 미국의 억만장자 앤드류 멜론은 600만 달러를 주겠다고 했으나 거절당했다고 한다.

히틀러도 이 그림을 가지고 싶었다. 그러나 체르닌 백작은 유태인이 아니었기 때문에 재산몰수를 할 수가 없었다. 이제 다른 방법을 생각해 내야만 했다. 그러던 중 히틀러는 이 백작이 어쩌면 엄청난 탈세를 했을지도 모른다고 생각하며 뒤를 캐보도록 명령했다. 만일 사소한 꼬투리라도 잡게 되면 히틀러는 백작의 그림을 일종의 담보물로 압수해서 나중에 경매로 붙이면 되니까. 그러나 조사한 결과 체르닌 백작은 깨끗했다.

다음 방법으로 드보르샤크 박사가 체르닌을 설득하는 데 나섰다. 여전히 백작이 완강하게 거절하자 히틀러가 보낸 이 사도는 나치스 비밀경찰과 강제수용소를 운운하면서 서서히 목을 조이기 시작했다. 원하

면 체포할 근거쯤은 충분히 날조해낼 수도 있었으니까 말이다. 그러면
그림은 국가를 배반한 자의 재산이 되어 단번에 재산을 몰수해버리면
그만이었다. 결국 1940년 체르닌은 목숨이 걸린 협박에 무릎을 꿇고
말았고, 히틀러는 이 그림을 140만 마르크를 주고 구입하면서 25만 마
르크의 세금을 때렸다. 이 금액은 사실 미국의 억만장자가 제시했던 돈
과 비교해보면 푼돈에 불과했다.

페르메르의 그림은 1096번으로 기록되어 어두운 방공호에 묻혀 있
다가 나중에 알타우제의 소금 광산으로 들어간 뒤 1945년에야 비로소
빛을 보게 되어 빈으로 다시 돌아오게 된다.

1939년 체코가 붕괴되면서 독일제국의 보호국으로 합병되었을 때,
포세는 히틀러를 위해서 프라하로 갔다. 유명한 로코비츠 미술관에서
피터 브뢰겔의 〈건초 수확〉이라는 작품을 획득했고, 호엔푸르트 수도
원에서는 14세기 호헨푸르트 출신의 잘 알려져 있지 않은 화가가 그린
제단 후면의 장식 그림을 손에 넣기도 했다. 이 그림들 또한 히틀러의
지하실로 곧장 직행하게 되었다.

폴란드에서는 린츠 박물관에 소장할 작품을 거의 발견하지 못했다.
그러자 괴링과 힘믈러는 마음대로 약탈을 일삼았고, 괴링은 루보미르
스키 백작과 차르토르스키 백작이 소장하고 있던 뒤러의 그림 30점을
귀신처럼 찾아내어 지도자에게 선물로 안겨주었다.

1940년 여름이 되면서 독일군은 프랑스, 네덜란드 그리고 벨기에를
점령하게 되었고, 히틀러의 '특명 린츠'는 점차 가속도를 올렸다.

우선, 프랑스의 경우를 한번 보자. 히틀러는 당시 비시 정부와 큰 마

찰을 일으키지 않기 위해 아주 조심스럽게 지시를 내렸다. 소위 나치스의 '보호하에 보관' 한다는 명목으로 몰수한 것은 유태인들의 수집품뿐이었으니까 말이다. '몰수' 라는 단어는 결코 입에도 올리지 않았다. 그리하여 1940년 7월 15일, 프랑스에 사는 모든 유태인들에게 통지가 날아갔다: '10만 프랑 이상의 가치가 있는, 이동 가능한 예술품들을 소지한 사람들은 8월 15일까지 자발적으로 또는 재산 관리자가 서류상으로 신고하시오.' 만일 이 지시를 위반할 때에는 지극히 엄격한 처벌을 받을 것이라는 경고가 들어 있었다.

당대의 수집가였던 유태인 로트쉴트, 레비 드 뱅지옹, 칸, 젤리히만 형제가 소장하고 있던 대부분의 작품들이 이렇게 하여 나치스의 손에 들어가고 만다. 몇몇 귀중한 예술품만이 파리에 주재하던 스페인 대사관이나 아르헨티나 대사관을 거쳐서 무사히 전쟁을 피해갈 수 있었을 뿐이다.

히틀러는 몰수한 유태인의 소장품 중에서 린츠 박물관을 위해 적합한 작품들을 별로 발견하지 못했다. 그는 여전히 합법적으로 보이게끔 작품을 구입하고자 했던 까닭에 정말 뛰어난 작품을 손에 넣을 수 없었던 것이다. 이 때문에 이득을 본 사람은 괴링이었다. 그는 로젠베르크를 근대에 이르러 유례가 없을 정도로 약탈을 일삼았던 조직의 대장으로 내세워서 엄청난 작품들을 빼앗았다. 결과적으로 괴링은 히틀러보다 더 값비싼 물건들을 갖게 되었다. 그렇다고 해서 히틀러가 프랑스 유태인들로부터 아무런 소득을 올리지 않았던 것은 아니었다. 그는 로트쉴트의 소장품이었던 40점의 그림을 얻게 되었는데, 이 가운데에는 렘브란트 작품 1점, 고야 작품 2점, 페르메르의 〈점성술사〉, 프란스 할스 작품 1점, 바토 작품 2점, 부세 작품 3점과 프라고나르 작품 2점이 있었다.

네덜란드에서 포세 박사는 무한정으로 돈을 인출할 수 있는 통장을 만들었다. 네덜란드가 독일군에게 점령되자 그림 경매에 참여하기 위해서 나치스 간부들과 화상들이 이곳으로 몰려들었다. 그러니 가격이 하늘 높은 줄 모르고 올라갈 수밖에 없었다. 포세는 여기에서 서른 살 먹은 예술사학자 에어하르트 괴펠 박사와 유태인 화상 비탈레 블로흐라는 사람을 통해서 그림을 소개받고 구입했다. 특히 블로흐는 유태인이었기에, 만약 그가 값진 물건을 소개해준다면 — 수집가든 화상이든, 그렇지 않으면 경매에서든 상관없이 — 그를 반유태인 법에서 제외시켜주겠다고 합의를 봐두었던 것이다. 1940년 포세는 자신이 구입한 그림에 대한 첫 소식을 뮌헨에 알렸다. 이 가운데 브뢰겔, 루벤스, 카날레토, 렘브란트, 슈테엔과 루이스데일의 그림들이 있었다. 이로부터 8개월이 지난 뒤, 그림을 실은 배가 뮌헨에 도착했다. 헤이그에 있던 프란츠 루그트 미술관에서 몰수했던 10점의 그림과 함께 배에 실려 있던 거의 모든 그림들은 말 그대로 '합법적'인 방법으로 그림 시장에서 구입한 작품들이었다.

포세는 네덜란드에서 상당한 금액의 돈을 지출했다. 프란츠 쾨니히스의 수집품(뒤러, 렘브란트)을 구입하는 데 150만 굴덴, 오토 란츠가 소장하고 있던 이탈리아 그림과 르네상스 가구들을 사는 데 235만 스위스 프랑이 들었다. 오토 란츠는 이미 죽고 그의 아내가 작품들을 가지고 있었는데, 당시 그녀는 스위스에 살고 있어서 스위스 프랑으로 지불했던 것이다.

1940년대 말쯤이 되자 히틀러가 네덜란드 그림 시장에서 지출한 돈은 1,500만 굴덴을 넘어섰다. 그리하여 전쟁이 막바지에 이르렀을 때, 히틀러는 오늘날의 돈으로 환산해서 거의 10억 마르크 상당의 그림과 예술품들을 가지고 있었다. 물론 여기에서 고블랭 직물이나 오래된 무기와 가구들은 아예 계산에 넣지도 않았다. 상자에 포장해서 어두운 지하실이나 광산의 갱도에 보관해둔 이 값진 예술품들의 숫자를 감안해보면, 개인 소장으로는 사상 최대의 규모라 해도 과언이 아니다.

광적인 수집가였던 히틀러 덕분에 엄청난 재산을 모은 화상들이 많았다. 주로 히틀러의 린츠 프로젝트만을 위해서 일하며 어마어마한 돈을 번 인물들은 주로 화상, 중개자 그리고 지금까지 없던 방법으로 예술품을 찾아내는 개척자들로 구성되어 있었는데, 이들은 마치 그물망처럼 연결되어 있었다. 누가 뭐라고 하더라도 히틀러를 위해서 일하는 것은 즐거운 일이었다. 그의 돈은 무제한으로 흘러나왔기에 말이다. 한번은 프랑스 수집가 에티엔 니콜라가 소장하고 있던 렘브란트 작품 두 점을 사는 데 히틀러는 300만 마르크를 지불한 적이 있었다. 게다가 이를 중간에서 소개했던 파리의 화상이자 부목사 로저 드콰이에게 커미션으로 9만 마르크를 선뜻 내놓기도 했으니 어찌 즐겁지 않을 수 있겠는가.

주로 그림을 샀던 경매장소로는 베를린에 있는 한스 랑에, 뮌헨의 바인밀러, 빈의 도로테움과 파리의 드루 호텔이었다. 중립국에서 그림을 사기도 했는데, 히틀러는 스위스 루체른의 화상으로부터 슈피츠베크의 작품 2점, 뷔르켈, 브리겔, 우데 작품을 각각 1점씩 샀지만, 이 작품들은 포세 박사의 예술적인 안목을 무시한 채 순전히 히틀러가 좋아서 산 작품들이었다.

포세 박사가 죽고 난 뒤 1943년에는 그의 후계자인 포스 박사가 린츠 박물관에 대한 전권을 가지게 되지만, 그와 통하지 않고 히틀러와 직접 거래를 했던 두 사람의 화상이 있었다. 이들은 뮌헨의 마리아 디트리히와 베를린의 칼 하버슈톡이었다. 두 사람은 제각기 자신들만의 조직망이 있었고, 전 유럽에 있는 경매장에 작품을 내놓았다. 이들은 커미션을 따로 받지 않았으며, 적당한 가격이라고 생각되면 그것을 최종 가격으로 결정했기 때문에 고객들로부터 신뢰를 얻고 있었다.

히틀러의 옛 친구이자 사진작가였던 하인리히 호프만도 중개자 역할을 하면서 적지 않은 돈을 벌었다. 지도자관에 보관되어 있던 작품 가운데 155점이 그의 손을 거쳐 구입한 것이었다. 그러니 수입이 짭짤할 수밖에 없었을 것이다. 1941년 1월 31일 그는 3점의 그림을 29,000마르크를 주고 사서 3만 5천 마르크를 받고 히틀러에게 되팔았다. 그 또한 재산몰수로 경매에 부쳐진 작품들을 사는 것을 좋아했는데, 한 번은 2,000마르크 — 정말 코웃음이 나올 금액이다 — 로 빌렘 반 더 벨데의 풍경화를 손에 넣기도 했다. 이 그림은 알퐁스 제프가 소장하고 있었지만 재산몰수로 터무니없을 정도의 값에 팔려버린 셈이었다.

호프만과는 비교가 되지 않을 정도의 거액을 번 주인공은 따로 있었다. 바로 화상이었던 마리아 디트리히로, 그녀는 당시 뮌헨의 오토 가

(街) 9번지에서 알마스 갤러리를 운영하고 있었다. 호프만과는 개인적으로도 잘 알고 있었고, 사업상으로도 서로 왕래가 잦았다. 그녀의 딸이었던 미미(반유태인이었다)는 에바 브라운의 친구로 1937년 터키의 유태인이었던 남편과 이혼했다. 호프만의 중개로 디트리히는 히틀러가 가장 좋아하는 화상의 자리를 차지하면서 칼 하버슈톡보다 더 큰 신임을 얻게 되었다.

히틀러와 거래하면서 그녀가 얼마만큼 소득을 올렸는지 궁금하다. 1937년 47,000마르크였던 그녀의 연간 소득이 1938년이 되자 483,000마르크로 부쩍 뛰었다. 1941년이 되면 570,000마르크가 되는데, 오늘날의 돈으로 환산하면 그녀는 백만장자였다.

히틀러는 그녀가 부르는 가격이라면 두말 않고 즉시 결제해주었다. 그러는 사이에 그녀는 전 유럽에서 거의 백여 명에 달하는 중개인들을 거느린, 그야말로 화랑업계에서는 막강한 인물로 자리를 잡게 되었다.

히틀러뿐 아니라 나치스당의 간부들도 디트리히 부인으로부터 자주 그림을 구입했다. 그녀는 베니스의 화가 구아르디의 풍경화 4점을 가지고 있었는데, 포세 박사가 이 그림이 가짜라는 것을 알아보고 거절하자, 술 좋아하던 나치스당의 간부 로베르트 레이에게 팔아버렸다.

마리아 디트리히 외에 히틀러에게 그림을 제공한 화상은 칼 하버슈톡이다. 그는 전쟁중 반 다이크, 루벤스와 카날레토의 그림 각각 1점을 영국에서 구하여 히틀러에게 넘겼다. 하버슈톡은 영국 런던 레겐트 스트리트에 있던 스위스 은행에 가명으로 통장을 만들어서 거래를 했다. 즉, 중립국 스위스를 통해 그림들이 히틀러에게 갔던 것이다. 하버슈톡

은 루체른에서 화상을 하던 피셔에게 그림을 구입해서 되파는 식으로
도 상당한 수입을 올렸다. 피셔로부터 그는 파리스 보르돈과 틴토레토
의 작품을 각각 1점씩 구입한 뒤 상당한 수익을 남기고 히틀러에게 팔
았다. 그리고 67,000마르크로 구입한 바사이티 그림 1점은 90,000마르
크에 팔았고, 18,000마르크로 샀던 루이스데일 그림은 33,000마르크를
받고 히틀러에게 팔았다. 게다가 구아르디의 진품으로는 거의 100퍼센
트의 이윤을 남기는 쾌거를 올렸다.

1943년 포세가 사망하고 포스가 뒤를 이었다. 그는 포세 박사가 히
틀러로부터 지나치게 많은 커미션을 챙겼다고 비방했다. 그런데 이즈
음에 이르러 히틀러의 별은 가라앉고 있었다.

1942년이면 뮌헨 지도자관의 지하실 방공호는 수집한 예술품들로
가득 차서 더 이상 자리가 없었다. 또다른 보관 장소를 물색해야만 했
다. 그리하여 아주 중요한 작품들은 크렘스뮌스터 근처에 있던 투에른
탈 성과 바이에른의 왕 루트비히의 동화 같은 성 노이슈반슈타인으로
옮겨졌다. 노이슈반슈타인 성에는 로젠베르크의 귀중품들이 벌써부터
보관되어 있었다.

1944년 공습이 잦아지자 히틀러는 대부분의 미술품들을 잘츠부르크
의 동쪽에 있던 알타우제의 소금 광산 갱도에 보관해두라는 명령을 내
렸다. 그래서 지도자관에 있던 대부분의 작품들은 1944년 10월까지 이
곳으로 옮겨졌다. 그래서 1945년 4월 29일 미 정예군이 뮌헨의 외곽에
도착했을 때는 723점의 그림들만이 남아 있었다.

미술품 가운데 어느 하나도 린츠에 가지 않았다. 이곳에 자신의 기념

비이자 거대한 그림 궁전을 만들고자 했던 히틀러의 야심찬 계획은 결국 과대망상가의 꿈이 되어버린 것이다. 그리고 폭군 히틀러는 유럽에서 가장 아름다운 예술작품들을 세상 사람들 몰래 숨겨두었던 장소에서 삶을 마감하는 비극의 주인공이 된다. 지하 깊은 곳에 파두었던 방공호에서.

에필로그

미군이 뮌헨을 점령한 뒤였다. 1945년 4월 29일 새벽, 히틀러는 에바 브라운과 베를린 수상관저 지하에 있던 방공호에서 결혼식을 올리고 유언을 받아적게 한 뒤 유언장에 서명했다. 내용은 다음과 같았다: '당과 국가를 위해 투쟁하면서 나는 결혼을 한다는 것이 무책임하다고 믿었다. 그러나 이제 삶을 마감하는 순간 오랫동안 내 곁을 충실하게 지켜왔으며, 나와 운명을 같이하기 위해 적에게 포위된 이 도시까지 나를 따라온 여자와 결혼하기로 결정했다. 그녀는 자신의 결단으로 나의 아내가 되어 죽음을 같이하기로 했다. 국민을 위해 봉사하면서 가지지 못했던 우리 두 사람의 삶을 죽음이 대신해줄 것이다.

내가 소유하고 있던 모든 것은—물론 값어치가 있는 것—당에게 돌아갈 것이다. 더 이상 당이 존재하지 않게 될 경우, 국가에 속하게 될 것이며, 국가도 사라지게 된다면 나의 결정 따위는 필요 없을 것이다.

수년에 걸쳐 내가 사모았던 그림들은 나의 사적인 욕심 때문이 아니라 나의 고향 린츠에 세울 예정이었던 미술관을 위해서였다. 내 유언이 그대로 집행되어진다면 나는 더 이상 바랄 것이 없다. 나는 유언 집행인으로 가장 신뢰하는 당의 동지인 마틴 보어만을 정한다. 이로써 그는 법적 효력을 지닌 모든 결정권을 가진다. 그가 사적으로 기억할 만한 가치가 있다고 판단해서, 또는 소시민적인 삶을 영위하는 데 있어 필요하다고 여겨지는 물건이 있을 경우, 무엇이든 나의 가족으로부터 가져갈 수 있다. 이는 가족들뿐 아니라, 내 아내의 어머니와 그도 잘 아는 당원과 직원들, 그 가운데 수년간 내 일을 도와주었던 비서들과 여비서들, 빈터 부인(프린츠레겐텐 광장의 가정부)에게도 해당된다.

나와 내 아내는 해임과 항복이라는 수치를 피하기 위해서 죽음의 길을 택했다. 우리는 12년이라는 기간 동안 하루도 빠지지 않고 국민을 위해 봉사했던 이 자리에서 삶을 마감하고자 한다.'

그가 국민에게 봉사했던 결과는 연기로 가득 찬 베를린 시의 잔해였다. 유언 집행자 마틴 보어만은 유언을 집행할 수 없었다. 그는 유언장을 복사해서 주머니에 넣은 뒤 수상관저를 빙 둘러 포위하고 있던 러시아 군을 뚫고 나가려 했지만, 여기에서 죽었을 가능성이 거의 확실시되고 있다.

히틀러의 재산은 더 이상 존재하지 않는다. 그가 나치스당에 남긴 재산은 알타우제의 소금 광산과 지도자관에서 온전하게 발견된 예술품들과 마찬가지로 몰수되어버렸다. 이 미술품들은 원래 주인에게 되돌려주거나, 주인이 나타나지 않는 작품들은 1951년까지 미국 주둔군 수탁자의 관리하에 있었다. 그 이후부터 바이에른이 모든 재산을 관리하게 되었다. 오스트리아에 있던 히틀러의 재산은 그곳 정부가 인수했고, 오버잘츠베르크에 있는 그의 별장 또한 바이에른 주의 관리로 들어갔지만 전쟁중 대부분 파괴되고 담만 남아 있을 뿐이다. 암벽에 세워두었던 티하우스는 아직 남아 있어서 지금도 명소로 사람들의 발길이 끊이지 않고 있다. 바이에른 주 정부는 이곳을 임대해서 관리하고 있으며, 호텔 플라터호프는 미국인들이 휴가 때 머무는 호텔로 바뀌었다.

　1945년 에어 출판사의 구좌에서 히틀러에게 입금된 『나의 투쟁』의 인세 700만 마르크 역시 나치스 재산이므로 몰수되었다. 바이에른 주는 히틀러의 문서와 연설문에 대한 저작권을 요구했지만, 히틀러의 상속인이자 유언 집행인이며 역사학자였던 베르너 마저 교수가 이의를 제기했다. 저작권에 대한 논쟁은 아직 끝나지 않고 있는 상태이다. 슈투트가르트 시의 현대사 연구소만이 지금까지 상속인의 저작권을 인정하고 있다. 히틀러의 『나의 투쟁』 2권을 한정 인쇄한 뒤 상속인들에게 3,000마르크를 지불했기 때문이다.

　그렇다면 누가 상속인인가? 누가 히틀러의 개인 재산 가운데 남아 있는 금액을 받을 권리가 있는 것일까? 무엇이든 상속받기 위해서는 우선 피상속인의 사망이 확인되어야 한다. 히틀러는 1945년 4월 30일 쉰여섯 살의 나이로 새벽 3시 반쯤 죽었다. 당시 서른세 살이었던 아내 에바와 함께. 그런데 이로부터 11년이 지난 뒤, 즉 1956년 10월 25일에야 그의 사망이 공식적으로 발표되었다. 그러자 1957년 1월 11일 수도원장이자 주임신부였던 요한 루트비히는 옛날 히틀러의 조상들이 그의 탄생을 신고했던 브라우나우 세례명부에 이렇게 기록했다 : '1956년 10월 25일의 베르히테스가덴 법정의 결정 II 48/52에 따라 사망했음. 브

라우나우 시(市) 주임신부관, 1957년 1월 11일, 요한 루트비히.'

1960년 2월 17일 뮌헨 법정은 2994/48이라는 번호로 파울라 히틀러에게 상속증서를 교부했다. 즉, 1945년 4월 30일 베를린에서 사망한 제국의 수상 아돌프 히틀러의 유언에 따른 상속인 NSDAP당이 없어졌기에 그녀를 상속인으로 정했던 것이다. 상속증서에 의하면 그녀는 유산의 2/3를 상속받아야만 했다. 그 가운데 1/6씩은 배다른 남매 알로이스 히틀러 2세와 안겔라에게 돌아가게 되어 있었다. 하지만 두 사람은 이미 사망하고 없었고, 파울라 히틀러도 1960년 6월 1일 상속을 받지 못하고 죽었다.

상속인이 모두 사망하자 베르히테스가덴 법정은 1960년 10월 25일 VI, 108/60이라는 번호로 다음과 같이 결정했다: '1960년 6월 1일 쇠나우에서 사망한 파울라 히틀러의 상속분은 그녀의 자식인 엘프리테 회거와 레오 라우발에게 각각 반씩 돌아간다.' 그런데 상속분은 아직도 상속되지 않고 있다. 법정에서도 인정한 상속자인 이 두 사람이 앞으로 무엇인가 상속받을 수 있을지는 의문이다.

히틀러는, 시민사회가 만들어진 이래 가장 잔인하게 사람들의 잔돈까지도 몰수함으로써 재산몰수의 선례를 남긴 주인공이기도 하다. 그에게 재산몰수를 당한 사람들은 어떤 사람이었던가? 다른 종교와 다른 민족이었다는 이유밖에 없었던 사람들이 아니던가. 이런 점에서 볼 때 그가 강제 징수한 재산들은 특정한 상속인에게 돌아갈 것이 아니라 올바른 방법으로 다시 분배되어야 한다. 수백만 사람들이 그로 인해 입었던 고통과 피해는 수백만 마르크로 보상해준다고 해도 충분하지 않겠지만.

　오늘날까지도 많은 사람들은 하나의 전설처럼 말하곤 한다. 바로 히틀러가 인류의 끔찍한 적이기는 했지만 몇 가지 장점은 인정해줘야 한다는 얘기다. 또 그는 자신의 측근들과 달리 부패하지 않았으며, 부를 축적하지도 않았고, 소박한 삶을 살았다고 말이다.

　지금이야말로 이처럼 황당한 신화는 역사의 쓰레기통에 던져버려야 할 때가 아닐까.

청렴결백한 히틀러는 없다

"도대체 이 무슨무슨 '게이트'는 언제쯤 끝나지?"

"언제부터 우리나라에 온갖 '문'들이 이렇게 많았어?"

최근 신문과 텔레비전의 뉴스를 접하면서 누구나 이런 생각을 해보았을 것이다. 언제부터인가 우리는 '리스트'니 '게이트'니 하는 말을 자장면이나 스파게티처럼 자주 듣게 되었지만, 특히 정권의 말기에 이르면 각종 게이트 소동 때문에 부아가 치민다. 허리띠를 졸라매도 일년에 1천만 원 저축하기가 빠듯한 근실한 시민이 수두룩한데, 수천만 원에서 수십억, 아니 수백억이 한순간에 왔다갔다 했다는 뉴스에 기분 좋은 사람은 아무도 없을 테니까.

또 다른 게이트가 있다. 바로 1001일 동안 계속되는 이야기라 '천일야화'라고도 하는 『아라비안 나이트』이다. 이미 줄거리를 알고 있겠지만 다시 한번 복습해보자. 도적의 두목은 훔친 보물들을 바위 속에 숨겨놓았고, 이 바위 '문'을 열려면 패스워드가 필요하다. 두목이 요즘 사람이었다면 생일이나 이름 등을 따서 아이디나 비밀번호를 만들었겠지만, 옛날 사람이라 그랬는지 '열려라, 참깨!' 라는 특이한 패스워드를 사용했다. 그런데 알리바바가 이 패스워드를 알아내 보물을 모두 찾아 버리고, 두목은 결국 목숨까지 잃고 만다는 이야기이다. 안타깝게도 우리에게는 게이트를 속 시원히 열어줄 알리바바 같은 인물이 없다는 사실을 우리는 경험으로 잘 알고 있다.

정경유착이란 괴물은 굳이 우리나라에만 나타나 시민들의 속을 있는 대로 뒤집어 놓지 않을 것이다. 그러나 정도의 차이는 분명 있다. 네덜란드의 한 장관은 30만원 정도의 거금(?)을 용도 외에 사용했다고 사표를 내야 했는데, 이를 지켜본 한 네델란드 인은 말했다. "얼마를 유용했는가의 문제가 아니다. 단 1원이라도 횡령은 횡령이다"라고.

어쨌든 정경유착, 정치와 돈의 결탁은 어제 오늘의 이야기가 아니라 유구한 역사를 지니고 있는, 인간의 추악한 욕심을 적나라하게 보여주는 현상이다. 이런 관점에서 볼 때 히틀러의 시대도 예외가 아니다.

히틀러는 아직도 유명하다. 도덕적인 독자에게 미움받지 않으려면 반드시 famous 대신에 notorious라는 단어를 써야겠지만. 책을 끝까지 읽은 독자는 이미 알고 있으리라. 이 책은 히틀러의 카리스마를 조목조목 분석하지 않았고, 그가 저지른 유태인학살에 대하여는 언급조차 않는다. 문제는 돈이다. 히틀러는 어떻게 그 엄청난 돈을 수중에 넣을 수 있었는가라는 컨셉이 분명한 책이다. 사실 옮긴이도 이 책을 읽기 전까지는 히틀러에 대하여 보통 사람이 알고 있는 정도의 지식밖에 없었다. 그런데, 그가 백만장자 아니 억만장자였다니, 무척 당황했고 많이 놀랐다.

소위 '몸통'인 히틀러의 배후에서 '깃털' 역할을 맡았던 인물은 '황금 손을 가진 사진사' 호프만과 막스 아만이었다. money maker라 할 수 있는 이 두 사람이 돈을 창출하는 과정은 가히 혀를 내두를 정도이다. 그러니 두 사람이 없었다면 이 책도 나오기 힘들었을 것이다. 다시 말해 깃털이 없다면 몸통도 없고, 반대로 말하더라도 맞는 말이다.

여기에서 히틀러를 중심으로 한 실세들과 우리의 실세들이 돈을 지출하는 방식을 비교하는 것도 흥미로울 것 같다. 화가가 되려다 실패한 히틀러는 물론이거니와 측근인 괴링이나 괴벨스를 비롯한 독일의 실세들은 광적으로 예술품을 수집했다. 경쟁이 너무나 치열해서 그림값을 터무니없이 올릴 정도로 마니아였다고 하니 예술가들에게는 그다지 밉상이 아니었을지도 모른다. 별장을 짓고, 여자에게 값비싼 보석을 선물하기도 했겠지만, 그들이 지니고 있던 돈에 비하면 그야말로 껌값 아니겠는가.

그런데 우리네 실세들은 그 돈으로 무엇을 했으며 또 무엇을 하고 있을까. 공중파의 한 방송에서 방영하는 사극에서처럼 경쟁상대를 '찍어내기' 위해 마구 돈을 뿌려대고 있을지도 모를 일이다.

『히틀러와 돈』은 돈 이외에 또 다른 관심거리를 제공한다. 이 책에서 히틀러 다음으로 우리의 관심을 끄는 인물은 스승 에카르트라 할 수 있다. 우리는 이 히틀러의 스승으로부터 미처 몰랐던 여러가지 속깊은 정보를 듣게 된다. 프리메이슨이니 장미십자단과 같은 비교 또는 비밀 단체들은 아직도 유럽의 추리소설이나 환타지소설에서 즐겨 다루는 소재이다. 세계적 베스트셀러인 움베르토 에코의 『푸코의 추』가 좋은 예인데, 히틀러의 카리스마 — 대중을 선동하고 상대의 심리를 간파해서 자신이 원하는 방향으로 이끄는 —가 이런 조직으로부터 비법을 전수받은 결과일 가능성이 크다고 하니 흥미롭기 그지없다. 히틀러가 아직도 살아 있다는 소문, 그의 유해를 둘러싸고 일어나는 일련의 소동도 이런 맥락에서 보면 이해못할 바도 아니다.

원제가 『히틀러의 돈』인 이 책이 주는 재미는 무엇보다 지은이가 오랫동안 히틀러에 관한 자료를 촘촘히 수집하여 일반인이 몰랐던 사실을 추리소설처럼 파헤쳐 나간 것일 터이다. '히틀러는 이러저러한 사람을 통해서 이런저런 방법으로 돈을 받아냈다' 라고 서술했다면 꽤나 지루했을지 모른다. 왜냐하면 누구나 그런 것쯤은 쉽게 짐작할 수 있을 테니 말이다. 하지만 지은이는 지금까지 발표된 히틀러 전기작가들의 서술을 정정하거나 인정해주면서 의문을 제기하고 그것을 차근차근 따져가며 긴장감을 더해준다. 또한 슈바르츠벨러는 독자를 가르치려 들지 않고 객관적인 정보와 정황을 알려준 뒤 짤막하게 자신의 소견을 말할 뿐이다. 그리고 에필로그에서 이렇게 마무리한다. '비록 히틀러는 많은 악을 저질렀지만 청렴결백한 정치가였다는 신화는 이제 깨어져야 한다' 라고.

따라서 이 책은 히틀러를 추종하거나 은근히 동경하는 자들에게 바치는 헌사가 아니다. 그가 얼마나 철저하게 국민을 우롱한 부패한 정치가였는지, 그럼에도 불구하고 어떻게 이미지를 관리하여 대중을 지독하게 속였는지 보여줄 뿐이다. 그러면서 히틀러에 대한 최종적인 판단은 독자 각자의 몫으로 남기고 있다.

　　1994년 미국에서 만들었던 영화 〈스타게이트〉는 인기가 너무 좋아 계속 시리즈로 만들어졌는데, 요즘도 유선방송에서 시청할 수 있다. 미국 공군 오닐 대령은 고대 이집트의 피라미드를 연구하는 젊은 박사 잭슨, 그리고 카터와 틸크라는 대원을 이끌고 스타 '게이트'를 통과해서 4차원의 세계와 만난다는 내용을 담고 있는 환타지물이다. 여기에서 게이트는 사라진 문명 또는 지구 외에 존재하는 우주 생명체와 만나게 해주는 매개체가 된다. 온갖 신기하고 환상적인 인물이 등장하여 스릴 넘치는 모험이 이루어지니 인기폭발일 수밖에.

　　차례차례 '게이트'가 열릴 때마다 권력자, 정치가, 고위 공무원, 조직폭력배, 사업가들이 불법으로 모은 돈과 비리가 우글거리는 장면 대신, 신비하고 정의로우며 따뜻한 세계가 우리 앞에 펼쳐진다면 얼마나 살맛나는 세상이 될까!

2002년 1월

이미옥

참고문헌

Abel, Theodore: Why Hitler Came into Power, New York 1938

Angebert, Jean-Michel: The Occult and the Third Reich, New York 1974

Berthold, Will: Die 42 Attentate auf Adolf Hitler, München 1981

Beyer, Hans: Von der Novemberrevolution zur Räterepublik in München,
    Berlin(Ost) 1957

Brenner, Hildegard: Die Kunstpolitik des Nationalsozialismus, Reinbek 1963

Bronder, Dietrich: Bevor Hitler kam, Hannover 1964

Bullock, Alan: Hitler. Eine Studie über Tyrannei, Düsseldorf 1957

Charlier, J. M.: Eva Hitler geb. Braun, Stuttgart 1979

Czichon, Eberhard: Wer verhalf Hitler zur Macht? Köln 1967

Daim, Wilfried: Der Mann, der Hitler die Ideen gab, München 1958

Deuerlein, Ernst: Der Aufstieg der NSDAP 1919-1933 in
    Augenzeugenberichten, Düsseldorf 1968

-Hitler- Eine politische Biographie, München 1955

Domarus, Max: Hitler, Reden und Proklamationen 1932-1945, München 1965

Drexler, Anton: Mein politisches Erwachen, München 1919 Eckart, Dietrich:
    Der Bolschewismus von Moses bis Lenin. Zwiegespräche zwischen Adolf
    Hitler und mir, München 1925

Eitner, Hans Jürgen: Der Führer. Hitlers Pesönlichkeit und Charakter,
    München 1981

Engelmann, Bernt: Krupp, München 1978

Fest, Joachim: Hitler. Eine Biographie, Frankfurt, Berlin, Wien 1973

Frank, Hans: Im Angesicht des Galgens, Neuhaus bei Schliersee 1955

Giesler, Hermann: Ein anderer Hitler, Leoni 1978

Görlitz, Walter, und Quint, Herbert: Adolf Hitler. Eine Biographie,
    Stuttgart 1952

Greiner, Josef: Das Ende des Hitler-Mythos, Zürich, Leipzig, Wien 1947

Gun, Nerin E.: Eva Braun-Hitler, Leben und Schicksal, Velbert, Kettwig 1968

Haffner, Sebastian: Anmerkungen zu Hitler, Stuttgart, München 1979

Hageman, Walter: Publizistik im Dritten Reich, Hamburg 1948

Hale Oron J.: Press in der Zwangsjacke, Düsseldoff 1965

-Adolf Hitler-Taxpayer, in: American Hist. Review 1965

Hanfstaengl, Ernst: Zwschen Weißem und Braunem Haus, München 1970

Heiber, Helmut: Adolf Hitler. Eine Biographie, Zürich 1936/37

Hindels, Josef: Hitler war kein Zufall, Frankfurt 1962

Hitler, Adolf: Mein Kampf. 2 Bde. in einem Band, München 1938

-Hitler 『Zweites Buch』. Ein Dokument aus dem Jahre 1928, Stuttgart 1961

Hitler, Bridget: The Memoirs of Bridget Hitler, Ed. by Michael Unger,
      Dallas 1979

Hoffmann, Heinrich: Hitler was my friend, London 1955

Hoffmann, Peter; Hiter' s Personal Security, London 1955

Hofmann, Hanns Hubert: Der Hitlerputsch, München 1961

Infield,. Glenn B.: Hitler' s Secret Life. New York 1979

Jaeger, Charles de: The Linz File. Hitler' s Plunder of European Art,
      Exeter 1981

Jenks, William: Veinna and the Young Hitler, New York 1960

Jetzinger, franz: Hitlers Jugend. Phantasien, Lügen-und die Wahrheit.
      When 1965

Jochmann, Werner (Hrsg.): Adolf Hitler, Monologe im Führerhauptquartier
      1941-1944. Die Aufzeichnungen Heinrich Heims, München 1980

Jones, Sidney J.: Hitlers Weg begann in Wien, Wiesbaden, München 1980

Kallenbach, Hans: Mit Adolf Hitler auf der Festung Landsberg, München 1943

Katz, Ottmar: Prof. Dr. med. Theo Morell. Hitlers Leibarzt, Bayreuth 1982

Kempner, Robert M. W.: Das Dritte Reich im Kreuzverhör, München,
      Esslingen 1969

Kohler, Pauline: I Was Hitler' s Maid, London 1940

Krause, Karl Wilhelm: Zehn Jahre Kammerdiener bei Hitler, Hamburg o. J.

Kerbs, Albert: Tendenzen und Gestalten der NSDAP. Erinnerungen an die
      Frühzeit der Partei, Stuttgart 1948

Kubizek, August: Adolf Hitler, mein Jugendfreund, Graz, Göttingen 1953

Lang, Jochen von: Der Sekretär, Stuttgart 1977

Langer, Walter C.: Das Adolf-Hitler-Psychogramm, München 1973

MacGovern, James: Martin Bormann, London 1968

Maser, Werner: Adolf Hitler. Legende, Mythos, Wirklichkeit, München,

Esslingen 1971

Mcknight, Gerald: The Strange Loves of Adolf Hitler, London 1978

Olden, Rudolf: Hitler, Amsterdam 1936

Pauwels, Louis, und Bergier, Jaques: The Morning of the Magicians,
    New York 1963

Pool, James und Suzanne: Hitlers Wegbereiter zur Macht, Bern, München 1979

Rauschning, Hermann: Gespräche mit Hitler, Zürich, New York 1940

Roxan, D., und Wanstall, K.: The Jackdaw of Linz, London 1964

Schirach, Baldur von: Ich glaubte an Hitler, Hamburg 1967

Schirach, Heriette von: Anekdoten um Hitler, Berg 1980

Schoenbaum, David: Die braune Revolution Köln, Berlin 1968

Schwarzwäller, Wulf: Rudolf Heß, Wien München 1974

Sebottendorf, Rudolf von: Bevor Hitler kam, München 1934

Shirer, William L.: Aufstieg und Fall des Dritten Reiches, Köln, Berlin 1961

Smith, Bradley E: Adolf Hitler, His Family, Childhood and Youth,
    Stanford 1967

Speer, Albert: Erinnerungen, Berlin 1969

-Spandauer Tagebuch, Berlin 1977

Strasser, Otto : Mein Kampf, Frankfurt 1969

Suster, Gerald : Hitler, The Occult Messiah, New York 1981

Symonds, John: The Great Beast. The Life and Magic of Aleister Crowley,
    London 1971

Thyssen, Fritz: I Paid Hitler, New York 1941

Toland, John: Adolf Hitler, New York 1976

Wagener, Otto: Hitler aus nächster Nähe, Frankfurt 1978

Waite, Robert G. L.: The Psychopathic God. Adolf Hitler, New York 1977

Walker, Malvin: Chronological Encyclopaedia of Adolf Hitler, and the Third
    Reich, New York 1978

Winkler, Hans Joachim: Legenden um Hitler, Berlin 1961 Wulf, Josef: Press
    und Funk im Dritten Reich, Gütersloh 1963

-Martin Bormann, Hitlers Schatten, Gütersloh 1962

Ziegler, H. S.: Adolf Hitler, aus dem Erleben dargestellt Göttingen 1964

Zoller, Albert: Hiter privat. Erlebnisbericht seiner Geheimsekretärin,
    Düsseldorf 1949

옮긴이 이미옥

경북대학교를 졸업하고 독일 괴팅겐대학교에서
독문학 석사, 경북대학교에서 독문학 박사학위를 받았다.
중앙대학교에서 강의했으며, 지금은 전문 번역가로 활동중.
장편소설 『바람개비』를 출간했고,
옮긴 책으로는 『게임오버』 『내 친구 몬스터』
『토마스 만과 헤르만 헤세 서간집』(근간), 『마지막 한마디』(근간) 등이 있다.

히틀러와 돈

권력자는 어떻게 부를 쌓고 관리하는가

펴낸날 2002년 2월 15일 1판 1쇄
        2002년 3월 5일 1판 2쇄

지은이 불프 C. 슈바르츠벨러
옮긴이 이미옥
펴낸이 김혜숙
펴낸곳 도서출판 참솔
등록번호 제8-244호
등록일 1998년 5월 13일
주 소 121-718 서울시 마포구 공덕동 404 풍림빌딩 521호
대표전화 3273-6323
팩시밀리 3273-6329
e-mail chamsoul@hanmail.net

값 13,000원
ISBN 89-88430-24-7 03300